다섯빛깔
교육이야기

아이들이 신나는 학교, 말과 삶이 일치하는 교육

다섯빛깔 교육이야기

아이들이 신나는 학교, 앎과 삶이 일치하는 교육

글쓴이 이상님

맘에 드림

다섯빛깔
교육이야기

발행일 2015년 4월 10일 초판 1쇄 발행
글쓴이 이상님
발행인 방득일
편 집 신윤철, 신중식
디자인 강수경
마케팅 김지훈

발행처 맘에드림
주 소 서울시 중구 묵정동 31-2 2층
전 화 02-2269-0425
팩 스 02-2269-0426
e-mail nurio1@naver.com

ISBN 978-89-97206-28-5 03370

두고두고 생각해 보자. 어떻게 아이들을 키워갈 것인가?
어떻게 하면 아이들의 세계에 파고들어 가 그들과 함께 살아갈 수 있을 것인가?
- 이오덕 -

교사도 행복하고
아이들도 행복한 교육을 꿈꾸며

　3년 전, 동화초등학교로 전출 희망을 했지만 막상 결정이 되자 잠을 이루지 못한 날이 많았다. 교사로서 꿈꾸는 교육활동을 '해 낼 수 있을까' 하는 두려움과 꿈꾸는 교육을 '함께할 수 있으리라' 는 설렘 때문이었다. 하지만 동화초등학교의 교육 활동은 모든 것이 새로웠고 큰 자극이 되었다. 구성원들과 만나면서 함께할 수 있는 용기가 생겼다.

　그동안 다른 지역에서 운영되고 있는 혁신학교 사례를 접하며 '충북에서도, 나도 한번 해봐야겠다'는 생각에 힘을 냈다. 또 15년 전 충주 무너미에서 만난 고 이오덕 선생님의 말씀을 기억하고 싶 었다. '아이들의 삶을 가꾸는 교육'을 해야겠다는 생각이 늘 가슴 속에 남아 있었다.

　충북 지역은 2014년에 충북형 혁신학교인 '행복씨앗학교'를 선 정했다. 2015년부터 본격적으로 혁신학교가 운영될 것이다. 동화 초등학교도 '행복씨앗학교'로 지정되어 새로운 출발을 했다. 하지 만 동화초등학교와 교사들은 씨앗학교로 지정되기 이전부터 학교 혁신을 위해 노력을 했다. 형식적인 행사를 지양하고 주변 자연 환경을 이용한 여러 가지 교육 활동(학교 숲 나들이, 절기행사, 마을 둘러보고 생태 지도 만들기, 봄꽃 찾기, 운동장에 의자 만들기)을 아이들과 함께 몸과 마음을 움직이며 했다. 무학년제 구성으로 체험 부스를 운영하는 과학의 날, 학부모·교직원이 함께 하는 협의체, 교직원과 학생 다모임 과정을 통해 학교 혁신을 하나하나 실행해왔고 지금도 진행 중이다.

동화초등학교에서 저학년을 3년 맡으며 자칫 습관적이고 반복적으로 교육하려는 나를 일깨우는 것은 아이들이었다. 통합 시간과 국어 시간 심지어 수학 시간에도 학교 주변의 모든 것이 학습 자료였고 아이들은 끝없는 호기심과 표현으로 나를 놀라게 했다. 이것이 바로 이오덕 선생님의 책에서만 보아 왔던 '표현교육', '숨 트는 교육', '생명교육'임을 깨닫게 되는 순간이었다. 저학년의 특성인 활동 중심 교육을 위해 주변을 관찰하고 체험하며, 함께 느끼는 교육을 하고 나면 아이들은 이 경험을 '글'로 표현하였다. 직접 겪어보고 쓴 글이기에 어디에서도 볼 수 없었던 글을 보는 즐거움과 기쁨에 가슴이 뛰었다.

이 책의 출발점은 학교에 아이들을 처음 보낸 학부모님들의 걱정을 덜어주기 위해 매일 썼던 알림장 편지로부터 시작되었다. 아이를 학교에 보내고 궁금하실 것 같은 부모님들께 학급 소식을 알려줘야겠다고 생각했고, 날마다 학교에서 있었던 일을 학급 홈페이지 게시판에 글로 남기기로 하였다. 처음에는 편안하게 생각하며 일상을 적어 나갔다. 하지만 짧게 알려드리려던 내용은 아이들의 생활, 공부 이야기, 행사 이야기, 아이들과 함께하는 사람으로서의 고민과 걱정으로 그 영역이 확장되었다. 시간이 지나면서 하루의 활동을 글로 정리하는 것이 때로는 부담으로 다가오기도 하였다. 하지만 나와 아이들의 글에 대한 학부모님들의 반응과 내가 쓴 글 이야기를 하는 아이들을 보며 게으름을 피울 수가 없었다. 또 아이들에게는 겪은 것을 솔직하게 글로 남기자고 이야기를 하면서 정작 교사가 실천하지 않으면 그 또한 거짓된 교육이라고 생각하였다. 아이들과 학부모님들이 게시판 글을 기다리고 있을 것 같아서 힘들게 글을 쓴 날도 있었다. 최근 알게 된 사실이지만, 어떤 학부모님은 집에서 가까운 동네 학교를 두고 청주 외곽에 있는 먼 우리 학교를 다니는 것을 두고 걱정하는 친척 어른들께 학급 게시판 글을 보여드렸다고 한다. 다행히 학급 게시판을 보고 친척 어른은 우리 학교가 다닐만한 가치가 있는 것 같다며 안심된다고 하셨단다. 가끔 힘들었지만 여러모로 꾸준하게 쓰기를 잘 했다는 생각에 뿌듯했다.

책을 내면서 그동안의 교육 활동을 다시 돌아보게 된다. 내가 만난 아이들에게 다양성을 인정했는가. 아이들이 관심과 흥미를 가진 것을 학습 내용으로 삼고자 하였는가. 아이들의 앎이 삶이 되도록 하였던가. 나 또한 앎이 삶이 되도록 노력하였는가. 또 몸과 마음이 함께 성장하도록 도왔는가. 그래도 한 가지 중요하고 확실한 사실은 아이들과 함께하며 아이들도 나도 함께 성장했다는 점이다. 부족함이 많은 교사가 아이들을 통해 성장하고, 아이들은 서로 협력하고 배우는 과정에서 서로의 부족함을 채워주고 성장했다는 것이 다행스럽다. 조금 걱정스러운 것은 나만의 기록이 여러 사람을 만나면서 도움이 될 수 있을까 하는 것이다. 학부모의 걱정을 덜어주고 생활 속에서 글을 쓰자는 아이들과의 약속을 지키기 위해 쓴 글을 떠벌리는 것은 아닌지 두렵기도 하다.

2012년~2014년 동안에 동화초등학교에서 만난 우리 반 아이들에게 가장 고맙다. 주변 나들이와 학교 행사, 교과 활동을 할 때면 재미있고 신나게 자신의 마음을 드러내며 글로 표현하기를 주저하지 않은 아이들, 즐겁고 행복한 웃음 잃지 않고 '학교엄마'라 부르며 따라준 아이들이 있었기에 글도 쓸 수 있었다. 또한 유난히 학교와 가정의 연계활동을 강조한 나의 교육에 귀찮아하기 보다는 격려와 지지를 보내준 학부모님들께도 감사드린다.

또 동화초등학교에서 만나 '생각만 하던 교육'을 '실천 할 수 있는 기회'를 갖게 해 주신, 지금은 퇴임하신 신관철, 홍순석 두 분 교장 선생님께 깊은 감사를 드린다. 힘들 때 동료 교사로 손을 잡아준 신은희, 박종원, 김윤경, 안수연 선생님께도 고마운 마음을 전한다.

마지막으로 아내의 일에 늘 적극적인 지지를 보내주는 남편, 딸이지만 친구 같은 존재로 긍정적인 자극을 주는 한솔이, 기계치인 엄마를 위해 기꺼이 편하게 작업할 수 있는 여건을 마련해주는 아들 찬솔이에게 감사한 마음을 표한다.

글을 낼 수 있게 기회를 주신 맘에드림 방득일 대표님과 편집부 모두 고맙습니다.

동화초등학교 교사 이상님

오늘의 배움이 즐거워
내일이 기다려지는 신나는 학교

산야의 생명이 깨어나는 봄입니다. 차가운 겨울을 이겨낸 작은 풀꽃들이 푸르게 싹을 틔우고 봄꽃들이 저마다 빛깔과 향기로 피어납니다.

학교도 활짝 핀 꽃처럼 예쁜 아이들과 함께 새로운 봄을 맞습니다. 교실은 자리마다 새 주인을 들였고, 운동장은 다시 활기를 되찾았습니다. 봄마다 맞는 설렘입니다. 우리는 '오늘의 배움이 즐거워 내일이 기다려지는 신나는 학교'를 오랜 시간 꿈꾸어 왔습니다.

동화초등학교는 폐교 위기의 학교였습니다. 그런데 지금은 학생들이 다니고 싶어 하는 학교로 변화되었습니다. '작은 학교 살리기'의 전형이 된 학교입니다. 학교를 살리기 위해 학부모님들께서 팔 걷어 부치고 나섰습니다. 동문들의 애정 어린 후원이 있었습니다. 작은 학교를 살리고자 하는 선생님들의 열정이 있었습니다. 참여, 소통, 협력의 교육 공동체를 이룬 좋은 사례입니다.

수년 전부터 학교의 불필요한 행사나 전시성 행사를 없애고 지역과 학교의 특성을 살린 생태 교육 중심으로 교육과정을 재구성하여 운영하니, 청주 도심으로 떠났던 학생들이 전학을 왔습니다. 같은 신념을 가진 선생님들도 전근을 왔습니다. 그래서 2015년 행복씨앗학교로 지정되기도 하였습니다.

이 책은 교육의 본질에 집중하게 된 학교 교실에서 아이들과 교사가 얼마나 행복하게 공부하고 지낼 수 있는지 엿볼 수 있게 해 줍니다.

이상님 선생님은 교육 내용을 초등학생 특성에 맞게 활동 중심으로 재구성하여 즐겁게 배우게 할 뿐 아니라 아이들의 삶, 나아가 부모의 삶과도 자연스럽게 이어지게 하였습니다. 또한 공부가 곧 즐거운 놀이가 되고, 즐거운 배움이 삶과 어떻게 연결될 수 있는지를 생생하게 보여줍니다.

잘 놀게 하는 것은 교육의 아주 중요한 부분입니다. 일찍이 프뢰벨은 놀이가 아동들의 내적 힘을 표현하는 수단이라 보았습니다. 아이들은 놀 권리가 있습니다. 어른들은 아이들이 잘 놀면서 배울 수 있는 시간적, 공간적 환경을 조성해 주어야 합니다. 왜냐하면 적절한 휴식과 놀이는 아이들을 활발하고 건강하게 하며, 조화로운 품성을 지닌 인간으로 성장하도록 영향을 주기 때문입니다. 또 놀며 배우는 과정 속에서 서로를 돕고 협력하며 흥미를 느끼고 자발성을 일깨워 창의력을 키워 줍니다.

이미 어린이 놀이의 중요성을 인식한 교육 선진 국가들에서는 놀이를 학교 교육과정에 투입하고 있습니다. 스웨덴은 놀이 지도자가 학교에 배치되어 있고, 1992년 영국 국립 아동국에서는 '어린이 놀이 헌장'을 제정하여 아이들의 놀 권리를 보장해 주고 있습니다.

21세기 지식기반사회에 맞는 학력은 스스로 배우고 깨우치는 힘이라고 합니다. 오늘의 배움이 즐거워 내일이 기다려지는 신나는 학교, 함께 행복한 교육의 시작은 즐거움에서 시작됩니다. 학교 가는 것이 놀이처럼 즐거워야 됩니다. 자유롭게 웃고 떠들고, 꿈을 향해 모험하고, 아파하고, 다시 일어서서 뛰노는 그 과정을 통해 행복한 성장이 일어날 수 있도록 관심을 쏟아야 합니다.

동화초등학교에서 좋은 교육이 가능했던 것은 경쟁이 아닌 협력교육을 해왔기 때문입니다. 배움과 생활이 하나 되는 교육을 위해 교사들이 협력을 하고, 학교와 가정의 협력, 학교와 지역사회의 협력이 어우러져 학생들의 삶과 수업에서 희망이 어우러지는 모습을 볼 수 있습니다.

모든 아이들이 행복한 세상을 만들어 가고자 하는 우리의 꿈이 새봄처럼 펼쳐졌으면 좋겠습니다. 꽃잎이 하나씩 피어서 푸른 하늘을 열어가는 것처럼 우리 아이들이 꿈의 날개를 펼치는 모습을 이 책 안에서 만나 보시길 바랍니다.

2015. 새봄에

충청북도 교육감 김병우

체험 · 표현 · 교과가 통합된
교육과정의 원형을 보다!

  2012년, 새로운 교육을 꿈꾸며 동화초등학교에 갔습니다. 오랫동안 교육과정 공부를 하며 학교가 교육과정 중심으로 운영되었으면 좋겠다는 생각, 모임에서 서울형 혁신학교 매뉴얼을 만들면서 그려본 학교의 상, 이제는 마음 맞는 동료들과 함께 학교에서 즐겁게 지내고 싶다는 생각들이 모여 용기를 냈습니다. 그 곳에서 교사들이 모여 책을 읽고 우리 교육과 아이들에 대해 이야기를 나누고, 주마다 하는 교육 활동을 고민하며 함께 만들어갔습니다.

  학교에서 본 모습은 지금도 제 마음속에 깊이 남아있습니다. 아이들이 놀이 시간이나 방과 후에 운동장에서 즐겁게 노는 모습, 꽃이 피면 피는 대로, 비가 오면 오는 대로 운동장이며 학교 근처에 나가 구경하고 즐기는 모습, 공부하고 나서 궁금한 것을 교장 선생님과 선생님, 부모님에게 물어보는 모습들, 교무실에서 교육청에 보내야 할 공문이나 어지러운 세상 이야기를 하다가도 운동장의 아이들을 보면 그냥 마음이 풀렸던 우리들.

  하지만 새로운 교육활동을 고민하고 만들어가는 과정은 녹록치 않았습니다. 지식과 신념만 있다고 가능한 일은 아니라는 걸 절감하는 시간이었습니다. 그런데 이상님 선생님과 이야기하면 늘 새로운 방법이 찾아지고 지역사회에서 함께 협력할 사람들을 찾아가는 식으로 길이 열렸습니다. 교사가 되기 전 학교 밖에서 시민단체 활동을 하고 치열하게 살며 쌓인 경험과 지혜가 어느덧 관행에 익숙해진 저에게는 신선한 자극이 되었습니다.

특히 학교 특색인 생태 체험활동을 할 때에 지나가는 나무 하나 하나 놓치지 않고 설명해주시고 맛보기나 풀피리 불기 등 다양한 활동 거리를 찾아내서 아이들의 체험을 더욱 알차게 해주셨습니다. 토끼 프로젝트를 할 때 아이들과 함께 활동 주제를 찾고 학부모님도 프로젝트 수업의 주체처럼 엮어가는 모습을 보며 우리도 같이 설레었습니다. 또 수업 시간이나 놀이 시간, 방과 후에 아이들이 보여주는 반응 하나하나를 놓치지 않고 아이들이나 부모님과 나누면서 아이들의 배움이 혼자만의 것으로 되거나 학교에서만 그치지 않도록 하는 역할을 해주었습니다.

이오덕 선생님은 아이들은 모두 시인이라고 하였습니다. 아이들이 쓴 시를 보면 그 자체로 좋을 뿐 아니라 성찰과 깨달음까지 보입니다. 글 하나하나를 보면 배우는 가운데 즐거움과 깨달음이 있고 그 속에서 몸과 마음, 영혼이 성장하고 발달하는 것이 느껴집니다. 선생님이 기록하신 글을 통해 그 과정까지 엿볼 수 있어 아이들의 삶과 배움을 더 총체적으로 느낄 수 있습니다. 또한 오랫동안 공부하고 고민해왔던 체험과 표현, 교과가 통합되는 교육과정의 원형을 볼 수 있었습니다.

학생들의 배움중심 수업을 위해 혁신학교에서 활성화된 교육과정 재구성 바람은 이제 교육부조차 핵심성취기준 중심으로 교육과정을 편성하고 수행평가를 권장하는 변화를 일으키고 있습니다. 이 책은 3년 동안의 교육 활동이 연관된 교과별 핵심성취기준과 함께 제시되어 있어 교육과정 재구성을 고민하는 선생님들에게 도움을 줄 수 있을 것입니다. 교과 통합적 활동으로 학생들에게 즐겁고 놀이처럼 다가가는 수업을 고민하는 데에도 도움이 될 것입니다. 나아가 어린이의 성장과 발달을 도와주기 위해 교사가 자유자재로 교육과정을 재구성하고, 이 과정에서 교사와 학생이 어떻게 협력하여 성장해 가는지를 생생하게 볼 수 있을 것입니다.

　작은 학교는 일이 많아서 수업에 집중하는 것도 참 힘듭니다. 수업도 힘든데 그 과정을 기록하고 아이들 기록, 학부모님과의 소통까지 꼼꼼하게 남겨서 이렇게 훌륭한 책을 내신 이상님 선생님에게 감사드립니다. 늘 웃으며 즐겁게 학교를 종횡무진하면서도 이렇게 좋은 글을 써 낸 이상님 선생님 반 아이들도 정말 고맙습니다. 이 책이 혁신학교에 근무하는 교사는 물론 삶을 가꾸는 교육, 새로운 교육을 꿈꾸는 모든 이들에게 도움이 되기를 바랍니다.

청주내덕초등학교 교사 신은희

1장

놀이 교육 이야기

날 짜	3월 15일	
주제(단원)	학교(1)	
교과 및 성취기준	통합	학교, 교실, 선생님, 자신을 여러 가지 방법으로 소개하고 표현하며 학교 생활을 즐긴다.
활동 내용	자기 소개하기	

　유치원 교육이 자유롭고 놀이와 표현 중심이었다면 초등교육은 정해진 수업 시간과 교과서에서 나타나듯 다소 형식적인 면이 더 강하다. 그래서인지 아이들은 입학후 조금은 위축되거나 학교 분위기에 딱딱한 느낌을 받기 쉽다. 그래서 3월 한 달 동안은 적응 시간을 두고 놀이를 통해 표현하며 서로를 알아가는 과정이 필요하다.

　손에 손을 잡고 아이들이 좋아하는 '꽃 찾기 놀이'를 하였다. 아이들은 놀이를 하며 서로 친구들 이름을 불러 주기도 하고 자기 이름이 불려지기를 기대하며 놀았다. 아직 바람은 차지만 아이들 노는 열기는 꽃샘추위도 녹여내는 것 같았다. 아이들은 목청껏 친구의 이름을 부르고, 운동장에는 아이들 목소리가 울려 퍼졌다.

　아이들은 정해진 놀이에서 그치지 않고 다른 놀이를 제안하기도 한다. 그것은 바로 '무궁화 꽃이 피었습니다'였다. 아이들과 함께 서로 꽃이 되기도 했고 무궁화 꽃도 활짝 피우며 놀 수 있는 기회였다.

우리 아이들이 모두 꽃입니다

오늘은 중간놀이 끝나고 신체활동을 했답니다.

먼저 '꽃 찾으러 왔단다'를 했죠.

1번인 두현이부터 마지막 번호인 재환이까지 모두가 꽃이 되어 '○○를 찾으러 왔단다' 놀이를 했어요.

서로 데려가고 데려오고, 모두 꽃이 되고 보니 기분이 좋아지더라구요.

어떤 녀석이 선생님도 꽃을 하라는 이야기도 해서 속으로 역시 센스 있는 꼬마들이라는 생각이 들었죠.

또 다른 하나는

'무궁화 꽃이 피었습니다' 놀이 아시죠?

서로 술래를 하겠다고 해서 가위바위보로 정했습니다. 움직이는 사람이 새로운 술래가 되는 것인데 아이들은 너도나도 일부러 꿈틀거리는 겁니다. 그런가하면 끊고 달아나야하는데 일부러 잡혀주거나 천천히 들어오는 친구도 있었죠. 서로 술래를 하고 싶어서인 것 같았습니다.

하지만 모두들 볼이 발개지도록 신나게 노는 모습을 보니 저 또한 기분이 좋았습니다.

오늘, 우리 아이들이 어찌나 좋아하고 폴짝폴짝 뛰던지요. 앞으로 이런 시간 많이 가져야겠습니다.

무궁화 꽃이 피었습니다

김서진

헐레벌떡 뛰는 친구들
술래가 쪼르르 달려와
나를 잡으려한다

햇살 아래서
꼬마 꽃잎들이
"무궁화 꽃이 피었습니다"

벌써 등에서는 땀이 흐른다

무궁화 꽃이 피었습니다

변재윤

웃음꽃이 활짝 핀 것처럼
무궁화 꽃도 활짝 피었다
우리가 무궁화 꽃을 깨우고 있다
온 나라에 울려 퍼지도록
"무궁화 꽃이 피었습니다"

봄바람이 머리를 팔락인다
머리카락이 흔들흔들
넌 아웃이다

바람소리

권두현

타다다다
술래잡기를 해요
나는 술래에게서 도망가요
달리기만 하면 쏴아아아 바람 소리
도망갈 때마다 들리는 바람 소리
모자를 쓰고 달리면 모자는 벗겨지고
여전히 바람소리
도망을 갈 때 앞만 보고 달리니까
내 뒤에 아무도 없는 것 같아요
그러다 가만히 서 있으면
바람만 불어도 소리는 나요

▲ 아이들은 꽃이 되어 데려가고 데려오고, 서로의 이름을 불러주며 놉니다.

날 짜	4월 2일
주제(단원)	봄(1)
교과 및 성취기준	통합 · 교실과 주변을 청소하는 방법을 익히고, 봄을 맞이하여 교실과 주변을 깨끗이 청소하고 정리정돈 할 수 있다.
활동 내용	봄맞이 청소하기

봄을 맞이하여 우리가 사용하는 교실을 먼저 청소하기로 하였다. 입학하고 종종 사물함을 정리하거나 자기 자리 주변의 쓰레기를 줍도록 하였지만 잘 진행 되지 않았다. 마침 교과서에 '봄맞이 청소'가 제시되었다.

교실 청소에 필요한 도구의 사용 방법을 익히고 친구들과 청소 계획 세웠다. 하지만 쓰레기를 줍자고 하거나 청소를 하자고 하면 자기가 안 버렸다고 하는 경우가 잦았다.

초등 교육은 기본 생활 습관과 기초 기본 교육을 중시하고 목표로 삼기 때문에 생활과 밀접한 관련이 있음을 아이들에게나 가정에도 알려주었다. 아이들이 다소 어설프게 해서 나중에 교사가 다시 하는 일이 있더라도 아이들이 직접 하도록 하였다. 또한 가정과 연계하여 꾸준히 실천하도록 주말 과제로 제시하였다.

모든 게 놀이다

4교시를 마치고 우리 아이들은 알림장 쓰는 준비를 합니다. 텔레비전을 켜는 소리가 들리면 누가 먼저랄 것도 없이 후다닥 알림장을 꺼내는 소리가 납니다.

그리고는 여기저기서 "잠깐만요, 잠깐이요!"를 외칩니다.

선생님이 컴퓨터 자판으로 너무 빨리 적기 때문에 준비될 때까지 기다려 달라는 뜻이겠지요.

몇몇 친구들은 수업 시간에 말했던 것을 기억하며 먼저 적기도 하고, 날마다 해야 하는 일인 '책 바르게 소리 내어 읽기'를 가장 먼저 적어두기도 합니다.

알림장을 다 쓰고 "여기까지입니다."라고 말하면 모두 빠르게 움직입니다. 빨리 써서 검사를 받으려는 것입니다.

▲ 아이들에겐 청소도 즐거운 놀이가 됩니다.

그리고는 청소함에 가서 커다란 빗자루를 꺼냅니다. 개인준비물로 가져온 미니 빗자루를 쓰라고 해도 큰 것이 좋답니다. 너도 나도 빗자루를 들고 교실을 돌아다닙니다. 청소를 하는 건지 노는 건지 알 수 없습니다.

자기 자리 주변을 쓸라고 해도 교실 여기저기, 심지어 복도와 현관까지 나갑니다. 먼지를 쓸어 모으는 것인지 빗자루를 밀고 다니는 것인지 모르게 이곳저곳을 돌아다닙니다.

"그렇게 하면 먼지가 안 쓸리는 거야." 하면 정전기로 달라붙은 먼지를 보여주며 쓸린다고 우기기 일쑤입니다. 아마도 교실 청소하기가 우리 아이들에게는 놀이로 여겨지나 봅니다.

고사리 같은 우리 꼬마들 손길이 간 곳은 제법 깨끗해져서 오후에 선생인 저 혼자 청소하는 수고로움을 훨씬 덜어줍니다.

미술실 대청소 시작!

김희성

1.미술시간이 끝났다.
재윤, 나, 주은, 아란, 서진은 미술선생님과 미술실 대청소를 했다. 나와 재윤이는 물통, 붓, 물감통, 칫솔을 닦고 아란이는 바닥을 쓸고 서진이는 아무거나 주은이는 걸레로 책상과 바닥을 닦았다.

2.피! 피인가?
빨간색 물감통을 씻고 있었는데 벽장 밑에서 빨간색 액체가 흘러나오고 있었다. 양이 어마어마했다. 그 액체의 정체는 바로!!

3. 휴~~~~다행이다

빨간색 물감통을 씻을 때 생긴 빨간색 물이었다. 휴~ 다행이다. 양이 어마어마해서 치우긴 힘들었지만 피가 아니라는 생각만 해도 기운이 펄펄 나서 금방 치웠기 때문이다. 오늘처럼 무섭고 힘든 대청소는 없을 것 같다.

은행잎 싸움

김보민

　　오늘 은행잎 싸움놀이를 했다. 은행잎을 모아서 손에 움켜쥐고 친구들과 내가 한편이 되어서 선생님께 은행잎을 던졌다. 사실은 선생님께 미안해서 은행잎을 던지기 싫었지만 애들이 던져서 나도 따라 던졌다. 재미있었다. 내가 집에 와서 옷을 벗고 보니 작은 은행잎 하나가 떨어졌다. 작은 은행잎아, 반가워.

새로운 놀이의 발견

점심시간이 끝날 무렵!

우리 아이들 새로운 놀이를 발견하여 잠시 신나는 시간을 보냈습니다.

'새로운 놀이의 발견'이야기는 이렇습니다.

상열이가 오늘 당번이었어요. 당번인 사람은 아침에 우유를 가져오고 친구들이 다 먹으면 우유팩을 가져다 놓는 것입니다.

그런데 대부분의 친구들은 갖다 두라고 해야 가져다 두던가, 그것도 자꾸 잊어버려서 아이들이 다 가고 난 뒤 제가 가져다 두기도 하거든요. 그런데요, 책임감 강한 상열이가 우유팩을 가져다 두고는 우유 담는 노란 준비물 상자를 들고 흥분한 목소리로 말을 합니다.

　"선생님! 보세요. 내가("제가"라고 하는 거라고 해도 자꾸 "내가"라고 합니다.) 신기한 거 보여줄게요." 하더니 우유 상자를 공중에서 두 번 돌리는 겁니다.

　그래서 일단 크게 반응을 보였습니다.

　"와! 잘 돌린다."

　그랬더니 제 대답과 달리 뜬금없이

　"안 떨어뜨렸죠?" 하는 겁니다.

　"으응? 안 떨어뜨렸다고?" 했더니 상자를 다시 한 번 공중에서 돌립니다. 이번에는 세 번이나 돌립니다. 그때서야 상자 안에 있는 지우개가 보였습니다.

　"와, 진짜! 어렵겠다. 이걸 어떻게 했어?" 했더니 "내가 발견했어요!" 하며 교실로 의기양양하게 들어왔습니다. 저와 상열이의 얘기를 들은 아이들이 자연스레 모여들었습니다. 그러더니 나란히 한 줄로 서서 서로 해보겠다는 겁니다. 당연히 처음에는 준비물 상자 안에 있는 지우개가 교실 바닥에 떨어졌습니다. 그러다 민성이, 희성이 주헌이가 두 바퀴를 돌렸는데도 지우개는 떨어지지 않았습니다. 아이들과 저는 박수를 치고 소리를 질렀습니다. 그러자 우리 교실을 지나가던 다른 학년 아이들은 고개를 삐쭉 들이밀고 무슨 일인가 보기도 했습니다.

방법을 알았는지 한 명 두 명 성공을 하기 시작했습니다. 그것도 지우개를 한 개도 아니고 두 개를 넣어 상자를 돌려도 떨어뜨리지 않는 묘기를 보였습니다. 그러자 이 녀석들, 지우개에 그치지 않고 연필을 한 자루 두 자루, 심지어 일곱 자루까지 상자에 넣어 공중에서 돌렸습니다. 그래도 연필은 떨어지지 않았지요. 물론 천천히 돌리면 자연히 떨어지지만 빠르게 돌리면 상자 안에 얌전하게 있는 것이 확인되었습니다. 바로 구심력과 원심력의 원리입니다. 아이들이 원심력이 무엇인지는 모르지만 어떻게 하면 떨어뜨리지 않을 수 있는지 놀이로 터득한 셈입니다.

한참을 그렇게 새로운 놀이를 발견한 기쁨에 어울려 놀고나자 5교시 수업하기가 힘들었지요. 하지만 모두 땀을 흘리며 상자를 돌리고 성공하기를 바라는 마음을 가지며 신나고 재미있는 소중한 추억 하나를 더 만들었습니다.

새로운 게임

임지혜

새로운 게임을 했다.
어떻게 하냐면 우유를 가져오는 노란 상자를 가지고서 한다. 상자 안에다 지우개를 놓는다. 그런 다음 그 통을 조심스럽게 돌린다. 떨어지면 지는 거다. 다른 아이들은 다했는데 나만 안 했다. 어지럽다고 한 것은 핑계였다. 사실은 질까봐 두려웠다.
앞으로는 게임할 때 재미있게, 자신 있게 할 것이다.

새로운 마술

권두현

오늘 중간놀이가 끝나고 우유를 마셨다. 친구들이 우유를 다 마시자 상열이가 우유를 갖다 놓으러 갔다. 그리고 상열이가 교실로 들어왔다. 그런데 지우개를 언제 가져갔는지 지우개가 우유 바구니에 있었다. 그러더니 갑자기 상열이가 "이거 할 수 있냐."고 하면서 바구니를 돌렸다. 그런데 신기하게도 지우개가 안 떨어졌다. 그래서 친구들도 다 해보았다. 이번에는 연필 두 개를 더 넣어서 했다. 그런데도 떨어지지 않았다. 이제 주헌이가 다른 바구니에 연필 일곱 개를 넣었는데 성공을 했다. 나는 그 중에서 주헌이가 한 게 제일 신기 했다.

날 짜	5월 7일	
주제(단원)	가족(1) / 4. 비교하기(1-1) 4. 길이재기(2-1) 3. 길이재기(2-2)	
교과 및 성취기준	통합	우리 집의 규칙을 소개하고 가족의 의미를 생각하며 가족이 지켜야 할 예절을 알아본다.
	수학	· 구체물의 길이를 '길다', '짧다'(들이를 '많다', '적다', 넓이를 '넓다', '좁다')의 말로 비교할 수 있다.(1-1) · 임의단위를 사용하여 구체물의 길이를 나타내고, 표준단위의 필요성을 안다.(2-1) · 구체물의 길이를 재는 과정에서 자의 눈금과 일치하지 않는 길이의 측정값을 '약'으로 표현할 수 있다.(2-2)
활동 내용	우리는 가족	

'가족은 ○○입니다.'를 주제로 아이들과 이야기를 나누었다. 가족의 의미를 아이들은 어떻게 생각하고 있을지 궁금했기 때문이다. 그랬더니 가족은 함께 하는 게 많은 것, 떨어지지 않는 것, 추억이 많고, 서로 도와줘야 한다고 했다. 또 놀이도 함께 하며 좋은 일이 있으면 축하해주고 나쁜 일이 있으면 함께 슬퍼한다고 대답을 하였다. 그래서 떨어지면 안 된단다.

아이들이 한 이야기를 정리하며 모둠이 한 가족이기 때문에 '떨어지면 안 된다'는 것과, 신문의 크기를 줄여가며 그 위에 '가족이 늘 함께 있어야한다'는 조건을 주었다. 그러자 아이들은 안거나 업기도 하며 떨어지지 않으려고 애를 썼다. 활동을 모두 마무리하고 가족 관련 책을 읽어 주며 수업을 마무리 하였다.

'신문 위에 가족 모두 올라서기'를 하며 사용한 신문으로 길게 찢기 놀이를 했다. 수학에서 나오는 '길이 비교하기'를 놀이 삼아 해보자는 차원으로 가위나 풀 같은 도구 없이 길게 찢어 보기로 했다. 개인적으로 해결할 수 없다면 모둠별로 진행해도 좋을 듯하다. 2학년이 되어 '길이 비교'와 '길이 재기'가 있음을 알려주었고 관련 활동을 상기하며 수학을 활동 중심으로 진행하였다. 1미터는 어느 정도 일까 질문을 하였더니 자신들의 키를 생각하며 1미터를 가늠하였고 실제로 1미터 자를 만들어보기도 하였다.

가족과 관련하여 신문으로 놀기를 하고 그날 일기감으로 우리 가족을 관찰해 보고 써 보도록 하였다.

신문으로 놀기

가족에 대해서 공부를 하며 '신문으로 놀기'를 했습니다. 부모님들께서도 레크레이션 시간에 한번쯤 해봤음직한 놀이입니다.

먼저 신문을 주고 일곱 명이 신문 안에 모두 들어가 서도록 했습니다. 처음에는 아주 쉽게 일곱 명이 섰습니다. 두 번째는 반으로 접게 했습니다. 일곱 명이 서기에는 면적이 좁습니다.

처음에는 어떻게 해야 할 지 망설임 없이 서로 먼저 신문지 안에 들어가려합니다. 하지만 일곱 명이 다 들어가기엔 넉넉하지 않자 한 쪽 다리만 넣고 깨금발을 뛰기도 하고 업기도 합니다. 가까스로 일곱 명이 다 들어갔습니다. 다시 또 접었습니다. 이제는 모두 들어가 서기에는 턱없이 좁아진 신문지 넓이인데 서로 어찌할지 상의하는 모습이 대견스럽습니다.

업고, 안고, 한쪽발만 신문 위에 올리고 빨리 보라며 아우성입니다. 짧은 순간에 가까스로 성공을 했습니다. 안 될 것 같은 놀

▲ 신문으로 놀기. 모둠은 한 가족으로 떨어지면 안 된다고 하니, 깨금발로 올라서서 안고, 업고, 떨어지지 않으려 애를 씁니다.

이가 되는 것을 보고 우리 아이들도 흐뭇한 표정입니다.

다음으로 신문을 길게 찢어보기로 했습니다. 그러자 이제는 모둠활동에 익숙해서인지 모둠끼리 한다며 떼를 썼습니다. 개인전이라고 하자 아쉬운 표정을 하며 신문과 가위를 들고 각자 편한 곳에 자리를 잡았습니다. 가위를 쓰기 전에 어떻게 해야 가장 길게 나올지 생각을 하라고 했습니다. 하지만 못한다고 하는 녀석도 있고, 알았다며 바로 시작하는 아이도 있습니다. 풀과 테이프를 써도 되는지 묻기도 합니다. 하지만 이것은 그런 도구 없이 가장 길게 하는 것임을 이야기 해주자 아쉬운 표정을 짓습니다. 잠시 뒤 교실은 조용해졌습니다. 모두들 다른 친구 눈치도 안 보고자신의 생각대로 가위로 오리기 시작했습니다. 오리다가 끊어지면 아쉬움을 표하기도 하구요. 끊어진 신문끼리 묶어 두기도 하고 침을 묻혀 붙이기도 했습니다. 하지만 신문은 바로 힘을 잃고 끊어지고 말았습니다.

그렇게 이런저런 방법으로 하다가 드디어 주헌이가 가장 길게 잘랐습니다. 방법은 이렇습니다. 신문을 밖에서부터 달팽이처럼 둥글게 자르는 것입니다. 어떻게 이런 생각을 했을까요? 민성이와 주은이는 대각선으로 잘라 조금 길게 오렸습니다.

우리 아이들에게 방법을 알려주지 않았는데, 궁리하고 시도해 보는 모습이 놀랍습니다. 가위로 오려보는 활동이 소근육도 발달 시키고 길게 잘라 서로 길이를 대보는 수학과 연결 되어 확실하게 익힐 수 있는 1석3조의 효과가 있는 활동입니다.

신문으로 활동을 하고는 자연스레 신문 조각을 정리하는 녀석 들이 얼마나 대견스러운지요. 초등학생이 된 2개월 동안 우리 아이들 참 많이 컸습니다.

의젓하고 흐뭇합니다.

가족 행동 관찰하기

이주은

아빠는 일어나거나 앉을 때마다
"아, 다리야~" 하신다
언니는 혼자 거울을 보면서
'예쁜 척'을 한다

엄마는?
모르겠다

이상한 우리 오빠

임지혜

오빠는 참 이상하다.
포켓몬스터를 볼 때
돼지 포켓몬이 나오면
나를 보고 손가락질 하며
애기처럼 깔깔깔 까르르르 웃어댄다
웃는 것도 철없는 애기처럼 웃으니
그 꼴이 이상하다
다음부턴 철 든 오빠답게 행동해라!
오빠야!

잠자는 숲 속의 할아버지

이민성

으르렁 드르렁
드르르르
푸우

우리 할아버지는
숲 속에서 잠을 자며
코고는 도력을 쌓으셨나보다
새벽만 되면
코에서 전쟁을 한다

날 짜	5월 8일	
주제(단원)	봄(1,2)	
교과 및 성취기준	통합	· 봄의 모습, 봄의 달라지는 모습을 여러 가지 방법으로 표현하면서 봄을 느낀다.(1) · 봄나들이를 즐기며, 여러 가지 놀이나 게임에 적극적으 로 참여한다.(2)
활동 내용	자연물을 이용하여 여러 가지 놀이하기	

　　주변에서 쉽게 볼 수 있는 꽃, 풀, 돌 등을 이용하여 여러 가지 놀이를 할 수 있다. 꽃반지나 꽃팔찌를 만들 수 있고 질경이 줄기를 이용하여 끊어먹기를 하거나 아까시 잎 따기 놀이도 가능하다. 개나리꽃을 따서 멀리 날려 보기도 한다. 헬리콥터 날개처럼 빙그르르 돌다가 떨어진다. 주변의 돌을 이용하여 그림을 그리기도 한다. 물론 돌멩이의 경우 그림을 그리고 전시하고 나서 일정한 시간이 지나면 있었던 곳에 가져다 두도록 한다. 그리고 민들레 줄기를 이용하여 피리를 만들어 불어주니 모두 달라한다. 민들레 피리의 경우 씨앗이 모두 날아가고 줄기에 수분이 마른 것이 소리가 더 잘난다. 줄기의 길이나 굵기에 따라 소리가 다른 것을 발견 하도록 하는 것도 좋겠다.

민들레와 풀피리

　　즐거운 생활 시간에 실내놀이가 있어서 칠교놀이를 했습니다. 처음에는 교과서에 나오는 그림을 보고 그대로 했답니다. 곧잘

하는 녀석들이 많아서 창작을 해보기 위해 모둠별로 상의하여 식물, 동물, 생활 용품 같은 것을 만들어 보았습니다. 이리 저리 궁리하며 모둠원끼리 상의하는 경우도 있고, 하다가 지쳤는지 다른 모둠에 가서 구경만 하는 녀석도 있습니다.

실내놀이와 더불어 자연물을 이용해 놀아보기로 하고 나갔습니다. 야생화 심어 놓은 주변에 꽃이 많은지라 그것을 이용하기로 했습니다. 지난주에는 온통 노란 꽃들로 단장을 하고 뽐내던 모습이었는데 지금은 하얀 털을 뒤집어쓰거나 털을 모두 날려 보내고 대머리 모습으로 있는 것도 있습니다. 바로 민들레 말입니다.

민들레 꽃대를 적당히 잘라 풀피리를 만들어 시범을 보여주었습니다. 그 소리에 이 녀석들 우르르 모여들어 어떻게 하는 것이냐며 궁금한지 손을 뻗어 달라고 아우성입니다. 될 수 있으면 굵은 것을 골라 해보라고 했지만 줄기만 잘라낼 뿐 소리를 만들어 내지 못했습니다. 그러다가 제가 줄기를 잘라내면 또 모여들어 서로 자기 달라고 합니다. 그래서 모든 아이들이 소리 낼 수 있도록 해 보기 위해 소리를 내보고 주곤 했는데 준하가 처음으로 소리를 냈습니다. 곧이어 이 아이 저 아이 소리를 낼 수 있게 되었습니다. 여기저기서 내는 민들레 피리 소리가 어느 교향곡 소리보다 아름답게 들렸습니다.

그러더니, "어! 입술이 간지럽다."

"맞아, 입술이 떨리는 것 같아." 여기저기서 느낌을 이야기 합니다.

그러자 한 녀석이,

"어우 써!" 하며 침을 뱉어 냅니다.

"맞아, 쓴 약 보다 더 써." 하지 뭡니까?

저는 속으로 '이 녀석들이 왜 쓰다는 말을 안 할까?' 생각하고 있었거든요.

우리 아이들, 처음에는 민들레의 쓴 맛을 몰랐나봅니다. 아마 소리 내는 것에 집중하느라 그랬겠지요. 많은 아이들이 소리를 낼 수 있게 되어 민들레 풀피리 하나씩 입에 물고 교실로 들어 왔습니다. 손에는 등나무 잎(아까시 잎 대신)을 들고요. 그리고 교실에 와 짝을 지어 가위바위보를 하고 잎 떼기 놀이도 했답니다.

그런데요,

참, 우리 아이들 하나를 알려주면 둘을 압니다. 떼어낸 등나무 잎으로 풀피리를 만들어 불며 놀더라구요.

우리 아이들에게 늘 놀란다니까요.

민들레로 피리 불기

김희성

수업시간에 야생화 단지에 가서 민들레로 피리를 불었다. 만드는 방법은? 민들레 씨앗이 있는 줄기를 따서 후~ 불어서 시집보낸다. 그리고 줄기를 짧게 잘라서 부는 거다. 힘을 꽉 주고 부는 거라 힘들었다. 몇 번 불면 다 늙어 버려서 짜증이 났다. 맛도 쓰고 입술은 간질간질 했다. 그렇지만 방구 소리 같기도 해서 너무 재미있었다.

▲ 봄 들판은 놀잇거리로 넘쳐납니다. 민들레 꽃대로 풀피리를 만들어 불어보기도 하고, 토끼풀 꽃으로 팔찌도 만들어 차봅니다.

민들레 피리 불기

이주은

민들레 피리 불기를 했다.

선생님은 잘 불었는데, 친구들하고 나는 민들레피리를 잘 못 불었다. 그래서 내가 고른 피리를 선생님이 불러보시게 했다. 잘 불어지는지 안 불어지는지 확인을 했다. 그리고 나도 불어보니까 잘 불어졌다. 그런데, 입술이 간질간질하고 덜덜덜 떨렸다.

날 짜	6월 20일
주제(단원)	여름(1, 2)
교과 및 성취기준	통합	· 주변에서 볼 수 있는 여름의 모습을 여러 가지 방법으로 표현하고 다양한 놀이를 하면서 몸과 마음의 건강을 도모한다.(1) · 여름철을 맞이하여 계절놀이에 즐겁게 참여하며, 여름에 필요한 물건과 여름철 음식을 만들 수 있다.(2)
활동 내용	자연물을 이용한 여름 놀이

통합에서 '봄'을 주제로 수업을 할 때 자연물을 이용하여 여러 가지 놀이하기를 하였다. 6월이면 질경이 줄기를 이용하여 끊어먹기를 하거나 아까시 잎 따기 놀이를 할 수 있다고 말 해 둔바 있어서인지 언제 할 수 있는지 자주 확인하기도 하였다. 아까시 잎이 본격적으로 나오기 전에는 등나무 잎을 이용하여 놀이를 할 수도 있다. 질경이 줄기의 경우 그늘에서 자란 것과 양지에서 자란 것 중 강한 것이 어떤 것일지 알아보도록 하는 것도 좋을 듯하다. 아이들은 그늘에서 자란 것이 키가 커서 강할 것이라고 생각한다.

아까시 잎 따기와 질경이 끊기 놀이

즐거운 생활 시간에 자연물을 가지고 놀기도 했습니다.

오늘은 짝과 함께 가위바위보로 아까시(우리가 알고 있는 아카시아는 다른 종의 나무랍니다.)잎을 먼저 따기 놀이를 했습니다. 손가락에 힘이 있다면 팅겨서 따기를 하지만 1학년들은 손가락에 힘이 없어서 이긴 사람이 한 잎씩 따기를 했답니다.

우리 아이들, 둘씩 짝을 지어 가위바위보를 하며 한 잎씩 따며 놉니다. 지면 아쉽고 이기면 의기양양하여 으쓱한 표정입니다. 그 놀이를 얼마나 재미있어하는지요. 짝지어 잎을 따고는 줄기가 남자 끊어먹기 놀이를 합니다. 지난 시간에 질경이 꽃대 끊어먹기 놀이를 했거든요. 따준 아까시 잎으로 놀고는 바로 곁에 있는 등나무(아까시 잎과 비슷해서?) 잎을 따서 놀기도 했습니다. 대체물을 사용할 줄도 압니다. 짝을 지어 놀다가 여러 명의 친구들이 모였습니다. 끊고 끊기는 사이가 되기도 하고, 더 강한 것을 찾으려고 이 곳 저 곳을 살피기도 합니다. 그러다 나뭇가지를 가져와 아까시 줄기나 질경이 꽃대와 겨루기도 하며 질경이가 얼마나 질긴지 확인하고 놀라기도 합니다. 어떤 나뭇가지는 질경이나 아까시, 등나무 줄기와 겨뤄 부러지기도 했지요. 겉은 멀쩡해 보이지만 속이 삭은 나무인가 봅니다.

▲ 질경이 줄기 끊기 놀이와 아까시 잎 따기 놀이를 하는 아이들. 지면 아쉽고 이기면 의기양양하지요.

놀다가 갓 태어난 아기 방아깨비를 잡아 보기도 하고, 조물조물 개미떼를 따라 눈길을 주기도 하며 즐거운 바깥 공부를 했답니다. 하지만 놀이를 하고 들어와 글을 쓰자고 하니 자연물을 가지고 논 것보다 개미떼를 발견하고 어디까지 이동하나 관찰한 것이 더 기억에 많이 남았나 봅니다.

개미떼

손지환

개미떼 줄이 너무 길어서 개미떼를 끝까지 따라가 봤다. 어, 근데 개미구멍이 있었다. 개미구멍을 자세히 보니까 개미가 벌을 먹고 있었다. 참 신기했다. 개미가 벌을 먹는 줄 몰랐다.
그리고 개미가 엄마개미 아빠개미를 따라 요리 조리 잘 따라가는 것 같다. 그래서 나도 엄마 아빠를 잘 따라 다녀야겠다고 생각했다. 엄마 아빠가 없으면 나도 죽을 거 같다.

개미떼

이호준

개미떼를 보았다
어디로 가는걸까?
아, 먹이 구하고 개미집으로 가는구나
개미줄을 따라가니
개미들이 벌을 먹고 있다
개미는 계속 계속 먹이를 구한다
아기개미가 엄마개미 아빠개미 뒤를 따라 졸졸

개미는 부지런하다

날 짜	6월 21일
주제(단원)	5. 50까지의 수(1-1) 1. 100까지의 수(1-2)
교과 및 성취기준	통합 · 50까지의 수의 개념을 이해하고, 수를 읽고 세고 쓸 수 있다.(1-1) · 100까지의 수의 개념을 이해하고, 수를 읽고 세고 쓸 수 있다.(1-2)
활동 내용	수 세기와 수 찾기 놀이

이 단원에서는 50까지의 수를 세고 10개씩 묶음과 낱개로 수를 이해하는 것을 목표로 한다. 하지만 아이들은 어려워 할 수 있기 때문에 생활 속에서 어떻게 쓰이는 지 알아보았다. 단원 진도를 본격적으로 나가기 전에 가족의 나이를 알아오는 과정을 가졌다. 할머니, 할아버지의 연세도 알아오게 하여 50까지의 수에서 그치지 않고 더 큰 수나 더 많은 수의 개념도 익히고 가정과 연계하여 생활 속에서 꾸준히 알아보는 과정을 거쳤다. 그리고 친구와 숫자 찾기를 하며 자연스럽게 수의 순서와 크기를 익혔다. 처음에는 1부터 50까지를 하였고, 점차 0부터 100까지의 수로 확장하였다.

수 세기와 수 찾기 놀이

요즈음 수학시간에 50(쉰)까지 배우고 있는 것 아시지요?

이 단원을 배우기 전부터 가정에서, 생활 속에서 익히도록 하기 위해 가족의 나이도 알아보도록 하고 수 세기도 놀이 삼아 했습니다. 그래서인지 어느 누구 빠지는 아이 없이 쉰이 아닌 백까지도 척척 말을 합니다.

그래서 이제는 종이에 수를 쓰고 찾기 놀이를 하기로 했답니다. 어린 시절 컴퓨터도 없고 놀잇감도 흔치 않던 시절 하고 놀았던 기억이 났습니다. 생각해 보니 지금 우리 아이들이 배우고 있는 내용과 딱 맞아 떨어지는 놀이 같았습니다. 수의 순서를 알아가는 것은 물론 집중력을 기르는 것은 덤이고, 친구들과 친해 질 수 있는 것은 특별 보너스라고 해야 할까요?

아무튼 수업 시간에 50까지의 수 찾기 놀이를 했더니 짝과 머리를 맞대고 정말 재미있게 그리고 신나게 숫자를 찾았습니다. 한 번만 하는 것이 아쉬웠던지 더 하자고 합니다. 시간이 없어 또 하기 곤란하다고 했더니 집에서 할 수 있게 숙제를 내달라고 했습니다. 처음에는 50까지 해보도록 했습니다. 모두 숙제를 했다고 그러는 겁니다. 그래서 다음 날은 100까지 수의 순서를 찾기를 하자고 했습니다. 그런데요, 그렇게 재미있다고 하던 아이들인데 오늘 숙제를 한 사람 확인을 하니 열네 명 중 네 명만 했습니다.

순간 기분이 언짢아졌습니다. 왜 못했는지 물어보니 시간이 없었다는 아이, 엄마가 안 해도 된다고 했다는 녀석(정말인지 모르지만), 숙제가 있는지 몰랐다는 아이, 깜빡했다는 녀석, 제 각각 이유를 말했습니다. 그 사이 제 마음도 조금 누그러졌지요. 놀이(게임)를 과제로 내는 데에도 다 교육적 의미가 있는 것임을 아이들에게 이야기 했습니다. 알아들을 수 있을지 모르겠지만 왜 그 과제를 냈는지 알려주었지요.

그리고는 오늘 수학시간에 무엇을 했는지 물어보았습니다. 그랬더니 50까지의 숫자를 순서대로 연결하기와 세기를 했다고 대

▲ 짝과 숫자 찾기 놀이를 하고 있습니다.

답했습니다.

물론 1에서 100까지 셀 수 있습니다. 그렇지만 수와 친해지고 무엇보다 교과서에서 배우는 수학이 생활과 연관되어 있고 재미있게 놀이도 할 수 있음을 일깨워주고 싶었습니다. 생활 속 수학을 알려주고 싶었던 것입니다.

아이들에게는 작은 몸짓 하나도 교육적으로 의미 있는 해석일 수 있습니다. 하물며 과제를 내는 데에는 나름 이유가 있는 것이지요. 더구나 교육적 의미가 아주 큰 경우가 많습니다.

우리 아이들이 책임을 다하고 앎의 즐거움을 느낄 수 있도록 했으면 합니다. 더구나 강요나 암기가 아닌 놀이를 통해 생활 속에서 익힐 수 있도록 해 주셨으면 합니다.

날 짜	7월 4일
주제(단원)	여름(1, 2)
교과 및 성취기준	통합	주변에서 볼 수 있는 여름의 모습을 여러 가지 방법으로 표현하고 다양한 놀이를 하면서 몸과 마음의 건강을 도모한다.(1) 여름철을 맞이하여 계절놀이에 즐겁게 참여하며, 여름에 필요한 물건과 여름철 음식을 만들 수 있다.(2)
활동 내용	그림자놀이

이른 봄 교실에 햇살에 가득 들어왔다. 아이들은 자연스레 햇살로 모였고 옹기종기 모여 앉아 그림자놀이를 하는 게 아닌가. 이때다 싶어 사진을 찍고 보니 '여름'교과서에 그림자밟기 놀이가 나왔다. 교육과정을 미리 꼼꼼하게 보았다면 아이들이 그림자놀이를 할 때 연계성 있게 할 수 있었을 텐데 하는 아쉬움이 있다.

그림자놀이는 봄에 하는 것이 더 좋다. 햇살이 깊게 들어오기 때문이다. 운동장에서 하는 그림자밟기 놀이는 여름에 하는 것이 적당하다. 그리고 1~2교시에도 해보고 12시가 가까워진 4교시 정도에 해보며 그림자의 길이가 왜 다른지 생각해 보도록 하는 것도 좋겠다.

깔아놓은 멍석, 꾀와 반칙사이

오늘 통합시간이었습니다.

두 시간 중 한 시간은 교실에서 하기로 하고 활동 내용을 소개하는 시간이었습니다. 모두들 눈을 반짝이며 재미있겠다고 빨리 하자며 성화였습니다.

'나처럼 해봐요, 이렇게'로 앞의 친구를 그대로 따라 하기와 한 사람은 거울을 보는 사람이 되고, 한사람은 거울이 되어 행동을 하는 것입니다. 마지막 하나는 반대로 행동하기였습니다.

그런데 그렇게 정작 놀이에 들어가자 적극적으로 하지 못하는 겁니다. 이런 것이 아이다운 것이겠지만 조금 아쉬움이 남더군요. 그래서 표현을 잘하는 친구를 앞에 나오도록 하자 또 서로 앞에 나오겠다고 하는 겁니다. 또 기대를 갖고 이 아이 저 아이 시켰죠. 그런데 정작 앞에 나와서는 표현에 주춤주춤! 정말로 쑥스러운지 몸까지 이리 꼬고 저리 꼬고 볼까지 발그레 지기도 합니다.

그렇게 교실에서 노래를 부르며 표현 놀이를 하고 나머지 한 시간은 운동장으로 나갔습니다. 지난주에 하던 '그림자밟기 놀이'와 '발짝 뛰기' 그리고 '무궁화 꽃이 피었습니다'를 하기 위해서였죠.

그런데요, 이 녀석들이 '그림자밟기 놀이'를 하는데 그림자를 안 밟히려고 운동장을 이리저리 마치 박지성 선수처럼 열심히 뛰더라구요. 나중에는 이 꾀보들이 그늘 속으로 들어가는 겁니다. 정확히 말하면 반칙을 한 거죠. '그림자밟기 놀이'인데 그늘 속으로 들어가 버리면 그림자가 생기지 않아 놀이를 할 수 없는데 말입니다.

지켜보다가 호루라기를 불고 모이도록 했답니다. 반칙이라고 하자 이게 왜 반칙이냐며 따지는 거예요. 자기들이 생각해 낸 거라구요. 반칙이라고 한 제가 당황스럽게도요. 그러기를 반복하다 다음 놀이로 자연스레 넘어갔죠. 발짝 뛰기를 하는데 가지각색입니다. 두현이가 잘해서 시범을 보여도 일곱 발짝 뛰고 네 발짝 뛰었다고 하고, 뛰는 방법을 정확히 모르는 거죠. 다음에는 발짝 뛰기를 다시 해볼 생각입니다. '무궁화 꽃이 피었습니다'는 시간이 없어 못했는데 끝까지 해야 한다기에 점심 먹어야한다니까 "진짜 다음에 하는 거죠?" 하며 약속을 받아내고 겨우 교실로 쪼르르 달려갔답니다.

오늘 날씨가 좋아 우리 아이들 신나게 놀았습니다. 덕분에 저도 비타민 D를 충분히 섭취했답니다.

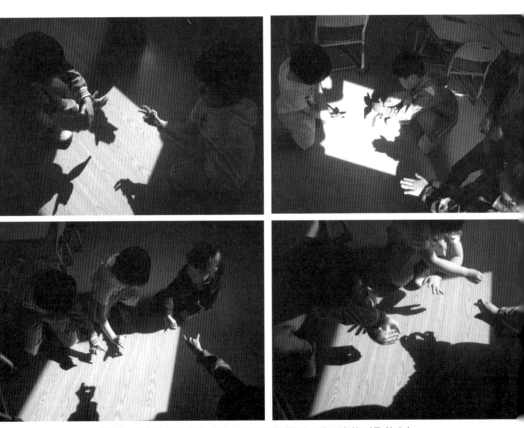

▲ 햇살이 교실에 깊게 들어오는 봄날, 아이들이 옹기종기 모여 그림자놀이를 합니다.

그림자밟기 놀이

손지환

통합시간에 운동장에서 그림자밟기 놀이를 하였다. 먼저 그림자를 길게 만들기를 해보았다. 길게 만들려면 최대한 팔을 짝 벌려야 된다. 짝 뻗으니까 높은 산에서 떨어지는 거 같다. 그리고 선생님이 그림자의 틈이 없게 만들어 보라고 했다. 그것은 작은 동그라미를 만들면 된다. 그래서 친구들이랑 틈이 없이 서로 붙었더니 그림자가 아주 작아졌다.

마지막으로 그림자밟기 놀이를 했다. 햇볕이 쨍쨍할 때 해야 된다. 그림자를 밟으면 술래가 되는 것이다. 우리는 햇볕에 있다가 그늘로 들어가고 또 도망가고 그랬다. 아주 재미있었다.

날 짜	7월 5일	
주제(단원)	5. 50까지의 수(1-1) 1. 100까지의 수(1-2) / 국어 3. 글자를 만들어요(1-1) 3. 이렇게 해 보아요(2-1) 11. 재미가 새록새록(2-1) 7. 재미있는 말(2-2)	
교과 및 성취기준	수학	·50까지의 수의 계열을 이해하고 수의 크기를 비교할 수 있다.(1-1) ·100까지의 수의 계열을 이해하고 수의 크기를 비교할 수 있다.(1-2)
	국어	· 글자와 소리가 다르지 않은 낱말과 문장을 정확하게 소리 내어 읽을 수 있다.(1-1) · 여러 가지 말놀이 규칙을 지켜 즐겁게 참여할 수 있다. (2-1, 2-2)
활동 내용	수놀이, 말놀이	

50까지의 수를 쓰고, 세고, 읽을 수 있게 되면서 묶음과 낱개를 익히기 위해 퀴즈 형식을 도입하였다.

처음에는 수의 범위를 주고 '예, 아니오'로만 대답을 할 수 있도록 하였는데도 특정한 숫자만을 이야기 하는 아이들이 많았다. 하지만 횟수를 거듭하다보니 아이들도 퀴즈 형식을 알아차려서 잘 진행할 수 있었다.

수학으로 시작한 퀴즈가 국어에서 배운 낱말 설명하여 맞히기로 확장되면서 매우 흥미 있는 활동을 하게 되었다. 그러다가 결국 속담 전달하기 게임으로까지 확대되었다. 그동안 생활 속에서 틈틈이 그 상황에 해당하는 속담을 종종 말해 주었더니 알고 있는 것을 활용하고 싶었던 것 같다. 아이들의 의견을 받아들여 게임을 진행하였다.

아이들과 활동을 하다보면 때로는 교사가 예상하지 못한 부분에서 흥미를 느끼고 몰입하는 경우가 종종 있는 것 같다.

저학년에서는 낱말 잇기와 보태기 같은 말놀이를, 고학년에서는 문장이어쓰기와 내용이어쓰기 놀이를 하며 내용이 연결되도록 하면 흥미도 있고 논리적인 면도 기를 수 있다. 말 전하기는 어느 학년에서나 낱말에서 시작하여 사자성어, 속담, 문장으로 확장하면 흥미를 느낀다. 잘 듣고 전하며 어휘력이 향상되는 것은 덤이다.

어떤 수일까? 어떤 낱말일까?

여름 방학을 앞두고 교과서 진도가 거의 끝나갑니다. 3월 입학할 때를 생각해 보면 우리 아이들, 정말 많이 자랐습니다.

키도 자랐지만 마음도 자랐지요. 그런 아이들이 대견합니다.

이제 친구의 이야기에 귀 기울일 줄도 알고 선생님이 말씀 하실 때는 귀담아 들어야한다는 것도 알고 있습니다.

무엇보다도 초등학생으로 의젓해졌을 뿐 아니라 자기의 할 일을 꾸준히 하는 습관이 생긴 것 같아 흐뭇합니다.

오늘은 수학 시간에 숫자 알아맞히기 놀이를 하였습니다. 미리 스케치북에 여러 가지 숫자를 한 장에 하나씩 적어 두었습니다. 문제에 대한 질문을 할 사람을 뽑기로 하였습니다. 처음에는 두 명 정도가 한다고 하더니 나중에는 우르르 나와 가위바위보로 문제를 내고 맞히는 사람을 정할 수 있었습니다. 예를 들어 제가 35라고 쓴 스케치북을 들어서 앉아 있는 친구들에게만 보여 줍니다. 그러면 앞에 나온 사람은 한 번에 한가지의 질문을 합니다.

예를 들어 "20과 30사이의 수입니까?"와 같은 질문이지요. 그러면 앉아 있는 사람은 "예", "아니오"로만 답을 할 수 있습니다. 이렇게 묻고 대답하는 과정에서 아이들은 유추와 추리 능력을 기를 수 있습니다. 또 이 단원에서 학습하고자 하는 묶음과 낱개의 개념을 익히고 다른 친구의 이야기를 귀담아 들어야만 질문과 대답을 할 수 있다는 것을 알 수 있습니다.

우리 아이들 이 놀이에 얼마나 집중을 하던지요. 역시 아이들은 놀이가 학습이고 학습이 곧 놀이라는 생각이 들었습니다.

수학 시간에 숫자 맞히기 놀이에 흥미 있어 하는 모습을 보고 이번에는 낱말 맞히기 놀이를 시도했습니다. 마찬가지로 스케치북에 미리 여러 가지 낱말을 적어 두었지요. 그리고 수학 시간에 앞에 나와서 하지 못한 친구들에게 기회를 주기로 하였습니다. 하지만 아이들에게는 조금 어려웠던 것 같습니다. 앞에 나온 녀석들이 쭈뼛쭈뼛하고, 설명하는 것도, 몸으로 표현하는 것도 어려워하더라구요. 그래서 '아하, 이것을 여러 차례 해 봐야겠다.'고 생각했습니다. 교육학에서는 아이들 수준보다 조금 어려운 단계를 제시하고 약간의 도움을 주었을 때 학습효과가 높다고 하거든요. 속담을 설명이나 행동으로 표현하여 맞히는 놀이도 해봐야겠다는 생각도 들었습니다.

귓속말 전달하기

김희성

수학시간에 귓속말 전달하기를 하였다. 선생님이 한 말을 우리가 전달하는 것이다. 여자 대 남자다. 맨 처음은 여자가 이기고 그 다음도 여자가 이기고, 그 다음은 남자가 이겼다. 친구가 내 귀에 대고 말하니 틀릴까봐 아슬아슬 하기도 하고 귀가 간질간질했다. 선생님에게 귓속말을 하니 엄마랑 단둘이 얘기하는 것 같았다.

말 전달하기

이주은

선생님께서 우리들한테 귓속말 전달하기 게임을 내 주셨다. 선생님의 설명을 들었다.

남자는 남자끼리 줄을 서고, 여자는 여자끼리 줄을 섰다. 그리고 게임을 시작했다. 그런데 지혜 말이 너무 작아서 잘 들리지 않았다. 속담이었는데, '마당 쓸고 돈 줍고'라는 말이었다.

그런데 지혜는 '마당 쓸고 똥 줍고'라고 말실수를 했다. 너무너무 웃겼다. 똥을 줍다니.

날 짜	7월 10일
주제(단원)	여름(1, 2)
교과 및 성취기준	통합 · 여름철 안전과 건강 생활 수칙, 에너지를 절약하는 방법, 알찬 여름방학을 준비하는 데 필요한 것들을 알고 이를 실천한다.(1) · 여름철을 맞이하여 계절 놀이에 즐겁게 참여하며, 여름에 필요한 물건과 여름철 음식을 만들 수 있다.(2)
활동 내용	여름철 놀이

'여름'은 아이들이 매우 흥미를 갖는 주제이다. 일반적으로 물놀이와 여름 방학이 있기 때문인 것 같다. 본격적으로 활동하기 전에 '여름'하면 떠오르는 것을 마인드맵으로 표현하였다. 공통적으로 수영장이나 물썰매장을 가자는 의견이 많이 나왔다. 하지만 현실적으로 수영장을 가는 것은 어려움이 있기 때문에 그것을 대신할 여러 가지 놀이를 해보기로 하였다. 학교에서는 물총 놀이, 가정에서는 등목 체험, 방과 후 학교 생태자연 시간에는 학교 뒤에 있는 대나무를 이용하여 대나무 물총을 만들어 놀아보기도 하였다.

물총 놀이

슬기로운 생활과 즐거운 생활, 그리고 바른 생활에 '와! 여름이다!'라는 단원이 있습니다.

여름에 하는 놀이로 물놀이가 나오지요. 물론 과목의 성격에 따라 건강한 여름을 나기 위한 방법을 알아보기도 합니다. 여름 노래와 여러 가지 여름 놀이도 나오구요. 또 지켜야 할 규칙 정하기도 있답니다.

교과서에 나온 대로 아이들이 좋아하는 물총 놀이를 하기로 했지요.

물총은 학교에 준비가 되어 있어 여분의 옷만 준비하면 된다고 했는데 준하랑 재환이는 아주 커다란 물총을 가지고 왔습니다. 아이들 눈은 휘둥그레졌지요. 물총의 주인공인 두 녀석은 등교하자마자 언제 할 것인지 묻고 자꾸 물총을 만져봅니다.

▲ 물총 놀이. 시원한 물을 맞고, 쏘고, 뛰다 보면 여름 더위도 잊게 됩니다.

드디어 나름의 규칙을 정해 물총 놀이를 하기로 했습니다. 목 위로는 쏘지 않는다. 귀나 눈에 물이 들어가면 다칠 수 있기 때문에 공격하지 않는다.

홀수와 짝수로 나누었는데요. 준하도 재환이도 짝수 번이라서 공평한 놀이가 되지 못하는 것 같아 재환이가 홀수 팀으로 가고 두현이가 짝수 모둠으로 왔습니다. 등을 집중 공격하기로 하고 등이 다 젖은 사람은 아웃이라고 했지요.

그런데 이 녀석들 역시 꾀보가 맞습니다.

봄에 그림자밟기 놀이를 할 때도 그늘로 들어가 그림자를 안 만들어서 못 밟도록 하더니, 오늘은 모둠 친구끼리 등을 대고 서서는 상대가 등을 공격 못하도록 하지 뭡니까?

그래서 제가 그랬죠. 그러면 재미가 없으니 정정당당하게 하자고요. 그랬더니 이 녀석들 운동장 여기저기를 마구 뛰어다녔습니다. 쫓고 쫓기다 결국 조회대 위까지 올라갔습니다. 상대팀이 공격을 할 수 없도록 말이지요. 그래서 이번에도 그러면 재미없으니 그렇게 하지 말자고 하고는 본격적으로 물총놀이를 했습니다. 여경이와 민성이, 상열이, 재환이는 집중 공격을 받아 흠뻑 젖었구요. 재환이와 준하 물총은 그 위력을 발휘해서 아주 멀리, 그리고 많은 양을 쏘아 친구들의 옷을 적셨답니다.

무더운 날씨지만, 물총 놀이를 하며 운동장을 누비는 우리 아이들을 보며 저도 참 많이 뛰고 또 웃었습니다. 입학 후 4개월여 사이에 훌쩍 자랐음을 느끼는 시간이었습니다.

아이고, 나 살려!

권두현

등목을 하려니 떨린다
갑자기
물 트는 소리가 크게 들린다

찬 물들이
내 등위로

으아, 으아아 차가워
아이고 나 살려!

등목 그거
다시는 안 하겠다

등목하기

배유빈

앗, 차거!
너무 차갑다
이렇게 차가운지 알았으면 안하는 건데
차가워도 너무 차갑다
아주 그냥 얼어버리겠다

아하!

다하고 나니
이제 알겠다
등목은
차가운 물로 하는 거라는 걸

등목

이민성

아빠가
등에 물을 부었다

등목 그거
시시하게 봤는데
알고 보니 그게 아니다

물이 엄청 차갑다

날 짜	9월 27일	
주제(단원)	가을(1)	
교과 및 성취기준	통합	추석과 추석에 한 일 등을 여러 가지 방법으로 표현하고, 다양한 민속놀이를 해 본다.
활동 내용	제기 만들어 놀아보기	

추석을 앞두고 명절 분위기를 내기 위해 전통 놀이를 하기로 계획을 하였다. 하지만 제기차기를 하기로 생각하면서 완제품으로 나온 것을 이용하기보다 옛날 방식대로 만들어 놀기로 했다. 각자 비닐봉지를 준비해 오도록 하고 안에 넣을 것은 학교 주변에서 구하기로 하였다. 모든 것이 풍요롭지 못하던 시절이었지만 스스로 만들어 놀던 시절 이야기도 해주자 '옛이야기'를 듣는 것처럼 재미있어 하며 친구들과 함께 만들고 어떻게 차면 잘 차지는지 알아가는 것 같았다. 제기 안에 들어갈 것이 너무 무거워도 너무 가벼워도 안 된다는 것도 아는 듯 했다. 제기뿐 아니라 다른 놀이 도구를 직접 만들어 놀아 보며 만드는 과정에서 눈과 손의 협응과, 창의성, 소근육의 발달을 기를 수 있다.

제기 만들어 놀아보기

며칠 있으면 추석입니다. 우리 아이들과 명절 기분을 내기 위해 놀이를 하기로 했습니다.

즐거운 생활과 슬기로운 생활, 바른생활에도 '한가위' 단원이 나오기도 하지요. 원시적인 방법일 수 있지만 제기 만들기는 학교 주차장 주변에서 돌을 주워 하기로 했습니다.

그런데요, 우리 아이들에게 옛날에 제기 만들었던 방법을 설명하며 제기 안에 무엇을 넣었을 지 물었습니다. 많은 아이들이 엽전이나 동전을 넣었다고 하고 어떤 녀석은 돌을 넣었을 거라고도 하더군요. 또 한지로 만들기도 했음을 알고 있더라구요. 그래서 우리가 어떤 돌을 주워야할지도 알아보고 나갔건만 …….

주먹만 한 돌을 가져와서는 "괜찮아요?" 묻기도 하고, 아주 조그마한 돌을 가지고 와서는 "이건요?" 하며 확인을 받으려고 하더라구요. 그래서 어떤 것을 넣어야할지 생각하고 줍자고 했습니다.

미리 준비한 비닐봉지에 주워온 돌을 넣고 둘둘 말기도 하고, 돌을 가운데 넣고 실로 꼭 묶어 주었습니다. 그리고 가위로 제기의 수술을 만들어 보도록 했는데요, 어떤 녀석은 수술을 잘라 아주 짧게 만들기도 하고, 수술을 쳐내어 몇 가닥 안 남긴 경우도 있었지요.

모두 완성하여 제기차기를 해 보았지만 두 번을 못 넘기더군요. 그래서 명절에 개인 연습을 하도록 하고 책으로 제기차기를 해 보았습니다. 키를 까불 듯이 말입니다. 처음에는 그것도 쉽지 않았지만 연습할 시간을 주니 곧잘 하더라고요.

아이들은 교실에 들어와서도 할머니들이 곡식의 쭉정이를 골라내기 위해 키질을 하듯이 제기를 곡식 삼아 키질처럼 해댔습니다. 아이들 고개는 제기를 따라 위로 아래로, 눈도 제기를 따라 위, 아래를 번갈아 보며 '제기질'을 했답니다.

제기를 만들어 차 보자

변재윤

돌을 찾아보자
이 많은 돌 중에 적당하고
좋은 돌이 어디 있을까?
찾다 찾다 찾아냈다
우와!
납작하고 적당한 게 좋다

이제 비닐봉지에 넣고 돌돌 말아 실로 묶고,
마지막으로 가위로 자르면 완성~
예쁜 아기 해바라기가 되었다

귀여운 아기 해파리 같은 제기
바다 속을 돌아다니며 신이 난 제기
슝~
재미있는 모험

딱지치기

임지혜

딱지치기를 했다.
먼저 신문지로 접는 것이다.
딱지가 완성이 되었다. 딱지치기 연습 시간에 동규랑 나랑 한 판 붙었다. 그렇지만 따지지 않고 딱지만 이리저리 딱딱 튕기고 튕겨서 보육선생님 자리에 자기가 선생님인 것처럼 거만하게 앉아 버렸다. 내 딱지는 통통 해서 아무도 못 차지하였다.

날 짜	11월 6일
주제(단원)	5. 인상 깊었던 일(1-2) 9. 느낌을 나타내어요(2-1) / 겨울(1)
교과 및 성취기준	국어 / • 인상 깊었던 일이나 겪은 일의 주요 내용과 느낌을 글로 쓸 수 있다.(1-2) • 일상생활에서 겪은 일을 동시나 노래로 표현할 수 있다.(2-1)
	통합 / 주변의 어려운 이웃을 도울 수 있는 여러 가지 방법을 알아보고, 그들을 위해 할 수 있는 일을 계획하고 참여할 수 있다.(1)
활동 내용	마니또 활동하고 나의 마니또에게 구체적인 까닭을 넣어 상 주기

아이들에게 기분이 좋을 때가 언제인지 종종 물어보곤 한다. 그러면 대부분 '칭찬을 받을 때'라는 대답이 돌아온다. 입장을 바꾸어서 칭찬을 받을 때도 좋지만 칭찬을 해줄 때의 기분이 어떤지 알려 줄 필요도 있다는 생각이 들었다. 그래서 수시로 아이들과 마니또 놀이를 해보았다. 그리고 국어 시간에 '까닭을 들어 글쓰기'나, '기분을 나타내는 말'이 나올 때 마니또에게 '구체적인 까닭을 들어' 칭찬 상장을 주기로 하였다.

처음에는 마니또 놀이를 하자 이틀도 못 견디고 말을 해버려 진행이 잘 안되었다. 하지만 횟수를 거듭할수록 비밀을 지키고 은밀하게 마니또 놀이를 하며 뿌듯해 하는 모습에서 흐뭇한 미소를 머금을 수밖에 없었다.

그리고 가정과 연계하여 가정에서도 가족들을 위해 마니또 역할을 해 보도록 하였다.

칭찬하기와 마니또 놀이

쓰기 시간에 칭찬하기가 나옵니다.

친구의 행동이나 말하는 것을 보고 칭찬하는 이유가 들어가게 칭찬하기입니다. 1학기 때부터 이미 여러 차례 칭찬 릴레이를 해 본 적이 있습니다. 하지만 구체적으로 하자고 해도 막연하게 하 더라구요. 그래서 막연하게 하지 말고 쓰기 책에 나온 것처럼 구 체적으로 칭찬을 하기로 했습니다.

칭찬 릴레이를 하고 쪽지에 칭찬하는 친구와 내용을 적어보도 록 하였습니다. 자신이 누구인지 밝히지 말구요. 하지만 여전히 막연하게 칭찬한다고 말하거나 쓰는 친구들이 여럿 있더군요. 그 래서 방법을 바꾸어 친구들에게 상장을 주기로 했습니다.

친구의 이름을 뽑고, 뽑힌 친구의 말과 행동을 이틀 동안 잘 관 찰한 뒤 수업 시간에 상장을 만들기로 했습니다. 이틀 동안 내가 뽑은 친구의 이름은 다른 사람에게 알리지 말자고 약속했습니다.

물론 관찰을 자세히 못했다면 두루뭉술하게 쓸 테고 관찰을 잘 했다면 구체적인 내용을 적어 상장을 주겠지요.

이름하여 마니또 놀이와 같은 것입니다. 다만 마니또는 그 친구 모르게 일정한 기간 동안 친구를 위해 좋은 일을 해주는 것이지만 1학년이니만큼 기간도 이틀로 짧게 하고 칭찬 상장으로 마니또 놀이를 하기로 한 것이지요.

아이들은 이름을 뽑자마자 그 친구를 보며 웃기도 하고 어떤 녀 석은 누가 볼세라 종이를 살짝 펴보고 저에게 주기도 했습니다.

▲ 아이들은 칭찬 상장을 주고 받으며, 친구의 말과 행동 속에서 칭찬 거리를 찾는 경험을 해 봅니다.

또 어떤 녀석은 남자인지 여자인지만 밝혀도 되느냐고 묻습니다.
한 친구에게만 말해도 되느냐고 묻는 녀석도 있네요.

　그래서 이틀만 참자고 하고는 비밀 지키면서 친구의 좋은 점을
찾고 상장 이름도 정하고 어떤 내용으로 할 것인지 생각해보라고
했답니다.

　우리 아이들,
　누구에게도 말하지 않고 친구의 말과 행동을 보며 칭찬할 것을
열심히 찾고 있겠죠.
　어떤 기발한 상장이름과 내용이 나올지 기대됩니다.

요건 몰랐지

권두현

밤에 슬쩍 신발정리
가족들이 밥 먹을 때
살며시 화장실정리
새벽에 숟가락 놓기

후후, 요건 몰랐지?

앗,
엄마가 일기장을 보셨다
쉿! 하기예요
휴, 살았다

비밀활동

김아란

내가 엄마 설거지 도우려고
몰래 엄마한테 간다
아란아, 마니또 역할하니?
나는 당황해서
아뇨, 오줌누러가요

마음을 가라앉히고
다시 빨래를 도우러갔다

아란아, 비밀 뭐 그런 거 하니?
나는 깜짝 놀라서
아뇨, 똥 누러가요, 똥
그리고는 화장실에 들어갔다 다시 나왔다

나는 용기를 내서 엄마에게 갔다
엄마가 아란~아, 라고 말해서
내가 얼른 말했다
엄마 도우러 왔어요

2장

생태 환경 교육 이야기

날 짜	3월 20일	
주제(단원)	봄(1, 2)	
교과 및 성취기준	통합	• 학교 주변을 살펴보면서 봄이 되어 볼 수 있는 것이나 겨울에서 봄으로 바뀐 것을 찾아본다.(1) • 봄철 날씨의 특징과 사람들의 생활모습을 조사하고, 날씨와 생활모습을 관련지을 수 있다.(2)
활동 내용	봄이 오는 모습 살펴보기 / 나무는 나의 친구	

'봄맞이'와 관련하여 아이들과 매주 월요일마다 산책을 하기로 하였다. 학교에는 어떤 나무가 있는지 그리고 나무들은 어떤 모습으로 봄을 맞이하는지 알아보기로 한 것이다. 아이들에게 목적을 설명하였음에도 아이들은 나가는 것 자체를 좋아한다. 산책을 하고 지난주와 달라진 점이 무엇인지 이야기를 나누었다.

이 활동은 처음에는 학교 안에서 시작하여, 학교 주변, 마을까지 확대하였다. 또 봄에 한정하지 않고 계절마다 하였으며 2년 동안 꾸준히 진행했다. 아이들은 자연스레 학교와 학교 주변에는 어떤 나무가 있고 꽃이 피었는지, 열매를 맺었는지 알게 되었다. 그리고 계절마다 변화에 민감하게 반응하였다. 또한 교과서가 '여름', '가을', '거울'로 구성 되어 있기 때문에 연관하여 수업하기기 수월하였다. 『나무는 좋다』 책을 함께 읽고 수업을 시작하면 좋다.

기특하고 이쁜 녀석들

오늘(월요일)은 아침 산책을 했습니다. 아침에 명상을 하지 않고 책 읽어주기를 한 뒤 산책을 나선거예요.

봄이 오는 모습을 관찰하기 위해 월요일 아침마다 하기로 하고 나선 첫 날!

아직은 추운 날씨라서 동네 어귀 나무들의 모습에서 봄이 오는 모습을 관찰하기 힘들었어요. 대신 쑥, 냉이같은 것들을 보았지요.

녀석들은 밖으로 나온 것이 마냥 좋아서 재잘재잘 이런 얘기 저런 얘기를 했습니다. 마을 어귀까지 갔다 오고 학교 운동장에서 봄이 오는 모습을 보기로 했어요. 그런데 재윤이가 새 무덤 이야기를 시작했어요. 죽어서 돌무덤을 만들어 주었다구요. 몇몇 녀석들은 어디냐고 보러가자며 운동장으로 달려갔구요. 은행나무 아래 새 무덤인 듯 돌무더기가 있었고 회색빛 새 시체가 처참하게 있더군요. 불쌍하다며 돌로 다시 덮어주는 아이, 징그럽다며 피하는 녀석들도 있었습니다. 그렇게 아픈 마음을 안고 운동장을 둘러보는데 노란 꽃망울을 막 터뜨리려는 나무를 발견!

무슨 나무인지 아는 사람 있느냐고 물으니까 진달래, 복숭아 하며 자기들이 아는 이름을 여기저기서 대는 겁니다. 저는 바로 알려줘야 할지 망설이다 알려줄까 말까 하다 '봄을 알리는 산수유'라고 이야기를 해주었지요. 관심있는 사람은 찾아보라구요.

그리고 한참을 둘러보다 잣나무가 있는 것을 알았어요. 지난 가을 떨어진 잣송이도 보여주었더니 준하가 잣이 맛있다며 밥이나

▲ 산책하며 학교에 있는 나무를 알아봅니다.

수정과에 넣어주는 것이라고 하더군요. 또 하나 우리 학교 운동장 앞 담장이 무궁화라는 것도 알게 되었어요. 나라꽃 무궁화를 여름에 볼 수 있을 거라고 이야기 하고 그림자 밟기 놀이를 했습니다. 서로 그림자를 안 밟히려고 이리 저리 뛰어다니는 모습에 운동장이 좁게 느껴지더군요.

그렇게 재미있게 산책과 놀이를 하고 공부를 잠시 한 뒤 중간 놀이 시간이었습니다.

월요일 중간 놀이 시간에 잠깐 교사 회의가 있거든요. 그런데 학기초라 상의할 일이 많아 시간이 쬐끔 초과되었어요. 교실 문을 열며 녀석들이 아직 놀고 있을지, 교실에 들어와 우왕좌왕할지 궁금해지는 겁니다.

교실 문을 열고 깜짝 놀랐어요. 모두 들어와 자기 자리에 앉아 지난 시간 하다가 만 고리만들기를 하고 있는 게 아니겠어요. 기특한 녀석들! 이제 시간이 되면 교실에 들어와 할 일을 찾아 할 줄도 알고, 놀이 하고 들어와 손도 스스로 씻을 줄 아는 똑똑하고 이~쁜 녀석들입니다.

봄

이동규

4교시에
학교를 둘러보았다
개나리꽃이 많았다

봄이 왔다

봄나들이

변재윤

가고 가고 또 가고, 또 간다
올챙이 사는 웅덩이를 지나
개구리목이 걸려 있는
복숭아나무 지나
오르막길을 가고,
가고 또 가고, 또 오른다
다리가 아프다

산소가 보인다
할미꽃도 보인다
할머니가 돌아가셨을까?
산소에 올라가도 될까?
할머니 죄송해요
예쁜 할미꽃 잠깐 그럴게요

할미꽃에 털이 크고 많다
꽃에 붙은 송충이를 떼어드리자
할머니 코 간지럽다

개나리, 뱀, 꽃, 개불알꽃, 벌이 보인다

정말
봄이 되었구나

즐거운 나들이

손지환

1학년 친구들과 즐거운 나들이를 했다. 맑은 공기를 들이 마시며 마을회관을 돌았다. 좋은 풍경도 보고 황토색 도토리를 아주 많이 주웠다. 도토리를 교실에 가져오고 보니 다람쥐가 너무 불쌍한 생각이 들었다. 나는 도토리를 다시 제자리에 갖다 놓고 싶었다. 도토리는 다람쥐의 맛있는 밥이기 때문이다.

날 짜	3월 29일	
주제(단원)	봄(1) / 텃밭 가꾸기(창체)	
교과 및 성취기준	통합	생명의 소중함을 알고 씨앗을 틔워 보면서 식물이 자라는 모습을 관찰한다.
활동 내용	감자 심기/개나리 꺾꽂이/나팔꽃 심기	

'새싹'을 주제로 아이들이 봄철 주변에 있는 꽃이나 나무, 새싹을 보살피고, 씨앗을 심어 싹을 틔운 후 식물이 자라는 모습을 관찰하게 하였다. 학교 차원에서는 말로만 듣던 꺾꽂이를 해보자고 했다. 아이들은 "이게 어떻게 싹이 틀 수 있어요?"라며 의아해 했다. 전날 조사 학습으로 꺾꽂이 할 수 있는 식물을 알아보라 했더니 장미, 개나리, 그리고 블루베리도 가능하다고 한다.

아이들에게 '감자 놓기'라고 하자 심기나 뿌리기가 왜 아닌지, 무엇이 다른 것인지 묻기도 하였다. 감자 눈을 살려 단면을 자르고, 자른 단면에 재를 묻혀야 한다고 하자 질문이 쏟아지기도 했다. 슈퍼마켓에서 돈만 주면 쉽게 사다 먹을 수 있는 먹거리와 감자를 직접 놓고 가꾸고 캐는 과정을 거쳐 얻은 것을 보며, 우리 아이들은 어떤 생각을 할까 궁금하다.

'감자를 언제 뜯느냐'는 아이들 질문에 '감자를 캔다'는 표현이 맞다고 서로 알려주기도 한다. 이런 활동이 가능한 것은 교육과정에 창의적 체험활동으로 텃밭 가꾸기를 넣고 교육과정과 연계하기 때문이다.

감자 놓기

　지난해에 이어 올해도 감자를 놓는다는 이야기를 듣고 언제 할까 기다려왔습니다.

　어제 밭을 갈고 이랑 만드는 모습을 보았지요. 드디어 오늘 2교시에 감자를 놓는다는 연락이 왔어요.

　모두들 소리를 지르며 밭으로 나갔지요.

　따스한 햇살과 함께 교감 선생님과 행정실 선생님들께서 우리 1학년 아이들을 기다리고 계셨어요.

▲ 감자를 놓고 그 위에 따뜻한 봄 흙을 이불 덮어주듯 덮었습니다.

우리 아이들 역시 모두 신이 나서 빨리 밭으로 가는 기회만 노리고 있었죠.

먼저 모두 양팔을 벌려 서고요, 자신의 손 한 뼘 길이만큼 감자를 띄워서 놓는데요, 특히 감자는 눈을 중심으로 잘라놓은 단면이 위로 오게 해야 한다고 하셨어요. 그래야 뿌리를 잘 내린다고 하더군요. 우리 아이들은 설명하는 교감 선생님의 말씀을 듣기보다 빨리 밭에 들어가고 싶어 안달이었습니다.

드디어 밭으로 들어가서 우리 녀석들 고사리 같은 작은 손으로 설명 들은 대로(안 들은 것 같은 데도) 감자를 놓고 흙을 토닥토닥 따스한 이불 덮어주듯 덮어주었어요. 하지만 몇몇은 있는 힘을 다해 꾹꾹 눌러주는 친구, 감자 눈이 위를 보게 한 녀석, 감자의 간격을 너무 멀리하거나 가까이하는 친구 등 제각각이었습니다. 감자 놓기를 하고 이제 그만하자고 하자 "더 하고 싶어요. 언제 감자를 뜯어요?"라고 질문을 하는 녀석도 있었습니다. 감자를 뜯는다고 하기에 캐는 거라고 일러주고는 교실로 향했죠.

감자를 심으면서 또 교실로 들어오는 시간 동안 모두 마음속에는 감자가 싹을 잘 틔워 많이 캘 수 있는 날을 기대했을 거예요.

따스한 햇살과 우리 아이들의 정성, 잘 자라기를 바라는 마음을 받아 싹을 틔우고 꽃을 피우며 씨알 굵은 감자로 잘 자라기를 기대해 봅니다. 우리 아이들에게도 따스한 추억으로 남을 것이라고 생각합니다.

개나리 꺾꽂이

김보민

수업 시간에 1, 2, 3, 6학년이 같이 뒷산에 가서 개나리를 심었다. 차례차례로 줄을 서서 개나리 가지를 받아서 순이 잠길 정도로 땅에 심었다. 신기하고 재미있었다.
개나리야, 사랑해. 예쁘게 커라.

나팔꽃 씨앗심기

손지환

어제 이상님 선생님하고 친구들하고 화분에다가 나팔꽃 씨앗을 심었다. 화분안에 흙이 들어 있었는데 검지 손가락으로 흙 안에 구멍을 뚫었더니 검지 손가락이 두더지가 된 것 같았다. 흙의 느낌은 부드러웠다.
새싹이 올라와 있을까? 우리가 심은 나팔꽃은 보라색 꽃이 맞을까? 빨리 나팔꽃이 피었으면 좋겠다.

날 짜	4월 2일	
주제(단원)	봄(1)	
교과 및 성취기준	통합	꽃과 새순, 꽃을 따는 벌이나 나비 등을 소재로 다양한 표현 놀이를 한다.
활동 내용	학교 나무들의 봄맞이 살펴보기	

아이들과 봄에 주변에서 볼 수 있는 새싹과 꽃나무를 보살피고, 씨앗을 심어 싹을 틔워 보기도 한다. 또한 여러 가지 방법으로 새싹, 꽃, 벌, 나비 등을 관찰하고 표현하고자 나들이를 계획하였다. 나들이를 다녀온 후 봄에 볼 수 있는 꽃과 동물 이름대기 릴레이와 빙고 게임을 하였다. 일회성 나들이로 그치지 않고 식물의 잎이 나오는 시기, 꽃이 피는 때 나비와 벌이 얼마나 눈에 띄는지도 알아보고자 하였다. 또 학교 운동장에 있는 나무와 학교 주변 식물 알아보며 사계절을 관찰하는 과정을 가졌다. 사계절 같은 나무 아래서 사진을 찍어 나무의 변화와 아이들의 성장을 생각해 볼 수 있는 기회를 가졌다.

꽃, 벌, 결혼

따스한 햇살을 받으며 나들이를 갔어요.
봄이 오는 모습을 관찰하기 위해 3주째 나가는 거예요.
현관을 나서자마자 우리 꼬마 녀석들 소리를 지릅니다.
"와! 노란 꽃이다!"

▲ 산수유 꽃이 피었습니다.

▲ 나들이 하고 나서. 개나리꽃, 대나무 같은 우리 아이들

멀리서 보아도 한눈에 알아볼 수 있을 만큼 자태를 뽐내고 있는
꽃이 보인거예요.

산수유라고 알려줬는데도 그냥 "노랑꽃"이라고 하는 녀석들.

아이들 눈에는 산수유인지 뭔지가 중요한 게 아니고 노란 꽃이
보이는 게 중요한 걸 어쩌겠어요.

그러더니 지난주에는 멀뚱히 바라만 보던 녀석들이

"와, 벌도 있다."

"벌이 있으믄 꿀이 있는 거니까, 꽃 따서 꿀 먹을 수 있게 해줘요."

"아냐 아직 꿀은 별로 없어!" 하며 서로 이야기를 주고받는 겁니다.

세상에 산수유를 보고 꿀 먹을 생각을 하다니 아뿔싸!

봄꽃에서 벌로 관심이 간 것 같아 왜 꽃에 벌이 있느냐고 물었죠.

그러니까 "또 꿀 먹을라고!" 하며 꿀 타령을 하는 겁니다.

그래서 "꿀 먹으려고 하는 것도 맞아. 그럼 꽃에게는 벌이 있는 게 뭐가 좋을까" 했더니

"꿀 먹을 수 있어서 좋아요!"

그러는 겁니다.

꿀 얘기 말고 다른 것 생각해 볼까 했더니,

아란이가 "꽃을 결혼 시켜주는 거예요."라고 대답을 하네요.

똘똘한 녀석!

암술과 수술이 벌 몸을 통해 만나(충매화 - 4학년 과정과 5학년 과정에 나와요.) 수정되는 것을 그렇게 표현을 하다니.

저는 머릿속으로 어떻게 설명을 해야 할까 궁리하고 있었거든요.

오늘도 아이들에게 또 한 가지를 배웠습니다.

예쁘다

이주은

꽃들이 정말 예쁘다.
막 피어나려고 하는 꽃도
참
예쁘다
친구처럼 예쁘다

산사춘

임세환

    오늘은 산사춘 나무에서 사진을 찍었다. 산사춘 나무는 나이가 많이 들어서 이끼가 많이 생겼다. 그런데 열매가 주렁주렁 났던 산사춘 나무는 사라져 버렸다. 그리고 산사춘나무는 아직도 튼튼한가? 그리고 어제 비가 많이많이 와서 그런지 잎이 우수수 떨어졌다. 나무들은 겨울이 되면 얼마나 추울까?

▲ 산사춘 나무 아래서 봄, 여름, 가을, 겨울(왼쪽부터 순서대로)
같은 장소에서 사계절 사진 찍기 - 산사춘 나무 아래에서 사계절마다 사진을 찍어 보면 계절의 변화와 함께 성장하는 자신을 느낄 수 있습니다.

날 짜	4월 9일	
주제(단원)	봄(1)	
교과 및 성취기준	통합	꽃과 새순, 꽃을 따는 벌이나 나비 등을 소재로 다양한 표현 놀이를 한다.
활동 내용	봄에 볼 수 있는 꽃과 동물	

'봄'단원을 운영하며 틈틈이 학교 주변 나들이를 한다. 아이들은 수업 시간뿐 아니라 중간 놀이 시간이나 오후 시간에도 '봄'과 관련한 것들에 관심을 기울인다. 그리고는 교실로 달려와 본 것과 들은 것, 달라진 점을 수시로 이야기 한다. 또한 친구들과 이런 저런 표현 놀이를 하는데 수업 시간에 했던 '꿀벌의 비행'을 음악 없이 하기도 하고 나비가 되어 날 때와 꽃에 앉았을 때를 표현하기도 한다. 중간 놀이 시간뿐 아니라 오후 시간에도 여유 있게 학교 일과를 운영한 결과인 것 같다.

바나나 냄새가 나요

"봄이 왔어요"

"여기 저기 봄이 왔어요"

우리 아이들이 즐거운 생활 시간과 슬기로운 생활 시간에(통합 시간) 배우는 단원 제목이기도 합니다. 진짜 여기 저기 봄이 왔어요.

오늘도 우리 아이들과 봄이 오는 모습을 관찰하기 위해 나섰습

니다. 재잘재잘, 와자지껄 떠드는 모습을 보며 봄이 오는 소리 같
다는 생각이 들었습니다.

먼저 학교 뒤쪽에 있는 개나리꽃을 보기 위해 나섰는데요, 노란
나비, 하얀 나비가 먼저 반기네요. 멋들어진 검은 나비도 뒤늦게
찾아와 주었구요.

그 때 누군가 그러는 겁니다.

"와, 대나무도 있다!"

그러자 한 녀석이

"옛날부터 있었어."라고 말을 해 주었습니다.

어떤 녀석은 한 달이 지나도록 대나무가 있는 줄 몰랐던 모양입
니다. 하긴 꽃이 피지 않으면 어떤 나무인지 잘 모르는 어른도 있
습니다. 아이니까 더 모를 수 있습니다. 지금이라도 아주 가까이
무엇이 있는지 알았으니 다행입니다.

그리고 야생화를 심어둔 자연 학습원으로 발길을 옮기는데요,
민들레가 많이 피어있습니다. 지난주까지도 안 보였던 민들레가
말입니다. 나들이 나오기 전 '강아지 똥'을 읽어 주어서인지 모두
들 반기며 우르르 모여듭니다. 그러더니 줄기를 꺾어 피리를 만
들어보자고 합니다. 제가 그렇게 해서 노는 것도 할 거라니까 빨
리 하고 싶은 모양입니다. 하지만 줄기가 짧아 지금은 못 하구 다
음에 줄기가 길어질 때 하자고 했습니다. 쥐똥나무는 지난주보다
잎이 많이 나왔구요. 우리 녀석들 지난해 달렸던 '쥐똥'을 따달라
고 야단입니다. 지난주에 왜 쥐똥나무인지 설명해 주었거든요.

그리고 땅을 보며 너도나도 꽃을 찾느라 분주합니다. 별꽃, 꽃

▲ 매화꽃, 잘 익은 바나나 같은 향이래요.

다지, 냉이 꽃……. 그러더니 누군가 또 네 잎 클로버를 찾자고 외치자 너도나도 네 잎 클로버 찾는다며 쪼그리고 앉습니다. 그러기를 얼마나 지났을까 재환이는 여섯 잎 클로버를 보여주는 겁니다. 네 잎 클로버가 안보이니까 세 잎 클로버를 찢어 보여주지 뭡니까?

　자연 학습원에서 교문 쪽으로 가며 하얀 꽃이 눈에 들어옵니다. 그러자 한 녀석이 "목련이다!"라고 외쳤습니다. 맞습니다. 방금 전 책에서 보았던 목련을 확인한 거죠. 또다시 옆으로 시선을 돌리니 자그마한 꽃에 벌이 아주아주 많이 있습니다. 제가 향을 맡아보았습니다. 제가 아무 말도 안 하고 계속 맡고 있자 아이들도 따라서 향을 맡아봅니다. 그러자 한 녀석이 그러는 겁니다.

"와, 바나나 냄새다. 맛있는 바나나 냄새!"

그러자 여기저기서

"맞아, 바나나 냄새야. 아~주~, 아주아주 맛있는 바나나!"

저는 이 향을 어찌 표현할까 생각 중이었는데 이렇게 명쾌하게 꽃향기를 표현 할 수 있을까요?

나중에 교감 선생님께 여쭤보니 매실나무였어요. 매화향이 그렇게 좋은지 처음 알았습니다.

아이들과 함께 맡아본 이 향기는 아주 오래 기억되리라 생각합니다.

날 짜	4월 27일	
주제(단원)	봄(1)	
교과 및 성취기준	통합	생명의 소중함을 알고 씨앗을 틔워 보면서 식물이 자라는 모습을 관찰한다.
활동 내용	씨앗 심기(볍씨 뿌리기)	

　동화초등학교 뒤에는 낮은 산이 있고 주변은 논으로 둘러싸여 있다. 이런 환경은 자연스럽게 자연 생태 교육과 교과를 연계할 수 있는 요인이 된다. 학급에서는 씨앗을 싹 틔우고, 옮겨 심어 키우며, 열매 맺는 과정을 공부하기 위한 식물로 나팔꽃을 정했다. 학교 전체적으로는 벼의 한 살이를 알아보기로 하였다. 전교생이 볍씨 뿌리는 과정을 보기 위해 학교를 나섰다. 우리의 주요 먹거리인 쌀이 '쌀나무'에서 나오는 것이 아님을, 또 우리가 밥을 먹기까지 어떤 과정을 거치는지 알도록 하기 위해 학교 교육과정에 넣은 것이다. 그리고 전체 학년에 식물과 관련한 단원과 연계성을 갖고 창의적인 체험활동과 연계교육을 하였다.

볍씨 뿌리기

　벼가 쌀이 되어 우리 밥상에 오르기까지 아흔 아홉 번 손을 거쳐야 한다고도 하고 누구는 백번 손을 거쳐야 한다고도 합니다. 그만큼 손길이 많이 간다는 뜻이겠지요.
　오늘 벼가 쌀이 되는 과정(벼의 한살이)의 첫걸음인 볍씨 뿌리는 것을 보기 위해 길을 나섰습니다.

저 역시 이 나이 되도록 볍씨 뿌리는 것은 처음 봅니다. 볍씨를 고르는 장면은 책으로 보았지요. 약한 소금물에 볍씨를 담그면 알찬 것은 가라앉고 쭉정이는 위로 떠서 가라앉은 것만 쓸 수 있다고 말이죠.

아이들과 동네에 들어섰을 때 이미 그 과정을 거친 볍씨가 자루째 놓여 있었습니다. 거름, 물, 볍씨, 모래 그리고 모판과 일하시는 분들! 일하시는 분들은 잠시 쉬고 계셨구요. 요즈음은 모판도 규격화 되어 있고 볍씨도 기계가 고르게 뿌려 주더군요. 거름―물―볍씨―모래 순으로 모판에 담고 모판을 여러 층으로 쌓은 뒤 비닐로 덮어 두었습니다.

우리 아이들은 그 과정을 지켜보며 신기한지 자꾸 기계 가까이

▲ 파종기에 모판을 넣으면 볍씨가 뿌려집니다. 신기한지 자꾸 다가서서 바라보네요.

다가가서 보는 겁니다. 그래서 거름과 모래를 뿌려줄 때 먼지가 눈에 들어가기도 한 것 같았습니다. 일하시는 분들께 방해가 되는 것은 아닌가 싶어 볍씨가 싹이 나고 논에서 잘 자랄 수 있도록 바라며 모내기를 기약하고 돌아왔습니다.

돌아오는 길에 아이들 바람대로 염소를 보러 갔습니다. 우리 아이들이 염소 우리 가까이 갔을 때 염소들이 알아보고는 쭈르르 아이들 쪽으로 달려왔습니다. 그러다 한 녀석이 "으이" 하며 발을 구르면 움찔하다가 또 가까이 오고. 우리 안에는 대장 염소인지 커다랗고 수염도 길고 당당한 염소도 있었습니다. 임신했는지 배가 불룩한 염소와 갓 태어난 염소도 있었습니다.

우리 아이들은 염소 먹이를 준다며 풀을 뜯어다 주기도 하고 옆에 쌓아 둔 지푸라기를 주기도 했습니다. 그 모습이 어찌나 평화로워 보이는지요. 역시 동물과 식물을 가까이 하는 아이들은 평화로운 마음을 갖고 있는 것 같습니다.

아기 나팔꽃

김보민

아기 나팔꽃을 심었어요
흙에 구멍을 파고
아기 씨앗을 심고
흙을 덮어서
아기를 재웠어요
잘 자라라, 아기 나팔꽃아

너는 너는

김희성

너는 너는 작은 씨앗이었어. 나는 작은 네가 얼마나 귀여웠는
지 계속 바라보고 있었어. 하지만 땅 속에 심어야했어.

나는 너를 땅 속에 묻기 싫었지만 묻지 않으면 네가 썩을 것 같
아서 땅에 묻었지. 나는 매일 저녁마다 너를 바라보았어.

그리고 너는 씨앗에서 싹으로 바뀌고 점점 자라서 꽃을 피웠
어. 그 꽃에서 열매가 생겼어. 그리고 너는 오늘 같은 토마토가
된 거야. 나는 그렇게 많이 성장한 너를 보고 여태까지 잘 돌봐
준 보람이 있다고 느꼈어. 빨갛고 귀여운 너는 앞으로 무럭무럭
자라서 크고 맛있는 토마토가 되어야 해! 꼭!

가을나들이

손지환

오늘 창체시간에 가을 논을 보려고 나들이를 했다. 나들이를
할 때 네 글자 말하기를 했다. 논을 보았더니 금세 '황금벌판'으
로 변했다. 그런데 갑자기 속담이 생각났다. 벼는 익을수록 고개
를 숙인다. 그 뜻은 많은 것을 알수록 겸손해진다는 뜻이다. 나
도 많이 알아도 겸손해질 거다.

날 짜	4월 27일
주제(단원)	봄꽃을 찾아라(창체) / 봄(1, 2) / 5. 느낌이 솔솔(1-1) 1. 느낌을 나누어요(1-2) 5. 인상 깊었던 일(1-2) 4. 생각을 전해요(2-1) 9. 느낌을 나타내어요(2-1)

교과 및 성취기준	통합	· 꽃과 새순, 벌과 나비 등 봄에 볼 수 있는 동식물을 소재로 친구들과 다양한 활동을 할 수 있다.(1) · 여러 가지 자료나 의견을 바탕으로 봄에 갈만한 곳을 조사하여, 내가 가고 싶은 장소를 정하여 나들이 계획을 세울 수 있다.(2)
	국어	· 동시를 즐겨 낭송할 수 있다.(1-1) · 일상에서 겪은 일을 동시나 노래로 표현할 수 있다.(2-1) · 인상 깊었던 일이나 겪은 일의 주요 내용과 느낌을 글로 쓸 수 있다.(1-2, 2-1) · 자신의 주변에서 일어난 일에 대한 생각을 문장으로 쓸 수 있다.(1-1, 1-2, 2-1)
활동 내용		학교 주변에 있는 봄꽃 찾아보기

좋은 자연 환경은 아이들에게 가장 좋은 교육 자료이다. 학교에서는 주변 자연환경을 이용한 교육활동을 계획하여 '봄꽃을 찾아라'에 전교생이 참여하였다. 사람이 모두 이름이 있듯이 주변에 있는 식물이 '잡초'가 아님을 알려줘야 한다는 교육적 의도도 있다.

이른 봄 땅에 엎드린 듯 소박하게 핀 꽃을 자세를 낮춰 살피며 이름을 알아보고 불러주는 아이들 모습이 꽃처럼 예쁘다.

봄꽃을 찾아라

지금 우리 학교와 주변은 꽃 잔치가 한창입니다.

그래서 봄꽃을 찾아보고 봄이 왔음을 만끽하기 위해 학교 뒷산으로 나들이를 갔습니다.

우리 아이들과 함께 본 봄꽃은 할미꽃, 양지꽃, 별꽃, 엉겅퀴, 봄맞이꽃, 진달래, 철쭉, 꽃다지, 냉이, 꽃잔디, 개불알꽃, 현호색, 복숭아꽃, 조팝나무……. 아이들과 꽃을 관찰하고 이름도 알아가며 산으로 올랐습니다.

그런데 보기로 한 꽃 보다는 눈에 자주 띄는 개구리에 더 관심이 많은 듯합니다. 가만히 자리를 지키고 있는 것보다 움직이는 것에 관심이 더 가는 것이겠지요. 두꺼비도 보였구요. 청개구리와 무당벌레, 그리고 짝짓기를 하려고 원을 그리며 날아다니고 있는 서너 마리의 나비도 있습니다. 이 모습을 보며 아란이가 그러는 겁니다.

"내 색시야, 네가 맘이 든다고!"

그러면서 차지하려고 그러는 거라구요. 어쩜 이렇게 생생하게 표현을 잘 할 수 있을까요? 저는 어떻게 설명을 해야 하나 고민 중이었습니다. 아이들에게 늘 배운다니까요.

다른 아이들은 "정말 그런 거야?" "정말이에요?" 하며 저에게 확인을 받지 뭡니까? 그렇다고 했지요.

그리고 산에 올라 누워서 하늘을 보기도 하고, 바람에 흔들리는 나무를 보며 제비꽃에서 꿀을 따먹으며 잠시 쉬었습니다.

학교로 돌아와 우리 학교에 있는 여러 가지 꽃들을 관찰했습니다. 자연 학습원 근처에는 개불알꽃과 민들레가 지천입니다. 특히 교문 앞에 씨름장과 주변에는 단풍나무의 씨앗에서 싹을 틔운 어린 단풍나무들이 아~주~ 많아서 잘 컸으면 하는 바람을 안고 교실로 돌아왔습니다.

▲ 봄에 핀 꽃을 찾아 보고 제비꽃 꿀도 빨아먹어 보며, 주변에 있는 흔한 식물 모두 온전한 제 이름을 가진 존재임을 알게 됩니다.

활동지에 인상적이었던 것을 적어 봅니다.

'나를 꽃에 비유한다면?'이라는 질문과 '느낀 점을 다섯 글자로 나타내면?'이라는 것에 대한 대답입니다.

'이주은-제비꽃, 소리 좋아요. 박상열-별꽃, 꽃이 많아요. 김주헌-진달래, 꽃이 좋아요. 변재윤-제비꽃, 단풍 많아요. 이민성-장미꽃, 재미있어요. 김아란-목련, 재미있어요. 이동규-별꽃, 꽃이 많아요. 장준하-무궁화, 꽃이 많아요. 꿀벌 많아요. 개구리 있다. 정말 좋아요. 나무 많아요. 김서진-별꽃, 엄청 좋아요. 웃음이 나요. 정수빈-진달래, 소리 좋아요. 김희성-제비꽃, 정말 좋아요. 즐거웠어요. 권두현-현호색, 기분이 좋다. 임지혜-복숭아꽃, 즐거웠어요. 놀라웠어요. 예뻤었어요.'라고 하더라구요.

왜 그렇게 표현했는지 알아보시면 좋겠네요.

봄꽃을 찾았다

김희성

'봄꽃을 찾아라.' 활동을 하는 날 나는 좋았다. 왜냐하면 또 즐거운 실외활동을 하니까. 선생님을 따라 산에 올라간다. 사진도 찍었다. 자연 학습원에서는 개불알꽃을 보고 산에서는 제비꽃을 보고 산에 올라갈 땐 개구리 두 마리를 보았다. 개구리는 정말 징그럽다.

개불알꽃은 예쁜데 이름은 왜 이상한건지 모르겠다.

나라면 그 꽃을 천사꽃이라고 지어줄 것이다.

봄꽃을 찾아라

이주은

선생님이랑 친구들이랑
'봄꽃을 찾아라'를 했다

제비꽃에 있는
꿀을 먹어 보았다
달콤했다

개구리가 많다

변재윤

오늘은 '봄꽃을 찾아라'에서 여러 가지 꽃들을 보았다. 보고 있었는데 불쌍한 개구리를 보았다. 그 개구리는 도랑에서 못 빠져나왔다. 한쪽 다리도 다쳤다. 계속 보고 있는데 청개구리가 많이 보였다.

무덤에 갔는데 편했다. 사진도 찍었다. 미끄럼을 탔는데 풀이 바지에 들어갔다. 산으로 들어가는 개구리도 보았다. 제비꽃을 따서 꿀을 쪽 빨아먹어 보았다. 처음 먹어보는 그 맛은 정말 달콤하고 기분이 좋아지는 느낌이었다. 아란이 덕분에 맛있는 꽃을 먹을 수 있다는 것도 알게 되었다.

맛도 좋았고 이런 것을 알려준 아란이가 고마웠다.

날 짜	5월 14일	
주제(단원)	5. 느낌이 솔솔(1-1) 6. 이야기꽃을 피워요.(1-2) 1. 아, 재미있구나!(2-1) 3. 마음을 담아서(2-2)	
교과 및 성취기준	국어	• 동시를 즐겨 낭송할 수 있다.(1-1, 1-2, 2-1) • 일상에서 겪은 일을 동시나 노래로 표현할 수 있다.(2-2)
활동 내용	반복되는 말의 느낌을 살려 시 읽기	

시나 이야기를 읽고 생각이나 느낌을 말하기가 나온다. 하지만 1
학년 아이들의 수준이 느낌을 말하라고 하면 "좋아요", "재미있어요"
를 크게 벗어나지 않거나 아주 제한적이다. 그리고 흉내 내는 말로
표현하자고 하면 역시 정해진 틀에서 벗어나지 않는다.

아이들과 비 오는 날 밖에 나가 빗소리가 어떤지 귀기울여 듣고 표
현해 보자고 했다. 처음에는 어려움이 있을 수 있지만 재미있는 표현
이나 흉내 내는 말, 겪은 글 쓰기가 나올 때마다 여러 차례 해 보면
서 아이들만의 표현을 찾을 수 있다. 가정에서도 비가 오는 날 뿐 아
니라 평소에도 소리에 집중하여 글을 써 보도록 하였다.

빗소리를 들어봐

아침부터 한두 방울 떨어지던 비가 2교시 지나 중간 놀이 시간
에 보니 꽤 내립니다.

우리 아이들은 나가 놀지 못해 안달이 났습니다.

그래서 4교시 창 · 체 시간에 나들이 겸 나가겠다고 했답니다.
또 국어에 나오는 흉내 내는 말을 아이들의 느낌과 생각에 따라

표현 할 수 있도록 하기 위해서였죠. 아이들에게는 국어의 흉내 내는 말을 강조하기보다 느끼기 위해 나간다고 했습니다.

우산이 없는 친구는 함께 쓰고 또 짧은 옷을 입고 온 친구는 긴 옷을 입고 겉옷을 챙겨온 친구의 옷을 빌려 입고 나갔습니다. 나가기 전 규칙도 정했습니다. 소리에 집중하기 위해 그리고 느끼기 위해 말을 아끼기로 했습니다.

우산을 쓰고 학교 뒤 자갈이 깔린 곳에 모였습니다. 빗소리에 귀를 기울이라고 했습니다. 우산에 떨어지는 빗소리를요.

그러나 귀를 기울이던 녀석들 "어, 새소리다." 하는 겁니다. 맞습니다. 저 역시 새소리를 들었거든요. 그러더니 잠시 뒤 빗소리에 귀를 기울이고 "타닥타닥? 타다닥 타다닥?" 하며 나름의 흉내 말로 표현을 합니다. 그래서 걸어가며 듣자고 했습니다. 걸을 때마다 자갈에서 소리가 납니다. "사가각 사가각?"이라고 한 아이가 말을 합니다. 그러자 또 "사각사각?" 합니다. 우리 아이들 귀에 그렇게 들렸다면 그런 것이지요.

조금 뒤에 참나무 밑을 걷게 되었습니다. 제가 걸음을 멈추자 우리 아이들도 모두 걸음을 멈추고 섰습니다. 그러자 한 녀석이 "여기는 빗방울이 천천히 떨어진다."라고 합니다. 그러자 또 한 녀석은 "빗방울이 굵다. 후두둑 후두둑?"이라고 표현을 합니다. 나무 밑을 지날 때 소리도 다르고 빠르기도 다르다는 것을 우리 아이들은 알게 되었습니다. 또 우산마다 빗방울 소리가 다르다는 것도요.

자연 학습원을 지나 연못으로 발걸음 옮겼습니다. 하얀색과 붉

은빛의 수련이 우리를 맞아줍니다. 그 사이 꽃을 피우고 봐주기를 기다리고 있었던 겁니다. 그리고 물 위에 빗방울이 떨어지는 모습을 관찰했습니다. 어떤 녀석은 비가 떨어지며 방울이 생긴다고 했고, 또 다른 녀석은 동그라미를 그리며 퍼진다고 했습니다. 분수에서 떨어지는 물방울보다 비로 떨어지는 물방울이 더 크다고도 했습니다. 저는 우리아이들이 그것까지 비교하며 차이를 생각해 낼 줄은 몰랐습니다.

토끼풀 사이로 개미집을 찾아봅니다. 비가 와서 개미집은 많이 무너져있었는데요, 몇몇의 개미들이 아주 바쁘게 움직이며 무엇인가를 하고 있었습니다. 비가 오는 날에 개미는 나온다, 안 나온다 하며 교실에서 서로 다투듯이 궁금해 하던 우리 아이들은 비가 오는 날에도 개미가 나온다는 것을 확인했습니다. 개미 수가 적지만 말입니다.

우산을 쓰고, 소리를 듣고, 개미를 걱정하던 우리 아이들!

누군가 "우산은 집이다."라고 말했습니다.

"맞아, 비를 안 맞게 도와주니까 집이네."라고 옆에 있는 친구가 대답을 해 주었습니다.

비 오는 날

김희성

비가 후드득 후드득
웅덩이에서 빗방울이
후드득 후드득 춤춘다

▲ 비가 온 날 운동장에 나가 빗소리를 듣고, 빗소리를 흉내내어 표현해 봅니다.

나뭇잎도 리듬 타며
살랑살랑 춤춘다
너도나도 같이 춤춘다

빗방울들의 멋진 연주에 맞추어
나뭇잎이 춤춘다

우리 집 뒤뜰에 있는 각시풀은
긴 머리카락을 뽐내며
즐겁게 춤춘다

물방울

임지혜

비가
후두둑후두둑 떨어진다.
그 중 우리 집 처마 끝에 매달린 물방울들
서로서로 무서워서 벌벌벌
니가 먼저 떨어지라고
자기는 다음 한다고
그래놓고서
마지막 물방울은
힘을 줘서 안 떨어지려고 하다가
뚝 떨어진다

비

김아란

조그마한 물방울 모이면
비가 된다
실이 모이면
천이 된다
그럼
종이가 모이면
책
땅과 구름이 모이면
뭘까?

소리

이동규

오늘 밤에
선풍기, 에어컨, 텔레비전 다 끄고
소리를 들었다.
그러니까
귀뚜라미 소리랑 개구리 소리가 들렸다

빗방울 소리

김희성

아침에 눈을 번쩍 떠 보니 빗방울들이 내려오고 있었다. 그 때 마침 아이들이 우비와 우산, 장화를 신고 나왔다. 나도 우비, 우산, 장화를 신고 나갔다.

우리 집 앞에는 천둥소리가 나고, 우산에 떨어지는 소리는 톡톡 스타카토처럼 짧게 울려 퍼졌다. 참 듣기 좋았다. 애들도 기뻐했다.

하늘에 점선이 생겼다.

우산집

박채성

우산집은
바람을 방패처럼 막아주고
춥지 않아서
집에 있는 것 같다

태풍이 와도 부서지지 않겠다

날 짜	6월 12일
주제(단원)	8. 겪은 일을 써요(1-1) 5. 인상 깊었던 일(1-2) 6. 알기 쉽게 차례대로(2-1) 8. 보고 또 보고(2-1) 9. 느낌을 나타내어요(2-1)

교과 및 성취기준	국어	• 자신의 주변에서 일어난 일에 대한 생각을 문장으로 쓸 수 있다.(1-1, 1-2, 2-1) • 일상에서 겪은 일을 동시나 노래로 표현할 수 있다. (2-1)
활동 내용		겪은 일 중 기억에 남는 일과 자기 생각을 쓰기

　저학년 시기에는 겪은 일을 글감으로 글을 쓴다. 겪어보지 않은 것을 글로 쓰면 쓰기도 어렵거니와 잘 쓰려고 거짓된 글을 쓸 수도 있다. 그래서 처음에는 자신의 생각을 글로 다 표현 못하는 아이가 있을 수 있기 때문에 그림과 글로, 그것이 익숙해지면 인상 깊었던 일을 글로 쓰며 제목을 정하고 꾸며주는 말을 넣어 쓰도록 한다.

　하지만 1학년들에게 그림일기를 쓰라고 하면 그림에 치중하느라 글을 쓰지 못하는 경우도 있다. 또 그림 그리기가 어려운 아이의 경우 쉬운 그림 중심으로 글감을 찾는 경우도 있다. 그래서 그림을 그리지 않아도 된다고 하였다. 한 줄이 되어도 좋으니 글로 쓰자고 하였다. 물론 그림 그리기를 원하는 아이의 경우 그림일기를 해도 좋다고 하였다. 중요한 것은 일기 쓸 때 반드시 써야 할 요소인 날짜, 요일, 날씨를 쓰도록 하는 것과, 자신이 겪은 사실과 사실에 따른 생각을 솔직하게 쓰는 것이라 생각한다. 날씨의 경우 구체적으로 적도록 하였다.

온전히 자신이 겪은 일과 생각을 쓰도록 하기 위해 밖으로 나가 활동하고 그 과정에서 글감을 찾도록 하는 게 중요하다.

동물도 친구

우리 아이들!

일반적으로 다른 학교 아이들과 다른 점을 꼽으라고 한다면 동물이나 곤충을 거부감 없이 받아들인다는 것이지요.

우리 아이들이 동물이나 곤충에 얼마나 친근감을 나타내는지, 교실과 복도에 죽어있는 개구리나 여러 가지 곤충들에 놀라지 않고 일단 손으로 잡고 봅니다.

금요일 학부모 강좌가 끝나고 여러 마리의 청개구리가 창에 달라 붙어있는 기이한 모습을 보고 퇴근을 했었지요. 그런데 월요일 아침에 와 보니 교무실 옆 북 카페에 개구리 시체가 있었던 것입니다. 아마 주말 동안 어느 틈으론가 건물 안으로 들어왔다가 안타깝게 못 나간 녀석인 듯했습니다.

월요일 아침에 그곳에 개구리가 죽어있다고 소문이 삽시간에 났고, 우리 아이들이 우르르 몰려가 구경을 하고 왔습니다. 그러더니 재환이는 선생님이 확인을 해야 한다며 제 손을 잡고 그곳으로 이끕니다. 저도 여러 마리의 개구리 시체를 확인하고 수업을 시작했습니다.

그런가 하면 중간 놀이 시간에는 이런 일도 있었습니다. 갑자기 아이들이 우왕좌왕하기에 무슨 일인가보니 나비인지 나방인지 모르는 곤충이 다리도 없고, 못 날지만, 죽은 것은 아니라는 겁니다. 어떻게 하나 지켜보았는데요, 결국 아란이가, "쌤, 제발 좀 와 보세요." 하며 애원을 하는 겁니다. 이때다 싶어 저는 운동화로 급히 바꿔 신고 아이들 손을 잡고 운동장을 가로질러 뛰었습니다. 정글짐 옆에서 버둥거리는 것이 나비인지 나방인지를 먼저 확인 했습니다. 아이들 말대로 죽은 것은 아니지만 무슨 사연인지 다리는 없고 누워서 버둥거리는 나방이었습니다. 평소에 보던 나방보다 훨~씬 커다란 나방이요. 아이들과 어떻게 할까 이야기를 나누다 일단 풀 속으로 데려다 주기로 했습니다. 다리가 있었다면 나무를 댔을 때 다리로 나무를 움켜잡았을 텐데, 만질 수도 없고 이리저리 궁리하다 젓가락질 하듯이 잡았습니다. 우리 아이들 그러고 있는 제 모습에 박수를 치는 겁니다. 왜 그러냐니까 자기들이 풀 있는 곳에 데려다 주려는데 안 됐다는 겁니다. 어찌됐

▲ 아이들은 유별나게 동물이나 곤충에 친숙합니다. 오늘은 염소를 보러왔어요.

든 버둥거리는 나방을 살려주려고 애썼을 우리 아이들 마음이 예뻤습니다. 그리고 아이들 바람대로 하나의 생명체인 나방이 살아나기를 빌었습니다.

나비가 있다

김주헌

아침에 왔더니
번데기가 없다.
누가 훔쳐 갔나?
그런데 병 천장에 보니까 뭔가 있다.
나비?
엥~ 나비가 있다
혼자 잘두 태어났구나.

염소

김주헌

음메에에에에에에~~

그런데 똥구멍이 열리고
작은 똥알이 와르르
많이도 나온다

나는 염소가 똥 싸는 모습 처음 봤다.
진짜 웃긴다

배추흰나비야, 훨훨 날아보렴

배유빈

어느 날, 고학년을 가르치는 생태자연 선생님이 케일에 있는 배추흰나비 알을 주셨어. 알 색깔은 노란색이야. 나는 그 알이 신기했어.

그런데 어느 날 그 알이 애벌레가 되었지. 나는 똥도 치워주고 보살펴주었어. 며칠이 지나고 자세히 보니까 번데기가 보이는 거야. 또 케일 잎을 줘 봤어. 거기에는 애벌레들이 더 있었지. 더 많이 오니까 똥 양이 점점 많아졌어. 나는 똥을 치우기가 점점 바빴어. 그런데 새로운 애벌레가 또 있는 거야. 그 애가 또 번데기가 됐어. 한 개는 비닐에서 떨어져있었는데 똥을 치워주니까 보였어.

그런데 그중 하나가 드디어 오늘 태어났어. 나는 그 나비가 좋았어. 내가 그 애를 풀어 주기로 했지. 처음에는 자기가 있던 집에서 안 나갔어. 조금 있다가 내가 집을 통통 치니까 자연 학습원으로 날아갔어.

나는 마음속으로 빌었어.

나비야 훨훨 날아다니면서 잘 살아.

벌레다!

이주은

일기를 쓰려고 공책을 들었는데
갑자기 벌레가 툭!
꺄~!!

엄마야, 깜짝이야!

이 벌레를 어떻게 치우지?
이 벌레는 이름이 뭐지?
궁금증이 생겼다
그렇지만,
어떡하든 치우려고 주먹을 쥐고 쾅쾅쾅!
저리가! 저리가란 말이야!
그런데 이런, 내 쪽으로 뒷걸음질을 하네
어떡하지?
그래서 내가 바람을 불었는데 슉~~ 갔다!
다행이다, 다행이야

벌레야, 잘자

권두현

텃밭에 가서 애벌레를 보았다
꼬물꼬물 흙속에서 애벌레가 잔다
커다란 나뭇잎으로 애벌레를 큰 나뭇잎에 옮겼다
그리고 작은 나뭇잎으로 덮어 주었다
그러자 애벌레가 더 잘 잔다

날 짜	6월 25일
주제(단원)	감자 캐기(창체) / 8. 겪은 일을 써요(1-1) 6. 알기 쉽게 차례대로(2-1) 8. 보고 또 보고(2-1) 9. 느낌을 나타내어요(2-1)

교과 및 성취기준	국어	· 자신의 주변에서 일어난 일에 대한 생각을 문장으로 쓸 수 있다.(1-1, 2-1) · 일상에서 겪은 일을 동시나 노래로 표현할 수 있다.(2-1)
활동 내용		겪은 일 중 기억에 남는 일과 자기 생각을 쓰기

겪은 일 중 하나를 형식에 얽매이지 말고 자유롭게 글을 써 보자고 했다. 글을 쓰기 전에 마인드맵으로 사실과 느낌, 생각을 나누어 쓰고 이야기 나누기를 하였다. '사실'에서는 함께 한 일, 하면서 주고받은 말, 들은 것, 본 것 그리고 그때 들었던 생각과 느낌을 이야기 나누었다. 혼자서 한 일도 마찬가지 과정을 해 보았다. 다만 중요한 것은 자신의 생각을 색다른 표현으로 솔직하게 쓰는 것이다. 글을 써 보자고 했을 때 많은 아이들이 시로 쓰겠다고 한다. 아마 시는 짧으니까 쉽다고 여기는 듯하다. 시 공부를 본격적으로 하기 전에 느낌이 있는 시, 공감 가는 시를 많이 들려주고, 시를 나누어 주어 함께 읽기를 해서인지 무리 없이 써 나갔다.

잠시 구석기 시대로 떠난 여행

지난 금요일에 감자를 캤습니다. 3월 30일에 놓았던 감자가 두

◀ 감자캐기

달 반 동안 둥글둥글 알차게 영글었습니다.

감자에 싹이 나고, 잎이 나고 키가 쑥쑥 자라더니 흰색 꽃과 자주색 꽃이 피었습니다.

며칠 전부터 감자 잎과 줄기를 보며 왜 시들었는지 묻는 아이들에게 감자를 캘 때가 되어서 그렇다고 말해 주었지요.

미리 준비한 모자를 쓰고 호미도 손에 들었지요. 그 사이 성질 급한 녀석은 어느새 고랑 사이로 들어가 감자를 캐려고 폼을 잡습니다.

감자를 캐는 것도 요령이 필요한지라 설명을 하려던 참이었는데 말이지요. 자칫 위에서부터 호미질을 하면 감자를 찍어 상처 나는 감자가 많을 수 있기 때문입니다.

감자는 줄기 옆에서 살살 호미질을 하여 캐야 한다고 시범을 보였습니다. 아이들은 신이 났습니다. 모두 세 줄을 심어 학년별로 나누었는데도 고학년들이 할 것까지 자꾸 파기 시작했습니다.

여기저기서

"감자다!"

"쌍둥이 감자다!"

"눈사람 감자다!"

외치는 소리가 끊이지 않았습니다. 다 캔 감자를 수레에 싣고 수돗가로 향했습니다.

▲ 교감 선생님과 수레로 감자 옮기기

▲ 감자 까기

교감 선생님께서 수레를 밀고 우리 아이들이 애기 오리들처럼 쪼르르 따라갑니다. 너도나도 감자 이야기를 하며 발걸음을 옮깁니다. 커다란 함지박에 감자를 담고 물을 넣어 박박 문질러 주었더니 뽀얀 살을 드러낸 감자도 많습니다. 그러자 우리 아이들 감자를 까야한다며 너도나도 달려듭니다.

그런데 손에는 날카로운 돌들이 들려있습니다. 아마 칼도 숟가락도 없어 대체한 것 같습니다. 그렇게 놀라울 때가 있을까요? 무엇으로 까야하나 고민 중이었던 제게 우리 아이들은 무한한 응용력을 보여 준 것이지요.

아이들이 빙 둘러 앉아 감자를 까기 시작했습니다. 그때 아란이가 하는 말,

"구석기 시대다!" 하는 겁니다.

어떤 아이는 그게 뭐냐고도 하고 어떤 녀석은 친절하게 설명하기도 하며, 옛날 사람들이 주변의 것들을 어떻게 활용했는지 자연스레 이야기하는 순간이 되었습니다.

우리 아이들
고사리 같은 손으로 감자를 캡니다.

우리 아이들
조막만한 손으로
감자 껍질을 벗겨냅니다
뾰족한 돌이 칼이 되고 숟가락도 됩니다

우리 아이들
감자 찌는 냄새에 코를 벌름벌름
냄새로
먼저 먹습니다

감자 캔 날

변재윤

　오늘은 감자를 캐면 좋을 것 같아서 친구들과 언니, 오빠가 모두 모여 감자를 캤다. 씨감자가 조그마한데 큰 감자가 나와서 신기했다. 감자는 풀을 뽑고 땅을 깊숙이 파면 나온다. 그런데 왜 감자는 매달려 있지 않을까?

　물론 매달려 있는 것도 있지만, 땅에 묻혀 있는 게 더 많다

　호미로 캘 때 찍힐까봐 걱정을 했는데 다행히 찍히지 않았다. 감자를 삶아 먹으려고 까는 데 도구가 없어서 돌로 했다. 꼭 구석기시대로 온 것 같았다.

씨감자

김주헌

땅을 팠더니
감자와 같이 씨감자가 나왔다

또 심을까?
그런데
선생님이 버리라고 한다

버리기엔 미안하고 아까운데

날 짜	9월 11일	
주제(단원)	1. 느낌을 나누어요(1-2) 7. 이렇게 생각해요(2-1)	
교과 및 성취기준	국어	· 짧은 이야기나 노래를 들려줄 수 있다.(1-2) · 자신의 경험한 일에 대한 생각과 그렇게 생각한 까닭을 글로 쓸 수 있다.(2-1)
활동 내용	경험한 것을 이야기나 노랫말로 쓰기	

시나 이야기를 읽고 자기의 생각이나 느낌을 다른 사람과 이야기할 수 있도록 하는 것을 단원 목표로 한다. 하지만 이 단원에서 꼭 시나 이야기에 한정하지 않고 자신이 겪은 것을 다른 사람과 이야기 할 수 있도록 하였다. 그리고 이러한 활동은 창의적인 체험활동 시간에 학급 특색활동으로 '삶을 가꾸는 살아있는 글쓰기'를 하고 있어서 자연스럽게 글쓰기와 연결하였다. 학교에서 한 활동을 가족에게 이야기 해 주고 부모님들께는 아이가 한 말을 알림장에 적어 보내도록 요청하였다. 또한 아이들이 쓴 글에 부모님들께서 칭찬의 댓글을 써주는 활동을 연계하였다.

기운을 차렸어요

금요일에 배추를 두 포기씩 심었습니다.

아니 포기라기보다 아기 배추니까 모종에 가깝습니다. 나중에 잘 자랐을 때 '포기'라고 하는 말이 맞겠지요.

주말 동안 어떻게 되었는지 알아보기 위해, 그리고 아이들에게 자신이 심은 생명체에 대한 책임감을 갖도록 하기 위해 살피러 나

▲ 비오는 날, 배추밭에 나왔습니다.　　▲ 아기 배추에게 잘 자라라고 마음을 전합니다.

갔지요. 배추 앞에 꽂아 놓은 각자의 이름표를 찾아가 자신의 배추를 관찰하도록 했습니다.

　그런데요, 우리 아이들 자신의 이름표라는 말이 끝나기 무섭게 다른 생각은 하지 못하고 배추 앞에 심어놓은 열무새싹을 밟고 가는 겁니다. 그것뿐이 아니지요, 2학년 배추 두둑이 1학년 앞에 있는데요, 2학년 것을 밟고 자기 배추에 간다고 배추를 뛰어넘고 두둑을 밟고……

　아차 싶었지요. 자신의 것이 소중하고 잘 자라기를 바라듯이 다른 사람 배추도 보살펴야 하는데 말이지요.

　잠깐의 소란을 뒤로 하고 배추를 잘 살펴보라고 했습니다.

　"똥이 있어요."

　"개미가 파먹었어요."

　"누가 뽑았나봐요, 없어요."

여기저기서 자기의 배추 상태를 알립니다. 그래서 그 옆에 가보니 배추 옆에 새똥이 있더라구요. 그래서 그랬죠,

"아, 이건 배추에게 좋은 거름이 되겠다. 새가 날아가다 똥을 쌌나보다. 뿌지직!" 했더니 우리 아이들 웃고 야단입니다.

개미가 파먹었다는 것을 보니 벌레가 먹은 자국이 진짜 있더군요. 그것을 보고 벌레도 아니고 왜 개미라고 했을까요? 그래서 제가 "진짜 개미가 먹었을까?" 했더니, 그렇다는 거예요. 그래서 "개미가 채소를 먹나?"라고 하니까 아주 당당하게 "네!" 하더군요. "진짜 그런지 알아봐야겠다."고 했습니다.

누가 뽑았다고 하는 곳에 가보니 배추가 흔적도 없이 사라졌습니다. 순간 며칠 전 보았던 농작물 피해 사례 뉴스가 생각났지만 아이들에게 말은 하지 않았습니다. 그리고 다시 한번 새로운 아기 배추를 심어주겠노라고 했지요. 잠시 뒤 금요일에 심었을 때와 또 달라진 점을 찾아보라고 했습니다.

우리 아이들 어린 배추를 이리보고 저리보며 궁리 중입니다.

그 때 준하가 한마디 합니다.

"기운을 차렸어요."

순간 아주 놀랐지요. 하지만 태연하게 "어떻게 그런 생각을 했지?" 했더니, "금요일에 심었을 때는 힘이 없어서 고개를 푹 숙였는데 지금은 잎이 싱싱해요." 그러는 겁니다.

우리 준하가 표현력과 관찰력이 아주 뛰어나지 않나요?

주말 사이, 비가 와서 그런지 시들시들했던 배추들이 물도 먹고, 햇볕을 양분 삼아 땅의 기운을 받아 잎은 꼿꼿하게, 싱싱한 모

습을 드러내고 있는 것이지요.

아이들에게 잘 자라라고 마음을 보내 주자고 했습니다. 배추 옆에 손을 대고 마음을 보내주자고 했지요. 우리 아이들 평소에 명상을 해서 그런지 기도하듯 눈을 살며시 감더군요. 그리고 손은 배추에 살짝 대고 조용히, 간절한 얼굴 빛으로 생각하는 듯한 모습입니다.

작물은 농부의 발소리를 듣고 큰다는 말처럼 우리 아이들이 심은 배추가 꼬마 농부의 발소리와 재잘거림을 듣고 마음을 알아차려 잘 크리라고 생각합니다.

배추를 보고 와서 일기쓰기를 했답니다. 요즘 국어에 일기쓰기가 나오거든요. 그런데요. 일기를 보고 깜짝 놀랐지 뭡니까. 놀라운 표현이 아주 많아서였습니다. 글쓰기란 것이 경험하고 쓰면 이렇게 생생한 표현이 나올 수 있다는 것을 확인하는 기회였답니다.

우리 아이들 배추 두 포기를 낑낑 안고 갈 모습을 생각하는 것만으로도 행복하고 흐뭇합니다.

소중한 나의 아기 배추

배유빈

내 배추를 보았다. 나는 내 배추를 직접 심지는 못했지만 내 배추를 보니 기뻤다. 앞으로는 내가 키운다. 오후에 배추밭으로 놀러 나와서 내 동생이랑 같이 배추를 보고 싶다. 내 동생도 관심을 가지면 좋겠다.

아참! 배추에게 이름도 붙여주었다. 왼쪽은 '맛있어', 오른쪽은 '잘 들어'

내 아기 배추 건강이와 싱싱이

변재윤

오늘은 저번에 심었던 배추를 보았다. 아주 튼튼해져 있었다. 그리고 귀여웠다. 아직은 아기 배추라서 더 건강하게 클 수 있을지 모르지만 건강하고 싱싱하게 컸으면 좋겠다.

그리고 내가 이름도 지어 주었다.

오른쪽은 건강이, 왼쪽은 싱싱이. 건강하고 싱싱하라고 이 이름을 붙여줬다. 내가 기도도 했으니까 건강 할 거라고 생각한다. 내 친구들 배추까지도 건강하면 좋겠다. 내가 배추를 하나 더 키웠으면 이름을 '쑥쑥이'라고 할 거다. 그런데 한 사람이 두 포기만 키울 수 있게 되었다. 하나를 더 키우고 싶다. 그래도 귀여운 배추가 두 포기나 있으니까 '건강이'와 '싱싱이'가 쑥쑥 잘 자라면 괜찮다.

내 배추 두 포기

이동규

금요일 날 배추를 심고 월요일에 배추가 얼마나 컸나 보러 갔다. 금요일 날 심은 배추는 애기 배추였는데 많이 컸다. 내 배추 하나는 뽑혀 있었다. 산에 사는 짐승들이 뽑았나 보다. 그 뽑힌 배추 이름은 뽑혀서 '폭핀이'가 이름이다.

멀쩡한 배추 이름은 씽씽해서 '씽씽이'다.

'씽씽이'가 잘 컸으면 좋겠다.

날 짜	9월 13일	
주제(단원)	5. 인상 깊었던 일(2-1) 9. 느낌을 나타내어요(2-1)	
교과 및 성취기준	국어	· 인상 깊었던 일이나 겪은 일의 주요 내용과 느낌을 글로 쓸 수 있다.(2-1) · 일상생활에서 겪은 일을 이야기로 표현할 수 있다.(2-1)
활동 내용	토끼장(사육장)을 옮기는 것을 본 장면 일기로 쓰기	

이 단원에서는 제목이 나타내듯 '꾸며 주는 말을 넣어 인상 깊었던 일을 글'로 쓸 수 있도록 하는 것을 학습목표로 삼고 있다.

아이들에게 인상 깊었던 일을 물으면 보통 자신과 관계있는 일을 말한다. 하지만 때로는 우리 주변에서 일어난 일이나 들은 이야기를 이끌어 낼 수도 있다. 감각이 살아 있는 아이들은 어른이 생각한 것 이상으로 주변의 변화에 민감하다. 동화초등학교 아이들이 그런 것 같다. 학교에서 토끼장을 옮긴 것도 아이들은 금세 알아차렸다. 그동안 시간이 날 때마다 자연 학습원 근처 토끼장에 가서 살다시피 한 아이들이니 당연할 수도 있는 것이겠지만, 아이들은 왜 옮겼는지 자꾸 물어보았다. 그리고는 아이들끼리 나름 추측을 하며 어른들이 생각한 것과 비슷한 이유를 찾기도 했다.

아이들에게는 토끼장 이사가 큰 관심거리였다. 그래서 글을 쓰는 데 글감은 관심 있는 것으로 정했다.

토끼는 좋겠다

토끼가 이사를 했습니다.

아니죠, 토끼 스스로 한 것이 아니니까 이사를 했다는 표현은 틀린 것 같습니다.

정확히 말하면 토끼장을 옮겨준 것이지요.

며칠 전부터 교감 선생님과 남자 선생님들께서 분주하게 움직이셨지요.

그래서 토끼장 옮기는 것을 관찰하러 몇 차례 나가보았습니다. 마침 듣·말·쓰에서 보고 듣고 느끼고 경험한 것을 바탕으로 일기 쓰기가 여러 차례 나오기에 이때다 싶었습니다.

집이 없어진 토끼들을 보기 위해 자연 학습원을 가 보았지요. 집이 없어진 것을 보고 놀란 듯 토끼 두 마리가 파놓은 굴 주변을 떠나지 않고 있었습니다.

나중에 알게 된 사연인데요, 토끼가 새끼를 낳고 얼마 안 되어 엄마 아빠가 지키고 있는 것이라고 지킴이 선생님께서 말씀해 주시더군요. 다른 몇 마리 토끼는 제 세상을 만난 듯 자연 학습원을 이리저리 뛰어놀고 있었습니다. 마치 서로 숨바꼭질을 하는지 나타났다 숨기도 하고 아주 자유로워 보였습니다.

그 모습을 본 우리 아이들, 토끼가 깜짝 놀랐겠다고 걱정을 합니다. 갑자기 집이 없어져 버렸으니 얼마나 놀랐겠느냐구요. 또 어떤 녀석은 자연 학습원에 있는 토끼는 놀이동산에 간 거나 마찬가지라고도 하더군요. 그렇게 옛날 토끼집을 관찰하고 새롭게 꾸미는 토끼장을 보러 자리를 옮겼지요. 우리 아이들 새롭게 단장하고 있는 토끼장을 보고 탄성을 지릅니다. 그러면서 한 녀석이 그럽니다.

"토끼는 좋겠다. 넓은 집으로 와서."

그러자 한 녀석은 "나두 마당 있는 집에서 살구 싶다. 우리 집은 아파튼데!" 합니다.

또 한 아이는 "토끼는 돈도 안 들이고 넓은 집으로 왔네. 좋겠다."

이래저래 대부분의 아이들이 토끼장 옮긴 것을 좋아하기도 하고 부러워하기도 했습니다. 우선 우리 교실에서 몇 걸음 옮기면 토끼를 볼 수 있으니 얼마나 좋겠어요.

잠시 뒤 제가 아이들에게 상상력을 발휘했으면 하는 욕심을 부렸지요.

"토끼집 저기 위에 좀 봐." 하구요. 그랬더니 눈치를 챈 아이들,

"토끼 아프겠어요."

"맞아요. 토끼가 놀고 있는데 밤송이가 머리에 떨어지면 어떡해요." 하기도 하고,

"토끼는 빠르니까 피할 수 있을 거야."라며 토끼가 아주 빠른 동물이라고 얘기하는 아이도 있습니다.

"나도 저기서 놀다가 밤송이에 맞을 뻔했는데……."

여기저기서 걱정을 합니다. 토끼장 뒤에 밤나무가 많으니 걱정하는 것도 당연하죠.

우리 아이들 토끼장 옮기는 것을 보며 많은 이야기도 주고받고 생각도 한 것 같습니다.

토끼장 이사와 사람들이 이사 가는 것을 견주기도 하고, 좀 더 자유로워 보이는 토끼를 보고 놀이동산에서 자유롭게 노는 아이 모습과 토끼 모습을 겹쳐 생각도 해 보았구요. 밤송이에 다치지 않을까 걱정도 해보구요.

교실로 돌아와 함께 쓴 일기를 보며 따스한 마음을 가진 우리 아이들 모습을 다시 한번 더 느낄 수 있었지요.

살아있는 표현 또한 덤으로 얻었구요.

토끼장 이사

김서진

토끼장이 이사를 한다고 했어요. 그래서 선생님하고 친구들은 먼저 자연 학습원에 갔어요. 어? 뭔가 달라진 게 있어요. 토끼장이 없어진 거예요. 없어진 토끼장 뒤에는 큰 토끼 두 마리가 있어요. 그 토끼 두 마리는 오물오물 밥을 먹고 있었어요. 그리고 바로 내 옆에는 귀여운 아기토끼가 있었어요. 언제 보아도 귀여워요.

그 다음에는 집을 옮긴 곳을 가 보았어요. 학교 뒷산 바로 아래예요. 옮긴 집 앞에는 작은 문이 하나 보였어요. '아기 토라'와 '거문이'랑 친한 건가? 같이 놀고 있어요. 그 다음에는 울타리를 치는 걸 보았어요. 기둥을 박을 때 탁탁탁 음악에 맞추어서 노래하는 것 같아요. 그런데 걱정이 생겼어요. 토끼장 뒤에는 밤나무가 많아요. 토끼가 놀다가 밤송이가 뚝 떨어지면 어떡하죠?

토끼가 건강했으면 좋겠어요. 그리고 교감 선생님이 소독을 했어요. 나는 그걸 보고 생각했어요. 저거 소독약인데 구름 같이 보이네. 나는 침을 꿀꺽 삼켰어요. 왜냐하면 구름 같아서 솜사탕이 생각난 거예요. 먹고 싶어서 그랬어요.

토끼장 이사

변재윤

오늘 아침에 선생님이 토끼장 이사를 한다고 말씀하셨다. 그래서 우리는 이사한 토끼장 모습을 보러갔다.

옛날 토끼장을 보러갔는데, 토끼는 집이 없어져서 눈이 휘둥그런 채 먹이를 먹고 있었다. 그런데 아기토끼들은 옛날 토끼장 근처인 자연 학습원에서 자유롭게 뛰고 있었다. 그 모습이 마치 놀이동산에서 놀고 있는 것 같았다.

사실 이렇게 말해도 된다. 토끼는 가난했다가 부자가 된 것, 또 좁은 곳에 있다가 넓은 곳으로 이사 가는 것과 같다.

그런데 걱정되는 게 하나 있다, 토끼가 놀고 있는데 밤송이가 토끼 등에 떨어지면 어떡하지? 다치면 치료는 내가 하고 싶은데 치료하는 법은 뭐지? 그게 걱정이 된다.

새로운 토끼집에서 교감 선생님이 소독약을 뿌렸다. 구름 같았다. 소독 기계에서 나는 소리가 구름이 방귀를 뀌고 있는 것 같았다.

그 약은 왜 뿌리냐면 토끼 건강에 좋으라고 뿌리는 거다. 구름빵도 생각났다. 먹고 싶었다. 토끼는 이사 간 대로 들어가면 어떤 모습일까 궁금하다. 다음에 그 모습을 보러 가면 좋겠다.

▲ 사육장을 옮기는 김에 현판도 닦습니다.

▲ 토끼 사육장 이름은 토닥이 뜨락이예요.

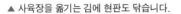

놀란 토끼

이동규

토끼장이 이사를 했다. 옛날 토끼장에는 지붕이 없고 땅하고 파라솔만 있었다. 토끼들이 토끼장 옆에 있는 자연 학습원이 놀이 동산인 줄 알았던 것 같다. 토끼가 자주 탈출을 해서 자연 학습원을 돌아다녔다. 새로 만든 토끼장은 넓은데다 더 나았다. 원래 토끼장은 조그만 했는데 새로 만든 토끼장은 넓은데다 토끼가 못나가게 울타리도 했다. 그런데 밤송이가 떨어지면 다칠 텐데 토끼가 조심 했으면 좋겠다.

교감 선생님이 소독을 했다. 토끼들이 건강하게 자라라고 그런 것 같다. 아빠가 불 피우는 기계보다 더 소리가 컸다. 소독 연기가 구름 같고, 소리는 방귀뀌는 것 같았다.

날 짜	9월 19일	
주제(단원)	가을(2) / 5. 인상 깊었던 일(1-2)	
교과 및 성취기준	통합	가을철 열매 걷기에 좋은 날씨와 열매를 거두는 모습들을 관찰한다.
	국어	인상 깊었던 일이나 겪은 일의 주요 내용과 느낌을 글로 쓸 수 있다.
활동 내용	밤송이를 주워 밤을 까보고 생각과 느낌을 넣어 글쓰기	

동화초등학교 아이들은 가을이면 학교 주변의 온갖 열매를 줍고 따기에 바쁘다. 그리고 그 열매가 무엇이고 쓰임이 어떤지 잘 알고 있다. 가끔은 냄새가 난다고 하면서도 호기심에 은행을 만지고 얼굴을 긁어 피부병이 생겨 병원에 가는 아이들도 있지만.

가을이면 너나할 것 없이 자연스레 알밤을 줍기도 하고 밤송이를 털어 까기도 하며 도토리를 잔뜩 모아와 놀기도 한다. 가끔은 청설모가 숨겨놓은 잣 무더기를 발견하는 횡재를 만나기도 한다.

학교의 풍부한 자연 환경은 아이들에게 생태적 감수성을 길러주고 아이들은 어울려 놀면서 정서적 안정감을 얻는다. 또 자연물을 이용한 만들기를 통해 다양한 표현활동을 하고 결과물도 볼 수 있다.

알밤 줍기와 도토리 줍기

서너 차례 태풍이 지나가고, 학교 주변풍경을 보니 가을이 성큼 다가왔음을 느낍니다.

그 중 대표적인 것이 밤나무와 참나무입니다.

요즘 우리 아이들 학교에 오기만 하면 밤나무와 참나무 밑으로 달려갑니다. 밤사이 떨어진 알밤과 도토리를 줍기 위해서입니다. 오늘 아침에도 교무실에 잠깐 다녀온 사이 아이들이 교실에 없는 겁니다. '토끼를 보러 갔구나.'라고 생각했지요. 그런데 주차장 부근에서 아이들 목소리가 들립니다.

나가보니 모두 꾸부리고 밤과 도토리를 줍느라 여념이 없습니다. 마치 부지런한 농부들 같았습니다. 몇몇 아이들은 토끼를 보느라 이리저리 뛰어다니구요. 그래서 "조금만 줍고 와라." 하고 저는 교실로 들어왔지요.

그런데 잠시 뒤 재윤이가 앞자락에 주운 밤을 가득 담아왔습니다. 그제 어제 주운 것을 친구들에게 나누어 주려니 갯수가 부족하다고 했더니 다 같이 주웠다고 내밉니다. 이틀 동안 주운 밤보다 더 많은 밤을 내밀더군요.

그리고 몇몇 아이들은 주운 도토리를 아주 귀한 보물인양 화장지에 싸기도 하고 주머니에 조심스럽게 놓기도 하더군요. 그 모습이 참 예뻤습니다. 무엇이든 귀하게 여기는 마음이 깃들어 있기 때문이지요.

밤 줍기에 열심인 아이들에게 물었습니다. 봄에 굵은 털실 같은 꽃이 필 때(밤꽃) 어떤 나무인지 알아보자고 했던 것 기억나느냐구요. 우리 아이들 분명하게 기억하더라구요. 꽃이 필 때와 아주 쬐그만한 밤송이가 생겼을 때 그리고 그것이 지금 이렇게 커서 밤을 줍게 된 게 신기하다고요. 밤은 알지만 밤꽃은 모르는 어른도 있는 줄 압니다. 우리 아이들은 계절 변화에 따라 밤이 열매가 되

▲ 익숙하게 두 발로 비벼 밤송이를 깝니다.

는 과정을 알고 있었습니다.

우리 아이들과 봄에 만나 여름을 보내고 가을을 맞게 되니 계절이 바뀌면서 주변 자연이 변화되는 것을 느낄 수 있어 참 좋습니다. 세 계절을 보냈지만 몇 년을 함께 한 것처럼 추억이 많기 때문입니다.

외톨이

권두현

우리 반 교실에서
창문 쪽을 보면
바로 감나무가 있다

계절은 가을인데

감이 한 개밖에 없다
작년 겨울 추워서 그렇단다
감이 사람이라면
외톨이다
감이 불쌍하다
친구가 없다니……

밤 따기

김아란

오늘 엄마랑 뒷산에 밤을 따러 갔다.

내 바지에 붙은 도깨비바늘이 긴 손톱으로 꼬집으며 '집까지 데려다 줘.'라고 말하는 것 같다

하지만 나는 뱀 굴 안에다 넣어 주었다. 마음속으로 잘 가라고 했다.

쭉 가다 보니 밤이 엄청 많았다

내 마음속의 천사는 '다른 사람들도 먹을 수 있도록 조금만 가져가자.'하고 악마는 '안 돼. 다른 사람들이 가져가기 전에 빨리 다 가져가.'라고 말하고 있었다. 나는 공평하게 엄마가 주는 만큼만 담았다.

집에 돌아와서 밤을 삶아 먹었더니 밤 맛이 참 좋다.

사이좋은 가족

배유빈

밤송이를 까보니
가족들이 입맞춤을?
킥, 킥, 웃겨

그런데
이렇게 사이좋은 가족을
내가 갈라놓았다

은행나무

이호준

나는 오늘 학교를 한바퀴 돌았다. 먼저 운동장에 있는 은행나무를 봤다. 은행나무도 점점 노란잎이 되니 나이를 먹나보다. 그런데 선생님이 은행나무도 암컷 수컷이 있다고 하셨다. 그러자 세환이가 그럼 은행이 아기냐고 했다. 노란 은행 아기, 참 재미있다.

날 짜	10월 24일	
주제(단원)	가을(1, 2) / 7. 이렇게 생각해요(2-2)	
교과 및 성취기준	통합	· 여러 가지 방법으로 가을과 가을의 즐거움을 안다.(1) · 가을철 열매 걷기에 좋은 날씨와 열매를 거두는 모습을 관찰한다.(2)
	국어	자신이 경험한 일에 대한 생각과 그렇게 생각한 까닭을 쓸 수 있다.
활동 내용	식물이 자라는 모습을 관찰하고 글로 쓰기	

　동화초등학교 아이들은 봄에는 씨감자를 놓고 자라는 모습을 관찰하고, 가을에는 배추를 심고 돌보며 성장과정을 알아본다. 주변 사람들의 사랑을 받으며 아이들이 성장하듯 쑥쑥 자라는 식물을 보며 우리 아이들은 무슨 생각을 할까? 아이들이 알아낸 공통된 사실은 학교 텃밭식물이 한 쪽 방향을 보고 자란다는 것을 알아차렸다는 점이다. 그리고 학교 주변에 있는 논에 심어진 벼들은 일정한 키 크기로 자란다는 점도 비교하며 말을 하였다. 이렇게 아이들 스스로 이야기 속에서 답을 찾아가는 과정은 놀라울 정도다.

　학교 밭 뒤에는 산이 있고 자연히 밭에는 그늘이 생긴다. 그러다 보니 심어 놓은 식물들이 도로를 향해 있고 햇빛을 많이 받는 쪽이 튼실하다는 것을 알아차린다. 아이들은 교육은 책을 통해서만 아닌 직접 몸으로 느끼고 이야기 나누며 알아가는 과정이 더 중요함을 깨닫는다.

　가을 들판의 변화 과정을 알아보려고 학교 주변을 수시로 나들이를 하기도 했다. 아이들은 온몸으로 가을이 깊어지고 있음을 느끼는 것 같았다. 아이들이 쓴 글을 통해 아이들 마음을 알 수 있었다.

배추가 왜 한쪽으로 자랄까?

아이들과 함께 일주일에 한 번씩 꼭 관찰해야하는 것이 있습니다. 그것은 바로 배추랍니다.

애초에 월요일마다 가보기로 했지만, 월요일에는 주말 지낸 이야기 나누고 가끔 다모임하고 나면 못 가는 경우가 생기기도 합니다. 그러면 우리 아이들 화요일이나 수요일이 되면 성화를 한답니다. 배추 보러 가야한다구요. 물론 틈틈이 짝을 이루어 배추를 보러가는 것을 알고 있지만, 저와 친구 모두 가는 것은 다르다고 생각하는 것 같습니다.

곡식은 농부의 발자국 소리를 들으며 큰다고 하지요? 우리 학교 배추는 1학년 발소리와 조잘거림 소리를 들으며 큽니다.

오늘도 배추를 보러 갔습니다. 우리끼리는 '배추 줄'이라고 하는데요, '배추 줄'을 서서 나란히 기차 모습으로 걸어간답니다. '배추 줄'은요, 배추를 심고 이름표를 놓았는데 그 순서대로 서서 가는 줄이 배추 줄이랍니다. 우리 아이들이 많이 자란 것은 그것만 봐도 알 수 있습니다. 배추 보러 간다고 하면 "배추 줄!"이라고 여기저기서 외칩니다. 그러면 배추 줄로 나란히 서지요.

오늘도 '배추 줄'로 서서 배추를 보았습니다. 얼마나 컸는지요. 이제 끈으로 묶어야 할 시기가 가까웠습니다. 벌레가 있는지도 살피고 영양식이라며 옆에 놓아둔 밤과 도토리에 변함이 있는지 봅니다. 다른 학년 배추와 비교도 하구요.

그러다 수빈이가 한마디 했습니다.

"와, 배추가 모두 같은 쪽을 보고 있다!"

바로 제가 기다리던 말이었습니다. 아이들이 그 모습을 찾을 수 있을까 생각하고 있었거든요. 그래서 제가 물었습니다.

"왜 모두 같은 방향을 보고 있을까?"

모두 생각하는 듯하더니 한 녀석이 대답 했습니다.

"햇볕을 많이 받으려고!"

"딩동댕동, 맞았습니다."

바로 '주광성'을 알아낸 것입니다. 식물이 잘 자라기 위해서는 햇빛이 꼭 필요한데 배추 밭이 약간 그늘진 곳이라 햇빛을 많이 보기 위해 배추들이 모두 한 곳을 바라보고 있다는 것을 알아차리다니요.

저는 우리 아이들에게 놀랄 때가 아주 많습니다. '주광성'이라는 말은 모르지만 왜 그런지는 깨닫고 말로 표현하고, 같이 생각을 나누는 능력에 놀랍니다.

배추밭에서 우리 아이들이 하는 마지막 행동은 잘 자라라고 기도하고 나오는 것입니다. 손을 살며시 대고 마음속으로 기도하라고 하는데요, 오늘은 서진이와 아란이가 "잘 자라라."며 제사 지내듯이 절을 하더라구요. 그 모습이 정말 사랑스러웠습니다.

벼 베는 모습

4교시 수업을 한창 하고 있을 때였습니다.

2학년 선생님께서 학교 주변 논에서 벼를 벤다고 알려주셨습니다.

봄에 볍씨 뿌리기 할 때부터 벼의 한해살이를 관찰하고 있었기 때문에 서둘러 벼 베는 장소로 갔습니다. 봄에 보았던 볍씨 놓고- 모심고-자라고- 누렇게 익고-벼 베는 과정을 이야기 했습니다. 우리 아이들 눈은 이미 벼를 베는 기계에 가 있습니다. 그러자 한 녀석이 "설사한다!"라고 말했습니다. 그러자 여기저기서 "어, 정말이다!", "설사한다!" 하며 까르르 웃습니다. 제가 보기에도 기계가 벼를 베며 지나가자(벼를 먹고) 바로 기계의 뒤꽁무니에서 볏짚이 땅으로 떨어지는 모습이 설사하는 모습과 같았습니다. 우리 아이들 참, 표현하는 것에 거침없습니다. 어쩌면 이렇게 유창하고 창의적인지요. 벼 베는 모습을 한참 보고 있을 때, 까치가 벼 이삭을 물어 가는 게 보였습니다.

그러자 또 한 녀석이 "까치도 먹을 거 준비하나보다." 하자,

"맞아, 이제 추워질 거니까." 하고 맞장구를 쳐 주는 아이들.

내일 날씨가 괜찮다면 아이들 의견을 물어 메뚜기 잡이도 해 볼 생각입니다.

우리 아이들은 곤충과 친해서 즐겁게 체험할 수 있을 것 같습니다.

허수아비네 집은

김희성

허수아비네 집은 넓은 들판이 바닥이래. 황금색 이불이 허수아비를 따뜻하게 덮어 주고 가을이 되면 잠자리들이 허수아비네 집 위에서 날아다니며 지켜 주고. 그리고 높은 산들이 벽이래. 그 벽을 넘으면 다른 허수아비네 집이 보여. 왜 허수아비가 벼를 지키는지 아니? 그 이유는 농부 아저씨에게 해마다 이불을 새로 만들어 달라고 부탁했기 때문이래. 그럼 이불을 만들어 주는 대신 이불 속에 곡식을 보관해 달라고 한 거야. 그래서 허수아비는 할 수 없이 그렇게 한다고 농부아저씨와 약속하고 '벼'라는 이불 속에 곡식을 보관하는 거야. 그래서 하루 종일 서서 새를 쫓는 거야.

황금들판, 메뚜기, 오류동

배유빈

오늘 친구들이랑, 선생님이랑, 나들이를 갔다. 나는 황금들판이 생각난다. 황금처럼 들판이 누렇다. 나는 메뚜기를 잡고 싶었다. 근데 무서워서 못 잡았다. 그리고 메뚜기가 너무 빨리 뛰어서 하나도 못 잡았다. 그러고선 오류동에 갔다. 염소가 똥을 쌌다. 똥구멍이 벌어지면서 똥그랑 게 와르르 쏟아졌다.

수확의 기쁨

김주헌

'가을' 공부하면서 운동장에 나가 활동을 했다. 선생님이랑 운동장에 나가서 준비운동 하고, 보물찾기, 풍선 터트리기, 풍선 떼기를 했다. 첫 번째로 보물찾기를 했다. 나는 별을 3개 찾았다. 골대 망 사이, 돌 밑에, 나뭇가지 사이에 있었다. 없을 것 같은 곳에 있었다. 내가 별이 제일 많이 나왔다. 그래서 좋았다.

두 번째는 풍선 터트리기다. 풍선을 발목에 붙이고 상대방의 풍선을 밟아 터트리는 거다. 서로 안 밟히려고 발을 버둥거리는 면서 움직이는 게 재미있다. 그 다음은 풍선을 등에다 붙이고 떼는 건데, 시작하자마자 재윤이에게 떼였다. 너무 쉽게 떼여서 아쉽다.

벼 베기

임지혜

학교에서 벼 베는 모습을 보았다.

벼들이 바람에 흔들려서 꼭 머리카락이 날리는 것 같았다. 봄에는 진흙만 있었는데 가을에 이렇게 되니 믿어지질 않았다. 꼭 보물을 닮아서 황금빛을 띠고 가난한 사람한테 도움이 될 것 같았다.

오늘 선생님, 친구들과 함께 보니 우리들이 대가족 같았다.

▲ 가을이 내려 앉는 들판을 말없이 바라봅니다.　　　▲ 논두렁 길을 걸어봅니다.

벼 베는 모습

김희성

　　우리 1학년은 벼 베는 모습을 보러 밖에 나갔다. 누렇게 익은 벼들을 베고 있었다. 벼를 먹고 낱알을 뱉는 기계였다. 뒤로 볏짚이 나오고는 게 똥 싸는 것 같다. '벼를 먹고 그 걸 다시 뱉는 기계.' 그런 기계가 세상에 있는 게 마냥 신기했다. 봄에 모 심을 때도 기계가 척척 해 주었는데, 벼를 벨 때도 기계가 척척 해 주다니……. 요즘은 참 편리한 세상 같다.

▲ 황금 들판을 바라보며 온 몸으로 계절의 변화를 느껴봅니다.

벼 베기 모습

장준하

　오늘은 1학년들끼리 벼베는 모습을 보러 나갔다. 근데 헐, 들판이 ☆반☆짝☆반짝☆ 황금벼가 됐네! 나는 정~말 보석같이 완전 예~뻐 보였다. 정말 예~뻤다. 그리고 농부아저씨가 기계로 자란 벼 사이로 지나갔다. 그러자 기계똥꼬로 벼가 타다다다 나왔다. 어떻게 그렇게 되는 건지 난 그게 신기했다.

날　짜	11월 15일
주제(단원)	겨울(1, 2) / 8. 생각하며 읽어요(1-2)
교과 및 성취기준	통합	· 주변에서 흔히 볼 수 있는 겨울 모습과 추운 겨울을 따 듯하게 나누는 생활을 살펴보고, 눈과 얼음을 관찰하 며, 한 해를 되돌아보면서 겨울 방학을 준비한다.(1) · 겨울의 다양한 모습을 이해하면서 겨울철에 즐길 수 있 는 놀이에 참여한다.(2)
	국어	자신의 주변에서 일어난 일에 대한 생각을 문장으로 쓸 수 있다.(1-2)
활동 내용	눈의 여러 가지 이름 알아보고 친구들과 겨울놀이하기 겨울관련 동화와 영화 읽기

겨울이 오면 아이들은 눈이 언제 오느냐에 관심이 아주 많다. 일기예보에 귀를 기울이기도 하고 언제 눈이 올 것 같은지 친구들과 예측해 보기도 한다.

동화 마을에 첫 눈이 왔다. 첫 눈이 이렇게 많이 내린 것을 본 적이 없는 것 같다. 더구나 11월 중순인데, 예년과 달리 눈이 일찍도 내렸다. 전교생이 눈싸움을 하고 사진을 찍으며 눈에 대한 이야기로 이야기꽃을 피운다. 자연스레 아이들은 눈에 관심을 갖고 눈의 이름도 궁금해 한다. 이 세상에 존재 하는 것들은 나름 모두 이름을 갖고 있다고 말한 것을 기억하고 있었다. 그래서 일기감을 '눈의 이름이나 종류', '눈'에 대해 알아보는 것으로 하였다.

눈 내린 풍경으로 더 '동화같은'

첫눈이 내렸어요.

▲ 동화 마을에 눈이 왔어요.

동화 마을에 첫눈에 내렸답니다.

주변이 온통 새하얀 옷으로 갈아입었습니다. 우리 열네 명의 아이들은 야생화단지로 운동장으로 토끼장으로 끼리끼리 모여 나갑니다.

교실 자리를 지키고 있는 것은 덩그러니 놓인 가방뿐입니다.

수업 시작 시간이 되어 들어와서는,

▲ 첫 눈이 온 날, 눈싸움이 빠질 수 없겠죠?

　"우리 오늘 나들이 가는 거죠?"라며 이제는 어떤 활동을 하는지 짐작으로도 알고 있습니다.

　아이들 말대로 나들이를 나섰습니다.

　학교 뒤 대나무 숲의 눈 온 풍경도 보고 야생화단지 모습도 보았습니다. 대나무 잎에 있는 눈은 고고한 것 같아 보였고 야생화 단지의 눈은 마치 꽃처럼 보이기도 하더군요. 그러다 아이들은 배추가 춥겠다며 배추밭으로 가서 쓰다듬어 주기도 하고 배추 위에 앉은 눈과 나뭇잎도 치워줍니다.

가을걷이 한 들판을 보기도 하고 먼 곳의 산 풍경을 둘러보며 아무 말 하지 않고 느껴보기 시간도 가졌습니다. 몇몇 녀석들은 눈을 뭉쳐보려고 애를 쓰기도 하며 자그맣게 뭉쳐 선생님에게 던져보기도 하더라구요. 하지만 뭉치기에는 눈의 양이 부족해서 다음에 눈이 많이 오면 눈싸움을 하기로 했습니다.

교실에 들어오자마자 아란이가 책과 DVD를 내밀었습니다.

『눈사람 아저씨』였지요.

제가 좋아하는 그림책이기도 하고 영화와 배경 음악은 언제 들어도 눈 오는 장면이 연상되어 아주 좋아하기에 정말 반갑고 고마웠습니다. 그래서 반가운 마음에 "와, 이런 날 보면 딱이다."했더니 몇몇 녀석은 봤다며 "선생님도 봤어요?"라고 하며 좋아하더군요.

먼저 책을 보여주었습니다.

글씨는 없지만 그림을 보며 어떤 내용인지 상상하자고 했습니다.

그리고 책을 만들기로 했답니다.

1학년 수준에서 완성도가 높은 작품을 기대하기 보다는 첫눈이 온 날 『눈사람 아저씨』 책을 보며 상상해보고 책을 만드는 것도 의미 있다 싶었지요. 우리 아이들, 작은 책을 만들며 나름 상상하며 몰입하는 모습이 참 예뻤습니다. 그리고 '참 많이 자랐구나.' 하는 생각도 들었습니다.

책을 다 만들고 『눈사람 아저씨』영화를 보았습니다. 대사는 없지만 장면만으로도 아이들은 집중하며 웃기도 하고 마지막에 눈사람아저씨가 녹았을 때는 안타까워하더군요.

오늘처럼 눈이 내린 날! 친구들과 눈 온 학교 풍경도 보며 『눈

사람 아저씨』 책과 영화를 본 것을 아이들이 오래도록 기억하면 좋겠습니다. 나중에 자라서 어린 시절 떠올리며 잔잔한 미소를 짓기도 하고, 그 추억속에 '동화' 속 주인공으로 친구들과 선생인 저도 떠올린다면 행복하겠지요.

눈사람

김서진

수빈이랑 나는 정말 작은 눈을 굴려서 어느새 정말 큰 눈사람을 만들었다. 내가 보기엔 눈사람이 아닌 흙사람인 것 같았다. 너무 무거워 재윤이한테 도움을 청했다. 재윤이는 혼자서 쌩쌩 굴렸다. 나는 눈이 번쩍 떠졌다. 수빈이 눈은 동글동글했다. 재윤이는 친구들을 불러 더러운 것을 없애달라고 부탁하였다. 공장 같았다. 갈색은 안 보이고 흰색만 보였다. 그런데 너무 작아졌다. 정말 힘들게 만들었는데 아쉽다.

눈잔치

김희성

도둑눈 내렸네
밤새 도둑처럼 몰~~래
함박눈 내렸네
백구털처럼 굵고 탐스럽게 내렸네
가랑눈 내렸네
가랑비처럼 가늘고 길게 내렸네

자국눈 내렸네
그 눈 위로 누가 걸어갔을까
진눈깨비눈과 싸라기눈도 내렸네
눈의 잔치가 아름답네

눈무대

김아란

중간 놀이 때
큰 눈덩어리를 발견했다

눈덩어리에게 이름을 지어주었다
딱눈이다
딱은 딱딱한, 눈은 눈덩어리

내가 딱눈 밑을 발로 팠다
판 데를 밟고 위로 올라갔다
위에서 땅을 보니
내가 날고 있는 것 같았다

눈의 종류

임지혜

눈의 종류를 계속 알아보니까 내 눈에 도둑눈이 띄었다. 이름
이 도둑눈이라니, 정말 웃긴 이름을 가졌다. 나는 그것에 대해 궁
금증에 빠지기 시작했다. '도둑눈이니까 밤에 몰래 오는 눈일까? 아

니면 소리 없이 내려서 그런가?' 정답은 밤까지 늦게 내려서이다.

눈은 함박눈, 밤눈, 소나기눈, 싸리눈, 도둑눈 등 다양한 이름이 있다. '이 이름들은 누가 지었을까?' 내 생각에는 눈을 사랑하고 좋아하는 사람이 붙여 주었을 것 같다.

날 짜	11월 19일	
주제(단원)	5. 인상 깊었던 일(1-2) 9. 느낌을 나타내어요(2-1) / 겨울(1)	
교과 및 성취기준	국어	• 인상 깊었던 일이나 겪은 일의 주요 내용과 느낌을 글로 쓸 수 있다.(1-2) • 일상생활에서 겪은 일을 이야기로 표현할 수 있다.(2-1)
	통합	겨울나기 동식물을 보호해야 하는 이유를 알아보고, 동식물의 보호활동에 참여할 수 있다.
활동 내용	겪은 일을 글로 쓰기/동식물의 겨울나기를 도울 수 있는 방법알기	

이 단원에서는 아는 사람을 소개하고 겪은 일을 자세히 글로 쓸 수 있는 것이 학습 목표이다. 하지만 아는 사람만으로 제한하지 않고 아는 동물이나 식물, 놀이를 소개할 수 있도록 하였다. 또 소개하는 글에 겪은 것을 함께 쓸 수 있도록 학교 사육장을 글감으로 주었다. 글을 쓸 때 한 일, 들은 것, 본 것, 생각한 것을 쓸 수 있도록 안내하였다.

사육장을 새롭게 꾸미고 한동안 토끼가 자기 세상을 만난 듯 살았다. 애초 계획대로 여러 가지 동물을 키우며 동물을 사랑하는 마음을 갖게 하면서 정서적으로 안정감을 주고 생명이 소중하다는 것을 일깨우기 위해 여러 동물을 분양받았다. 아이들의 관심사는 사육장이었고 그림을 그려도 사육장, 글을 써도 사육장, 직업 이야기 할 때도 사육사가 되고 싶다는 아이들이 참 많았다.

새로 온 동물 가족

새로 동물 가족이 생겼습니다.

우리 아이들, 학교에 오자마자 오늘도 가방한테 자리를 지키도록 하고는 모두들 토끼장에 모여 있습니다. 1학년부터 6학년 구분이 없이 여기저기 모여 있습니다.

선생님들이 보일 때마다 새로 온 동물들에 대해 묻기도 하고 바로 눈앞에서 벌어지고 있는 것을 말하느라 정신이 없습니다.

선생님들은 어떤 아이의 이야기를 먼저 들어야 할지 어리둥절할 뿐입니다. 우리 아이들이 이렇게 모여 있는 이유는 오늘 아침에 토끼장에 떡 하니 자리를 차지하고 있는 거위와 칠면조 때문이랍니다.

거위 두 마리는 아이들이 낯설어서인지 경계하느라 계속 울어대고 칠면조는 겁을 먹었는지 토끼집 지붕에 올라가서 꼼짝도 하지 않습니다. 원래 집주인인 토끼는 거위 소리에 놀랐는지 집에서 나오지도 않고 있습니다.

우리 1학년 아이들도 이 동물의 이름이 뭔지, 왜 오게 되었는지, 누가 갖다 두었는지 질문이 많습니다.

거위랑 토끼를 함께 두어서 거위가 토끼를 해치면 어떻게 하느냐고도 하고, 칠면조가 울타리 너머 산으로 도망 갈 것 같다고도 하며 걱정이 아주 많습니다. 어떤 아이는 토끼, 거위, 칠면조가 사는 곳의 주인은 누구인지 확인하려 합니다. 또 거위랑 칠면조, 토끼 주인은 교장 선생님이냐고 묻기도 합니다.

우리 아이들이 새로 온 동물이 있어 좋기도 하지만 토끼만 있을 때와는 다른 걱정이 생기나 봅니다. 하지만 토끼, 거위, 칠면조가 잘 지내리라 생각합니다. 우리 아이들이 친구들과 오순도순 잘 지내듯이 말입니다.

새로 이사 온 칠면조와 거위

김희성

오늘 이사 온 거위와 칠면조는 어디서 왔을까? 토끼집으로 이사 온 동물은 동문회장님이 보내주셨다. 닭은 새로운 병아리나 닭이 자기네 집으로 오면 텃세를 부리는데, 토끼들은 자기들이 숨었다. 그리고 2시간 정도나 숨어서 경계를 했다. 그리고 점무늬가 그려진 토끼가 나왔다. 그 다음 다른 토끼들도 나왔다. 그리고는 각자 생활을 했다.

토끼들이 참 신기하다. 왜냐하면 자기 집에 온 동물들을 지켜보기만 하기 때문이다.

토끼와 거위와 칠면조가 만나다

변재윤

나는 동화초등학교에 다닙니다.
동화초등학교의 아침!
오늘은 시끌벅적 큰소리들이 나요.
무슨 일이 일어난 것인가 가보려는데 이동규가 어쩌구 뭐 저쩌구 해서 한번 가봤는데, 거위와 칠면조가 토끼집에 이사를 왔나봅니다. 그런데 토끼는 겁을 먹었는지 굴속에서 못 나오고 계속 굴에서만 있었습니다.

거위는 원래 토끼네 집이었던 사육장을 꽥꽥 거리면서 돌아다니고, 칠면조는 그러는 거위를 보는 둥 마는 둥 하고 있었습니다.

토끼는 굴속에서 나가면 잡아먹힐 것 같아서 안 나간 거 같습니다.

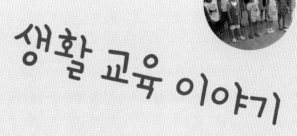

3장

생활 교육 이야기

날 짜	3월 13일	
주제(단원)	학교(1) 가족(1)	
교과 및 성취기준	통합	· 다양한 활동을 통해 친구에 대해 알아보고, 친구의 자랑거리와 본받을 점을 찾아 설명할 수 있다.(학교) · 집에서 하는 일의 종류를 알아보고 가족 구성원이 가정에서 하는 일을 조사하여 발표할 수 있으며, 집안일에 참여할 수 있는 계획을 세울 수 있다.(가족)
활동 내용	친구와 함께 할 수 있는 일 생각해보기	

새로운 환경에 적응해야 하는 시기에 내가 낯설고 어설프면 다른 친구들도 그렇다는 것을 알려줄 필요가 있을 듯했다. 가끔 불안 증세를 보이는 아이들이 있어서 안타까운 마음이 있었기 때문이다. 그래서 평소 명상을 하며 자신을 들여다보는 시간을 갖도록 하였다. 또 내가 소중하듯 친구도 소중하며 생명은 존중받아야 하고 존재하는 모든 것에는 가치가 있음을 느끼게 해주고 싶었다. 저학년이 무엇을 알겠느냐, 너무 어려운 것을 하는 것 아니냐고 할 수 있겠지만 명상의 바탕에는 그런 것이 있음을 알고 해야 할 것 같다.

하루를 시작하기 전에 명상하는 시간을 가졌으면 좋겠다고 아이들에게 말을 했다. 유치원 때 해 봤다는 아이도 몇몇 있었다. 어떻게 해야 하는지 설명을 해주고 명상을 했다. 그리고 나아가 생활 속에서 감사한 일이 얼마나 많은지 수시로 이야기하며 생각해 보는 시간을 가졌다.

명상을 해요

아침마다 하루를 열면서 명상 시간을 갖습니다.

처음에는 눈을 살짝 감으라고 하자 어색한지 자꾸 실눈을 뜨고 친구들 모습을 구경하는 겁니다. 그러다 저와 눈이 마주치면 얼른 또 감구요. 또 손바닥을 합장하듯이 모으고 가슴높이에서 멈춰있으라 했습니다. 하지만 손가락 사이를 자꾸 벌렸다 오므렸다 하기도 하고 팔꿈치는 책상에 대보기도 하면서 이러지도 저러지도 못하는 녀석들이 눈에 띄었습니다. 그러면 집중도 덜 되고 기가 빠져나가는 느낌이 드는데 말이지요.

녀석들, 하루 이틀 시간이 지나자 이제 제법 집중을 하며 명상의 세계로 빠져들더군요. 이제 실눈을 뜨고 친구들 모습을 살피는 녀석도 손가락 사이를 펼치는 친구들도 없습니다. 참 아이들의 능력은 대단하죠.

오늘은 드디어 명상을 하고 난 뒤의 느낌을 말하는 시간을 가졌습니다. 손이 뜨거워진다, 졸리다, 힘들다, 이런 저런 표현을 합니다. 다 맞는 표현이지요.

그런데 한 녀석이 손끝에서 말이 뛰는 것 같다고 하는 겁니다. 말이 막 달리고 있대요. 세상에, 깜짝 놀랄만한 표현입니다. 가만히 집중해 보면 정말 그렇거든요. 손바닥과 손가락 끝에 집중을 해보면 무엇인가 뛰는 느낌이 듭니다. 맥박이 뛰는 것인데 집중하지 않으면 평소 느끼지 못하는 겁니다.

사랑스런 우리 꼬마 녀석들의 집중력과 놀라운 능력에 감탄, 또 감탄할 뿐입니다.

다음에는 또 어떤 표현으로 감동을 줄까요?

살아 있는 모든 것

임지혜

아침에 엄마께서 밥에게 주문을 외우셨다.

"밥아, 사랑하는 가족 몸속에 들어가 건강하게 해다오. 고마워!"

나는 갑자기 왜 그러는지 멍했다. 엄마가 물건들도 다 알아들어서 좋은 말을 해 줘야 물건들이 힘이 나서 수퍼 울트라로 변신한다고 하신다. 정말 믿어지지가 않았다. 그러나 엄마를 믿어보기로 했다. 그래서 가방에서 필통을 꺼내서 한 번 엄마처럼 주문을 외워 보았다. "연필아! 지우개야! 고맙다. 잘 도와줘. 파이팅!"

고맙습니다

김희성

엄마! 늘 맛있는 음식 만들어 주셔서 고맙습니다.

아빠! 늘 만들기 도와주셔서 고맙습니다.

지혜야! 늘 단짝으로 지내 줘서 고마워.

내 몸아! 늘 건강해서 고마워.

보민아! 늘 귀여운 내 동생으로 있어 줘서 고마워.

내가 잘 때 늘 포근하게 덮어주는 이불아, 고마워.

선생님! 늘 열심히 공부 가르쳐 주셔서 고맙습니다.

늘 내 곁에 있어 주는 친구들아, 고마워.

모두들 고맙습니다.

날 짜	3월 16일	
주제(단원)	학교(1) / 4. 기분을 말해요(1-1) 4. 생각을 전해요(2-1)	
교과 및 성취기준	통합	학교에서 친구들과 서로 도우며 생활하는 데 필요한 것들을 익히고, 자신과 자신의 꿈을 발견하여 키운다.
	국어	• 상대방의 처지와 감정을 생각하며 자신의 기분이나 느낌을 말 할 수 있다.(1-1) • 자신의 주변에서 일어난 일에 대한 생각을 문장으로 쓸 수 있다.(2-1)
활동 내용	기분이 잘 드러나게 말하는 방법 알기	

　사람이 살아가면서 인간에 대한 최소한의 예의를 지키는 것과 단체 생활에서 규칙을 지키는 것은 아주 중요하다. 초등학교 시절에 익히는 예의나 기본 교육, 생활 습관은 평생 그 사람의 삶을 좌우할 수 있기 때문에 초등교사들은 많은 책무감을 느끼기도 한다. 물론 가정에서 밥상머리 교육도 중요하지만 가정과 학교(교사)의 일관된 교육이 참 중요하다는 생각이 든다. 당당하게 말하되 예의를 지켜가며 자신의 마음을 전달하게 하려면 어떻게 해야 할까 늘 고민이다.

　그래서인지 저학년에는 '자신의 기분을 제대로 전달하는 방법'이 나온다. 물론 '상대방의 기분을 헤아리며 자신의 기분이나 느낌을 이야기 하는 것'이다. 그래서 단원을 나가기 전부터 아침마다 자신의 기분을 구체적으로 말하도록 하였다. 처음에는 '좋아요', '싫어요' 또는 '나빠요'에서 머물러 있었지만 점차 시간이 흐르면서 자신의 기분을 구체적으로 드러냈다. 또 자신의 감정을 들여다보듯이 친구들이나 선생님의 기분을 알아차리는 놀라운 변화가 있었다. 가정에서도 자신의 기분을 구체적으로 드러내며 마음 고르기를 하는 모습을 보인다는 의견이 많았다.

당당하게 말해요

바깥놀이 후 손을 씻는 시간이었습니다.

줄을 서서 교실에 있는 수도에서 씻는 아이도 있었고, 기다리기 싫다며 화장실로 오종종 걸어가는 친구도 있었습니다.

그런데 잠시 뒤 여자 친구들의 아우성이 들리는 겁니다. 왜 그러냐고 하니까 한 친구가 손을 씻고 친구들 얼굴에 물을 뿌리고 튀겼다는 겁니다. 그래서 그 녀석(남자)에게 진짜 그랬는지 물어보니 자기는 살짝 했다하고 다른 녀석들은 물이 아주 많았다며 하소연을 하더라구요.

그래서 친구가 싫어하는 행동은 하는 거 아니라며 꾸중을 주었더니 우리 반에서 아주 당찬 녀석이 "선생님은 주의를 주지도 않고 화를 내요?" 라며 따지는 겁니다. 정말 그렇게 생각하느냐고 했더니 그렇다는 거예요. 또 다른 한 녀석도 그렇다고 하구요. 그래서 저는 다른 친구들에게 물었죠. "선생님이 무조건 꾸중하고 화를 낸다고 생각하니?" 라구요. 그러자 "친구들이 싫어하는 행동을 하지 말자고 했는데 하니까 그런 거지."라며 저를 응원(?)해 주는 겁니다. 또 다른 개구쟁이 녀석은 "선생님 덕분에 착해지고 싫어하는 행동도 안 하고 있다."며 칭찬까지 해 주더군요. 그제서야 당당하게 말하던 녀석이 반은 받아들이는 표정으로, 반은 아닌 표정으로 수긍을 하고 말았습니다. 제 입장에서는 지켜보다 안 되겠다 싶어서 꾸중을 했던 것인데, 일부 아이는 선생님이 화를 냈다고 생각한 모양입니다. 그래서 녀석들이 이해할 수 없을 정도로 화를 냈는지 반성하는 시간도 되었습니다.

당차게 말하던 녀석에게 친구들이 싫어하는 행동을 하면 안 되는 이유를 설명해 주었습니다. 그리고 제가 녀석들을 사랑하고 좋아하지만 앞으로 잘못된 행동이 있을 때는 말로 주의 카드를 주고, 그래도 같은 잘못을 한다면 꾸중을 한다고 했죠. 아이들도 그렇게 하자고 약속을 했습니다.

점심을 먹고 꾸중을 들었던 녀석의 손을 잡고 말했습니다. 마음속에 개구쟁이가 100개 있으면 50개는 주말 동안 버리고 오라고요. 그 다음 날은 30개 버리고 또 그 다음날은 10개를 버리면 개구쟁이 마음은 조금밖에 없을 것 같다구요. 그랬더니 씨익~ 웃더라구요.

선생님이 미워서 그러는 게 아니라며 꼭 안아주었습니다. 사랑한다고 말하면서요.

나에게 상처를 주지 마세요

김 아란

나에게 상처를 주지 마세요
반찬을 골고루 먹지 않았다고
내가 더 많이 먹었다고
나에게 상처를 주지 마세요

왜?

화풀이는 저한테 하나요?

이럴 땐 슬퍼요

누군가를 도와주려고 그런 건데

왜 그랬냐고

다시는 하지 말라고

몇 번을 불러도

들은 척 만 척

제발

나에게 상처를 주지 마세요

나에게 상처를 주지 마세요

날 짜	3월 26일	
주제(단원)	학교(1) / 4. 기분을 말해요(1-1) 4. 생각을 전해요(1-2)	
교과 및 성취기준	통합	학교, 교실, 선생님, 친구, 자신을 여러 가지 방법으로 표현하며 학교생활을 즐긴다.
	국어	• 상대방의 처지와 감정을 생각하며 자신의 기분이나 느낌을 말 할 수 있다.(1-1) • 자신의 주변에서 일어난 일에 대한 자신의 생각을 문장으로 쓸 수 있다.(1-2)
활동 내용	학교생활을 즐기며 자기의 기분을 자신 있게 말하기	

저학년들이 수시로 교장실에 들어가 자신이 배운 오카리나를 연주하거나 노래를 부른다. 복도에서 교장 선생님을 만나면 뛰어가 안기기도 하고, 퀴즈를 내면 쉬는 시간에 교장실에 들어가 해결을 하려고도 한다. 교장 선생님께서 얼마나 아이들 마음을 알아주셨으면 그럴까 싶기도 하다. 하지만 때로는 버릇없이 행동하지 않을까 걱정되기도 한다. 그래서 상대방의 기분을 헤아려가며 말을 해야 하는 것, 노크를 하고 대답이 들리면 문을 여는 것, 손님이 계시면 다음 기회에 찾아뵙는 것이라고 일러 주었다.

교사들이 생각하기에 교장실은 자주 드나들기에는 왠지 어려운 공간이다. 하지만 아이들은 선입견이 없으니 그렇지 않은 것 같다. 중요한 것은 스스럼없는 아이들에게 최소한의 예의를 지키도록 하는 게 담임의 역할 중 하나임을 알았다. 담임은 '학교 엄마', '학교 아빠'니까.

교장 선생님이 귀엽대요

12시 25분이면 우리 아이들 점심을 먹으러 갑니다.

10시 30분부터 아이들은 점심 먹으러 언제 가냐고 묻고는 합니다. 12시 25분까지 기다리려면 두 시간을 더 수업해야 한다고 이야기를 해도 한 명 두 명 또 물으러 옵니다.

시계를 가리키며 작은 바늘이 12를 지나고 긴 바늘이 20을 지나야 간다고 또 일러줍니다.

드디어 밥 먹으러 가는 시간!

어김없이 교장실을 지나 3학년 교실쯤에서 교장 선생님을 만납니다.

"사랑합니다."라고 인사를 하는 거라고 일러주었지만 어느 꼬마 녀석한테서 시작된 말인지 정확히 알 수 없지만, 교장 선생님을 보고 "귀여워, 귀여워."하며 인사를 하는 겁니다.

그런 소리를 듣는 교장 선생님도 "귀여워?" 하며 꼬마 녀석들의 인사를 받아줍니다.

하루 이틀 그렇게 시간이 지나 이렇게 해서는 안 되겠다 싶어서 어른께는 "멋지다. 멋져요."라고 하는 거라고 했습니다. 그런데 오늘 산책하러 가려고 준비 중인데 교장 선생님과 얼굴을 마주한 녀석들 "멋지다."라고 하라는 말은 까맣게 잊은 채 "귀여워! 귀여워!" 하며 인사를 하는 겁니다. 교장 선생님은 오늘도 어김없이 "귀여워?"라고 물으시며 우리 꼬마 녀석들을 애정 어린 눈빛으로 보셨답니다.

이제는 합창을 하듯이 1학년 꼬마 녀석들이 교장 선생님께 귀엽다고 하니 듣는 제가 민망해지는 겁니다. 하지만 어쩌겠습니까? 꼬마 녀석들 눈에는 "사랑합니다."라는 형식적인 인사말 대신 우리 꼬마들의 마음을 읽어주는 교장 선생님이 귀엽게 보인다면 "귀엽다."고 해야겠지요?

하지만 저는 어른께도 스스럼없이 "귀엽다."고 말하는 우리 꼬마들이 더 귀엽습니다.

맛있게 신나게 야옹야옹

변재윤

우리들은 고양이
야옹야옹
맛있는 쥐들을 사냥하러
야옹야옹
30분 동안
야옹야옹
우리는 안간힘을 써 조금이라도 먹으려
야옹야옹
맛있는 쥐들 잡아서 나누어 먹자
야옹야옹
쥐들은 무서워서 도망간다
야옹야옹
고양이 학교 맛있는 점심시간
야옹야옹
중간놀이 없으면

이렇게 맛있는 놀이는
상상도 못했을 걸
야옹야옹
맛있고 재미있게 야옹야옹

여자는 고양이
남자는 쥐
야옹야옹

귀여운 재윤이

이주은

오늘은 재윤이네 놀러갔다
그런데 재윤이가 말했다

아 ! 맞다!
숙제먼저 해야지!

그런데
표정과 말투가
너무 귀여웠다

날 짜	5월 11일
주제(단원)	봄(1) 나(2) / 4. 생각을 전해요(2-1)
교과 및 성취기준	통합	· 학교에서 친구들과 서로 도우며 생활하고 공부하는 데 필요한 것들을 익히고 자신의 꿈을 발견하여 키운다.(봄) · 내가 좋아하는 것과 잘하는 것을 관심과 흥미를 가지고 탐색하여 나의 꿈과 연관 지어 이야기 할 수 있다.(나)
	국어	자신의 주변에서 일어난 일에 대한 자신의 생각을 문장으로 쓸 수 있다.(2-1)
활동 내용	친구와 함께 공놀이하기 / 내 꿈 소개하기

저학년 아이들에게 꿈을 물으면 남자아이들은 대부분 축구선수나 과학자가 되고 싶다고 말한다. 여자아이들은 선생님이나 간호사, 간혹 자기 엄마 같은 엄마가 되고 싶다는 아이도 있다.

꿈과 직업이 같은 개념이 아님에도 많은 사람들은 꿈은 곧 직업이라고 생각한다. 우리 아이들도 같은 착각을 하는 듯하다. 그렇다면 어린 시절부터 교사를 꿈꾸던 나는 꿈을 이루었기 때문에 더 이상 꿈이 없는 것인가? 이참에 생각해 본다. 나는 어떤 교사이고 싶었고 지금 어떤 교사인가? 나는 교사이지만 많은 꿈이 있다. 동화 계속 쓰기, 좋은 선생님으로 아이들에게 기억되기, 퇴직 후 책 읽어주는 선생님으로 봉사활동하기…….

시간이 날 때마다 축구를 하고 축구 선수를 꿈꾸는 아이에게 축구선수가 되려면 어떻게 해야할 지 물어 보았다. 공을 잘 차면 된다고 대답을 한다. 그러자 한 아이가 다른 선수와 마음을 맞추고 체력도 길러야하고 참을성도 있어야한다고 대답을 대신해 준다.

축구든 그리기든 자기가 좋아하는 것을 할 때 주변에서 일이 일어나면 어떻게 해야 할지 이야기를 나누었다.

남자 어린이와 축구, 그리고 조율

요즘 우리 반 남자 녀석들의 최대 관심사는 축구입니다. 입학하고 부터니까 오랫동안 관심사가 지속되는 셈입니다.

그런데 처음부터 의견 충돌이 잦아서 중간놀이 시간이 끝나고 오면 이르기 바쁩니다. 대부분 이야기가 공을 안 주고 자기만 차려한다거나 공으로 때렸다거나 하는 내용입니다.

자기가 억울하니까 얘기를 들어달라는 것이겠지요. 그러다가 서로 양보하고 배려하면 좋겠다 라든지 공을 차다보면 맞는 경우도 있고 자기 생각과 달리 친구 몸에 맞게 줄 수도 있다고 이해를 시키곤 했습니다.

이 녀석 저 녀석의 이야기를 듣고 있다 보면 아이들 수만큼 공이 있어서 혼자 공을 차고 뛰면 해결되겠다는 어리석은 생각도 한 게 사실입니다. 그런 일이 두 달 반 가까이 진행 되면서 억울하다거나 울면서 하소연하는 경우가 잦아들고 조율이 되리라 생각했었거든요. 그런데 그게 아닙니다.

요즘 들어 부쩍 서로의 불만을 이야기하고 우는 경우도 있고, 한 친구는 때린 적이 없다는 데 어떤 친구는 볼을(아이 표현은 싸대기?) 맞았다며 가만히 서 있는 친구의 등을 때리고 가는 일도 생겼습니다. 둘의 이야기를 종합해 보면 축구를 하며 모르는 사이 때리고, 맞고 한 듯합니다.

물론 아이들은 싸우면서 크고, 서로의 생각도 알아가고, 양보도 하는 것이지만 축구 때문에 이렇게 충돌이 잦으면 안 되겠다는 생각에 이르렀습니다. 그래서 아이들과 이야기를 나누었지요. 이렇게 다툼이 잦으면 축구를 계속 하는 문제를 더 생각해 보자구요.

그 소리에 우리 아이들 눈이 똥그래졌습니다. 그리고는 서로의 얼굴을 보는 겁니다. 그러더니 또 누구 때문이라며 몇몇 친구의 이름을 대고 하소연 하는 겁니다. 불만이 아주 가득한 듯 했습니다.

아이들이 그러려니 하고 이해하고 넘겨야할까요? 아니면 적극적인 개입이 필요할까요? 그것도 아니면 토의를 통해 아이들 스스로 방법을 찾을 수 있도록 할까요?

꿈 찾아 달리기

김주헌

운동장에 나갔다. 왜냐하면 꿈 찾아 달리기를 하려고 선생님도 같이 나갔다. 교실에서 친구들의 꿈 이야기를 듣고 기억해야 한다.

꿈 찾아 달리기는 3개의 선을 그리고 가운데에 꿈을 쓴 종이를 한번 접어놓는다. 그걸 펼치면 다른 애들의 꿈이 나온다.

나는 두현이랑 했는데 두현이 꿈이 바로 생각이 났다. 태권도 관장이 나왔다. 내가 잡은 사람은 바로 아란이! 아란이는 같은 모둠이어서 잘 기억해 두었다. 그래서 빨리 아란이를 데리고 갔다. 아란이가 나보다 못 뛰어서 철봉에 찜하러 갈 때는 그냥 갔고, 찜하고 올 때는 부축해 주었다.

나를 데려간 애도 있었다. 그건 바로 준하였다. 우리 둘은 달리기가 거의 똑같았는데 상대팀이 너무 빨라서 따라 잡다가 힘이 다 빠졌다.

힘들지만 정말 재미있었다. 다음에 또 하고 싶다.

나의 장래 희망

임지혜

나의 장래 희망은 나중에 아프리카, 아이티 등 여러 나라에 가서 봉사 활동을 하는 사람이 되고 싶습니다. 왜냐하면 요즘 수많은 사람들이 지진 때문에 건물 밑에 깔려 죽고 돈이 없어서 집을 못 사서 하수구에서 사는 사람도 있습니다. 그래서 저는 슈바이처처럼 훌륭한 사람이 될 것입니다. 어른이 돼서 바쁘거나 중요한 일 있을 땐 열심히 일해서 번 돈으로 유니세프에 돈을 보낼 것입니다.

장래희망은 악기연주자

권두현

내 장래희망은 발명가였다가 17일부터 한국식 오카리나 연주가로 바뀌었다. 배워보니까 아주 재미있어서 잘하고 싶어졌다. 그래서 빨리 보육교실에서 '나비야'를 연습하고 싶다. 집에서도 '나비야'를 연습하고 싶은데 악보가 없어 연습할 수 없다. 그래도 비행기 노래는 외워서 연습한다. 종이에 써서 보고 할 때도 있다. 많이많이 연습해서 엄마아빠한테 들려주고 싶다.

날 짜	5월 16일	
주제(단원)	다모임(창체) / 5. 무엇이 중요할까?(2-1) / 1. 생각을 나타내어요(2-2)	
교과 및 성취기준	국어	• 설명하는 글에서 설명의 대상이나 화제를 찾을 수 있다.(2-1) • 자신의 주변에서 문제점을 찾아 그에 대한 생각을 글로 쓸 수 있다.(2-2)
활동 내용	학급 규칙 만들기	

학급을 운영할 때마다 고민을 하는 것이 있다. 특히 저학년의 경우 학급에서 지켜야 할 규칙의 범위를 어디까지 할 것이며, 어떻게 하면 아이들이 자발적으로 생각하여 정하게 할 것인지 여부이다.

그래서 시간을 두고 지켜보다 학급 다모임을 열기로 했다. 저학년이라도 서로의 의견을 듣고 정한 규칙은 남이 정해준 것보다 더잘 지킬 수 있으리라는 믿음이 있기 때문이다. 아이들은 어른이 보기에 어설퍼 보이지만 나름의 논리를 갖고 있다. 아이들은 믿어주는 만큼 자율성과 조율하는 능력이 생긴다고 생각한다. 단, 규칙을 정할 때 교사가 일방적으로 의견을 이야기하는 대신 주제에 대한 다양한 예시를 들어 주거나 아이들의 의견을 구체적으로 말할 수 있도록 돕는다. 규칙을 정할 때 수업, 놀이, 식사처럼 범주화시켜 주면 접근이 쉽다. 또 규칙은 너무 많이 정하지 않는 게좋은 것 같다.

이런 활동이 익숙해지면 어른들을 보는 시각, 학교 시설 중 불편한 것에 대해 문제점을 제기하기도 한다.

학급규칙

저는 '조율'이라는 말을 참 좋아합니다.

예전에는 '조율'하면 악기의 소리를 고르게 한다는 의미를 먼저 떠올렸습니다.

하지만 나이가 들어가면서, 또 많은 아이들과 부모님을 만나면서 우리 인생에 '조율'이 참 필요하다는 것을 느꼈습니다. 그래서 대중가요의 「조율」이라는 노래도 좋아합니다.

오늘도 우리 반 아이들과 조율하는 시간이 필요했습니다.

중간 놀이 시간이 되었는데 민성이와 재환이가 쭈뼛거리며 서로 눈치를 주고받고 나가지를 않습니다.

"왜? 무슨 일 있어?" 했더니, 재환이 얼굴이 환해지며 가방에서 무엇인가를 주섬주섬 꺼냅니다. 민성이를 보니 역시 씨익 웃으며 꺼내는 것이 있습니다.

"어! 요요 가져왔어?"라는 제 말과 동시에, 우리 아이들 "중간 놀이 시간에만 가지고 놀게요." 합니다.

그러잖아도 요즘 아이들 사이에 요요가 유행이라는 것을 알고 있어서 예상은 하고 있었습니다.

일단 가져왔으니 놀고 친구들 모두 다 모이면 이야기하자고 했습니다.

민성이와 재환이는 신이 났습니다.

창밖으로 보니 축구를 그렇게 좋아하는 민성이는 요요하랴, 축구하랴 아주 바쁘게 움직입니다. 재환이도 재우 형에게 이것저것 물으며 요요를 만지작거립니다.

중간 놀이가 끝나고 우유도 모두 마시고 3교시 시작 시간이 되었습니다. 하지만 우리 재환이는 요요가 생각대로 안 되는지 만지작만지작 이렇게 저렇게 해봅니다. 제가 아무 말 안하고 바라보았습니다. 조용해지자 눈치 빠른 여자 아이 몇몇이 "재환아! 표재환!"이라고 불렀습니다.

우리 재환이, "아참!" 하며 요요를 재빨리 가방에 넣었습니다. 그래서 요요가지고 오는 것에 대해 의견을 '조율' 하기 위해 이야기를 나누기로 했습니다.

이미 학기 초에 장난감을 가져 오지 않기로 했기 때문에 그 당시 약속을 다시 한 번 상기시켰습니다.

여기저기서,

"요요는 허락해 주세요."

"요요도 장남감이니까 안돼요."

"금방 재환이가 공부 시작할 건데 또 꺼내 놨으니 안돼요."라며 각자 생각을 이야기 했습니다. 그래서 몇 가지 안을 칠판에 적었습니다.

1. 요요는 안 가져온다(요요도 장난감이다).
2. 가져올 수 있지만 중간 놀이 시간에만 가지고 논다.
3. 요요를 가져와서 공부 시간 아니면 언제든 가지고 논다.

3번 의견은 아무도 없었습니다.

1번과 2번 의견을 두고 생각을 주고받았습니다.

결국 자신의 생각을 손으로 들어 표하기로 했습니다. 1번 의견이 5명이었고 2번 의견은 9명이었습니다.

요요를 가지고 오고 싶다면 가지고 오되 중간 놀이 시간에만 가지고 놀 수 있는 것으로 정했답니다.

누군가는 장난감을 가지고 와서 노는 문제를 그렇게까지 할 필요가 있을까 하는 생각을 할 수도 있습니다.

하지만 우리 아이들, 쉬는 시간에만 꺼내어 가지고 노는 것이 아니라 수업이 시작되어도 가지고 놉니다. 심지어 수업 시간에 꺼내놓고 놀고 싶어 하기 때문에 스스로 생각을 하고 서로 의견을 나누며 조율을 한 것입니다.

아이들 사이에는 놀이에도 유행이 있습니다. 아마 요요를 가지고 노는 것도 한 때 유행일 수 있습니다. 요요 놀이의 유행이 지나고 다른 놀이가 또 유행이 된다면 그때도 우리 아이들과 의견을 나눠 조율을 할 예정입니다.

나쁜 어른들

김희성

    생태 자연시간에 친구들과 개구리 알을 관찰하러 갔는데 어떤 아저씨들이 산에 있는 나무를 여러 개 베고 있었다. 왜 베었냐면 논에 그늘이 져서 농사에 방해가 된다고 논 앞에 있는 나무들을 베었다. 그걸로도 부족해서 산에서 담배를 피고 담배 꽁초를 산에 버렸다. 내가 나무라면 정말 싫었을 것 같다. 자기들만 생각하는 그 어른들은 어린이보다 더 모자란 사람들이란 생각이 들었다.

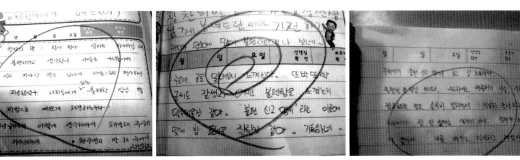

▲ 불편 신고 엽서를 쓰고 학교 시설이 개선되었습니다. 학부모님께 글을 보여드리고 칭찬의 글을 써달라고 한 결과입니다.

날 짜	5월 19일	
주제(단원)	이웃(1)	
교과 및 성취기준	통합	이웃 간에 지켜야 할 예절을 알아보고, 이웃과 바르게 인사하는 생활을 실천할 수 있다.
활동 내용	올바른 식사 예절과 습관 기르기	

식당을 가면 늘 드는 생각이 있다. 많은 사람이 모여서 식사를 하는데, 왜 아이들은 뛰어 다닐까? 그리고 아이들이 뛰어 다니는데 그 부모들은 왜 그대로 둘까? 편하게 식사하고 싶어 찾은 곳에서 드러내고 말을 할 수도 없고 마음이 아주 불편한 채로 나선 적이 많다. 그래서 적어도 우리 반 아이들에게는 식사 예절을 제대로 가르쳐야겠다는 생각이 들었다.

급식 시간이 다가오면 짬을 내어 아이들과 식사 예절과 규칙에 대해 이야기를 나누었다. 그리고 가정과 연계하여 식사 예절을 강조하기도 하였다. 식사예절뿐 아니라 가정에서 아이들이 할 수 있는 상차림 돕기, 내 방 청소하기, 현관 정리하기를 과제로 제시하고 부모님께는 의도적으로라도 알림장에 칭찬을 써달라고 하였다.

다른 사람을 불편하게 하지 않는 것도 성숙된 시민의식이라는 생각이 자주 들었기 때문에 가정과 연계 지도를 꾸준하게 하였다.

우리 반 점심시간 풍경

12시 25분.

열네 명의 아이들이 개미처럼 한 줄로 서서 점심을 먹으러 갑니다. 알림장 쓰고, 자기 자리 주변을 정리하고 급식실로 갑니다. 급식실 가까이 갈수록 음식 냄새가 먼저 우리를 반깁니다.

우리 아이들, 냄새로 메뉴를 알아맞히기 게임도 하고 입맛을 다시기도 하며 급식실로 갑니다.

준비된 음식을 보고 어떤 음식인지 알아맞혔다고 좋아라하며 차례차례 숟가락 젓가락 잡고 식판 들고 줄을 섭니다. 급식대에 좋아하는 것이 있으면 "더 주세요.", 싫어하는 것이면 "조금만 주세요."라고 자신의 생각을 말합니다.

"학교에서 먹는 밥이 가장 맛있다"는 재환이, 주헌이, 두현이, "조금만 먹으면 안 돼요?"라고 먼저 묻는 희성이, 수빈이, "나물은 싫다"는 상열이, "느끼한 것과 고기는 싫다"는 아란이, 무엇이든 골고루 잘 먹는 재윤이, 브로콜리가 좋다는 민성이, 끝까지 냠냠 모두 잘 챙겨먹는 준하, 서진이, 지혜. 서서 먹어서 앉아 먹자고 이야기를 자주 해줘야 하는 주은이, 골고루 다 먹고도 더 이상 못 먹겠다는 동규.

점심시간은 전교생이 모여 먹으니 시끄러울 수 있어 종종 지켰으면 하는 것을 이야기를 합니다. 옆 친구만 들릴 수 있도록 소곤소곤 말하자, 입 안에 음식이 있을 때는 말하지 말고 다 넘기고 말하자, 밥 먹고 흘린 것은 줍자, 남긴 음식은 국이 있던 곳에 모아

버려야 설거지 하시는 분이 편하다, 의자를 집어 넣자. 이야기를 하면 아이들은 어떻게 해야 하는지 잘 안다고 말합니다. 학교에서 잘 하듯이 음식점에 가서도 잘 지켰으면 좋겠습니다.

열네 명의 아이들과 알콩달콩 이야기 나누며 밥 먹는 이 시간이 참 소중하고 감사합니다.

엄마 돕기

이동규

엄마 돕기를 했다

첫 째, 이불 개기
둘 째, 현관 정리하기
셋 째, 상차림 돕기

다 하고 나니
엄마 기분이 좋아지고
내 기분도 좋아졌다

어휴, 귀찮아

이민성

오늘은 상차림을 돕고 일기를 쓰는 날이다.

그런데 맨날 하던 일인데 오늘따라 더 귀찮다. 우리 엄만 숙제라고 더 신경 쓰게 한다. 그리고 우리 선생님은 이런 숙제는 처음이다. 가정활동 할 때는 가정활동만, 일기쓰기는 일기쓰기만 냈었다.

그런데 이걸 합쳐서 내다니. 이렇게 할 줄은 몰랐다.

상차림돕기

김서진

나는 오늘 엄마가 저녁상을 차릴 때 도와드렸다. 오늘의 식사는 짜장밥! 밥을 접시에 담아 엄마가 사오신 짜장소스를 데워서 밥 위에 짜장을 뿌렸다. 마치 책을 조심히 넘기는 것 같았다.

흥흥~ 이 맛있는 냄새! 엄마 몰래 한 입만 먹어 볼까? 음~ 맛있겠다. 아, 그런데 내가 먼저 먹으면 안 되는데. 엄마한테 혼나면 어떡하지? 이제 먹자. 아! 이 맛은? 역시 우리 엄마다. 맛있어서 빨리 먹었다. 그다음 먹은 접시, 음식을 깔끔하게 청소했다. 설거지도 알아서 척척. 다 끝나자 엄마의 말씀하셨다.

"우리 서진이 다 컸네. 언제부터 이렇게 다 했어! 우리 아가 기특해!"

나는 기분이 날아가는 것 같았다. 그리고 내가 어른이 된 것 같았다.

날 짜	5월 23일	
주제(단원)	이웃(1) / 7. 다정하게 지내요(1-2)	
교과 및 성취기준	통합	이웃과 일상적으로 소통하는 경험을 통해서 자연스럽게 이웃에 대해 감사하고 이웃을 아끼는 마음을 갖는다.
	국어	상대의 처지와 감정을 생각하며 자신의 기분이나 느낌을 말할 수 있다(1-2)
활동 내용	화가 나거나 슬플 때 기쁠 때 자신의 감정을 표현하기	

얼마 전 신문에서 읽은 기사가 생각난다. 요즈음 아이들 중 '불감증'인 경우가 많다는 것이다. 이 기사에서 '불감증'은 '다른 사람의 감정을 읽지 못하는 경우'를 뜻한다. 한창 자라는 아이들에게 '불감증'이라는 다소 전문적인 의학용어를 적용시켜야하는가에 의문이 들기는 한다. 하지만 이런 기사가 나오게 된 것은 슬퍼도 슬픈 감정이 무엇인지 알지 못하고, 기뻐도 기쁨을 표현하지 못하는 아이들이 많다는 증거이기도 하다. 다른 사람이 힘들 때 보듬어 주거나 아플 때 함께 아파하지 못하는 아이들, 교사로서 책임감이 느껴진다.

내가 가장 즐거웠던 때와 화났던 때

요즈음 슬기로운 생활시간에는 '건강하게 생활해요' 단원을 공부합니다.

오늘은 여러 가지 내용 중에서 '내가 가장 즐거웠던 때와 화났던 때'를 알아보는 시간을 가졌습니다.

먼저 즐거웠던 기억과 화났던 기억 중 무엇이 많은지 물어보니 "즐거웠던 기억이 훨씬 많아요."라고 대답을 합니다.

우리 아이들은 확실히 학교생활을 즐겁게 하고 있음을 알 수 있습니다. 모두 발표하는 것을 규칙으로 정하고 생각하는 시간을 가졌습니다.

가장 즐거웠던 때를 생각하라고 하면 범위가 너무 넓기 때문에 기간을 1학년이 되고나서 지금까지로 정했습니다.

기간을 정하자 조금 더 구체화되었다고 생각이 되었는지 여기 저기서 생각났다고 합니다.

모두의 발표 중에서 가장 많았던 이야기는 입학식 날 선물 받고 외식한 것이라는 대답입니다.

몇몇의 아이들은 용돈을 많이 받은 것과 장난감을 받은 것, 그리고 가족과 여행한 것을 이야기 하더군요.

또 가장 화났던 기억을 떠올려보자고 하자 즐거웠던 기억이 훨씬 많았다고 하던 녀석들이 너도 나도 할 말이 많은지 서로 손을 들고 일어서고 합니다. 자기 이야기를 먼저 들어달라는 뜻입니다.

하지만 이야기의 순서를 정해 놓았기 때문에 이번에는 마지막 번호부터 하기로 했습니다. 대부분이 형제자매와 싸워서 화났던 것을 이야기합니다. 장난감 때문에, 심부름을 시켜서, 컴퓨터 게임 때문에, 동생이 놀려서 화가 났다는 이야기가 대부분입니다. 그래서 그렇게 화가 날 때 어떻게 하느냐고 하니 같이 소리 지르거나 울거나 화를 낸다고 했습니다. 그래서 상담에서 말하는 '나 전달법'이 생각나서 "네가(누나, 동생, 오빠) 그러니까 내가 기분이 많이 안 좋아. 그렇게 하지 말았으면 좋겠어."라고 말하라고 하니 몇몇은 고개를 끄덕이고 몇몇은 그래도 안 된다고 합니다.

형제자매는 없으면 외롭고, 있으면 가장 화나게 하는 존재인 것 같습니다. 그래도 중요한 것은 그렇게 싸우고 화내면서도 서로의 기분을 알아채고 그러면 안 된다고 생각하며 수위를 조절하고 조율 할 수 있는 사람으로 자라야 한다는 것입니다.

또한 그렇게 화나게 해서 싸우고 울고 한 그 다음이 더 중요하다는 생각이 들었습니다. 이것은 제 아이들이 어렸을 때 썼던 방법인데요, 제 아이들(남매)이 아주 가끔 다툴 때면 다투고 나서 서로 안고 10분을 있으라고 했습니다. 화가 났으니 서로 손도 잡기 싫은 데 안고 있으라니 말도 안 된다는 표정이었지만 가까스로 손을 잡고 잠시 뒤 땀을 흘리며 안고 있습니다. 그리고는 서로의 호흡을 느끼고 마음을 가라앉히더군요. 잠시 뒤 10분이 거의 다 되어갈 무렵 서로 키득거리며 웃습니다. 별것도 아닌 것을 가지고 화내고 싸운 것이 미안한 듯합니다. 그리고 진심으로 화해할 생각이 났으면 악수를 하도록 했지요. 그러면 화를 풀고 화해를 하고 서로 미안하다는 편지도 쓰고 엄마인 제게도 편지를 써 주더군요.

아이들 발표가 다 끝나자, 준하가 "선생님은 언제가 가장 즐거웠고 화가 났어요?"라고 묻습니다.

그래서 가장 즐거웠던 것도 화났던 것도 여러분과 관계가 있다고 했습니다. 그러자 모두 저를 바라봅니다. 가장 즐거웠던 것은 동화초등학교로 와서 여러분을 만나던 날이었고, 가장 화가 났던 것은 선생님의 마음을 몰라주고 다른 사람에게 피해를 주는 행동을 할 때라고 했습니다. 그 순간 우리 아이들, 아주 조용히 저의 이야기를 귀담아 들어 주었습니다.

서로의 기분을 이야기하고 들으며 어떻게 행동해야 하는지 생각해 볼 수 있는 시간이었습니다. 아마 오늘보다 내일 더 의젓하게 행동하리라 기대합니다. 그래서 아이들의 대답처럼 우리 아이들이 1학년을 떠올리며 즐거웠던 기억을 훨씬 많이 가질 수 있으면 좋겠습니다.

충격적인 사실

변재윤

오늘 병원에 갔다.

오빠가 짜증을 내서 기분이 나빴다. 병실을 나와 오빠가 왜 짜증을 내는지 아빠에게 여쭈어 보았다. 오빠가 깁스를 한 팔다리에는 못 같은 철사가 박혀있다고 하셨다. 충격적이었다. 오빠를 건드려 아프게 해서 미안했다.

엄마도 오빠가 어른들도 참지 못하는 고통을 잘 이겨내고 있다고 한다. 오빠가 대단하다. 고통을 참고 있으니 말이다. 나는 못 참을 것 같다.

다시 사고 나기 전인 5월4일, 5일로 돌아갔으면 좋겠다. 그럼 사고가 없을 수도 있다. 생각만 해도 고통스럽고 무섭다. 끔찍하고 우리 오빠가 교통사고를 당하다니 믿겨지지가 않는다.

지금까지 가장 슬픈 날이다.

구구단 왕 뽑기 여왕일까? 왕일까?

김희성

구구단 왕 뽑기를 했다. 1라운드와 2라운드로 진행되었다. 그렇게 해서 두 명의 왕 후보가 나온다. 나는 무조건 아웃이 될 것 같았다. 그런데 내 생각대로 정말 아웃이 되었다.

1라운드는 재환이가 이기고 2라운드는 지혜가 이겼다.

생존자들이 하는 대회에서는 지혜가 지고 말았다. 지혜는 교과서로 얼굴을 가리고 조금 울었다. 나도 울고 싶었다.

단짝이 져서 슬펐고, 내가 너무 일찍 탈락해서 더 슬프고 속상했다. 화가 엄청 나기도 했다.

날 짜	6월 18일	
주제(단원)	이웃(1) / 7. 다정하게 지내요(1-2) 2. 경험을 나누어요(2-1)	
교과 및 성취기준	통합	이웃의 다양한 생활 모습을 알아보고, 이를 여러 가지 놀이와 방법으로 표현할 수 있다.
	국어	·상대의 처지와 감정을 생각하며 자신의 기분이나 느낌을 말할 수 있다.(1-2) ·상대에게 적절하게 반응하면서 대화를 나눌 수 있다.(2-1)
활동 내용	나의 이웃에 대해 알기	

아이들과 만나고 시간이 지나면서 월요일마다 잠깐씩 고민을 하였다. 주말이야기를 할 것인지 말 것인지. 그러다가 아이들의 상황을 지켜보면서 할지 말지를 결정하기로 하였다. 주말이야기가 가족과 놀러 간 곳을 말하는 시간이 될까봐 걱정이 되었기 때문이다. 자칫 주말에도 부모님이 일을 해야 하는 아이들, 한 부모 가정이나 조손 가정의 아이들에게 위화감이 생겨 상처가 될 수 있기 때문이다.

하지만 걱정과 달리 그런 경우는 없었다. 주말이야기를 할 때 조건을 주었다. 가족과 함께 또는 혼자서 지내더라도 어떻게 무엇을 하였는지 구체적으로 시간 안에 말하기. 생각할 시간을 잠시 주고 짧게 적어도 좋다고 하였다. 하지만 처음에는 메모 수준이라기보다 있었던 일에 대한 이야기를 모두 적는 경우도 많았다. 하지만 차츰 횟수를 거듭할수록 낱말 중심으로 적기도 하고 나름대로 이야기할 때 중심내용을 갖고 말을 하였다.

다 함께 나누는 이야기- 주말이야기

오늘은 처음으로 주말 동안 겪은 이야기를 하기로 했습니다.

지난해 다른 학교에서 고학년을 하며 시도했던 일이었는데요, 아이들이 겪은 일을 체계적으로 이야기하기를 기대하는 마음으로 시작했었지요. 누구나 공평하게 시간제한을 두고요. 하지만 부모와 함께 주말을 보내지 못하는 아이가 있음을 알고 좋은 취지로 시작한 것이 자칫 아이에게 상처로 남지 않을까 걱정하여 중단하였던 활동이었습니다.

하지만 우리 동화초 1학년을 맡으며 3개월이상 지켜보니 그런 걱정보다는 아이들이 자신의 생각을 주어진 시간에 또박또박 이야기할 수 있도록 기회를 주는 것이 더 교육적 효과가 클 것이라고 생각하여 시작했습니다.

아이들 앞에 의자를 두고 저도 앉아 주말 지낸 이야기를 나누자고 하자 준하가 그러는 겁니다.

"정말 하고 싶었던 거예요."라구요. 그래서

"그랬구나. 그럼 말하지 그랬어?" 그랬더니

"지금 하잖아요. 그러니까 됐어요."라고 답하는 겁니다.

그래서 우리 반 열네 명의 친구들에게 각자 2분의 시간을 주고 돌아가며 이야기를 하기로 했습니다.

물론 생각하는 시간을 주었지요. 그런데 재환이는 다른 친구들이 "생각났다, 생각났어."라며 눈을 굴리고 입가엔 웃음기를 띠며 말하는데 울상인 겁니다. 자기는 생각이 하나도 안 난데요. 그래서 친구들 이야기 듣다보면 생각이 날거라고 말해주고는 시작을 했습니다.

부모님과 노래방에 갔다 와서 친척집에서 잔 친구도 있고, 2학년 하람이 언니 생일잔치에 갔다가 그 곳에서 잤던 녀석도 여럿이구요, 탁구장에 갔던 이야기를 하는 아이, 물놀이를 한 아이도 있습니다. 그런데요, 생각이 안 난다고 머리를 쥐어짜던 우리 재환이가 갑자기 얼굴이 환해졌습니다.

"여수 갔다 왔어요." 하는 겁니다. 사실 특별히 다녀온 곳을 말하라는 것은 아니었는데 여수 엑스포를 다녀오고도 생각이 안 난다고 했던 녀석입니다. 여수 이야기를 하자 우리 반 녀석들도 방송에서 봤는지 "들어봤어." 하며 재환이 이야기를 잘 듣습니다.

그렇게 열네 명이 모두 이야기를 마치고 초롱초롱한 눈빛으로 모두 저를 보는 겁니다.

그리고는 "선생님도 하세요."

"선생님도 우리 반이잖아요."

하는 겁니다. 우리 반 녀석들에게 선생님도 동화초 1학년에 포함된다고 그랬거든요.

그래서 마지막으로 제 이야기도 했지요. 토요일에 서울 가서 대학 친구들을 만난 것과 아들도 보고, 일요일에는 딸이 창덕궁에서 연주하는 것(문화재청 주관으로 궁궐에서 우리 음악을 체험하는 프로그램이 있었습니다)까지 보고 왔다구요. 그리고 창덕궁이 세계문화유산이 되면서 창덕궁에 있는 비원이 관람객 수를 제한하는 이야기도 해 주었습니다.

우리 아이들이 재미있었느냐고 묻더군요. 사실 1학년 아이들의 주 관심사는 마지막에 재미있었느냐 재미없었느냐이지요. 그래서 아주 재미있었다고 했습니다. 또 친구랑 아들, 딸을 만나 기쁘고 흐뭇했다고 했습니다.

이제 매주 월요일이면 주말 지낸 이야기를 나눌 예정입니다. 아이들이 자신의 생각을 정리하여 또박또박 말할 수 있는 기회를 갖기 위해서랍니다.

맞아요. 얘기를 잘 하길 보통 원하지만 성향이 달라서 얘기보단 듣기를 좋아하고 맞장구 치기를 능숙하게 하는 아이들도 곧잘 있죠. 나눔은 늘 좋아요. 다른 사람의 생각을 들을 수 있으니까요.

홍윤희(이동규 엄마)

저는 어린이집에서 거의 매주 월요일 오전에 하는 일인데요, 앞에 나와서는 개미소리로 한두 마디 하고 들어가서는 친구들 이야기할 때 덥석 얘기를 풀어놓곤 하지요. 아이들은 참 여유로운 동물인가 봐요. 물어 보았을 때 제때 얘기하기보단 스스로 생각을 끄집어냈을 때 얘기하는 걸 보면요.

김미희(장준하 엄마)

너무 재미있네요. 여수라는 단어가 재환이에게는 좀 낯설고 익숙하지 않았던 모양입니다.

이광선(표재환 엄마)

날 짜	6월 24일
주제(단원)	5. 50까지의 수(1-1) 1. 100까지의 수(1-2) 1. 세 자리 수(2-1)
교과 및 성취기준	수학 · 50(100)까지의 수의 개념을 이해하고, 수를 세고 읽고 쓸 수 있다.(1-1,1-2) · 100까지의 수의 계열을 이해하고, 두 자리 수의 크기를 비교할 수 있다.(2-1)
활동 내용	생활 속에서 수 익히기

아이들과 수를 공부할 때마다 드는 생각이 있다. 수를 단순히 기계적으로 세는 아이들이 많다는 점이다. 때문에 수를 셀 수는 있지만 생활과 연관을 시키려고 하면 연결이 안 된다. 또 배울 때는 알고 있는 듯하지만 시간이 지나면 잊고 응용을 시키지 못하는 경우도 많다. 배움과 생활이 연계되지 못하는 것이다. 물론 처음부터 잘 할 수는 없다. 그래서 가정과 연계하여 지속적으로 해야 함을 강조한다.

단원을 나가기 전부터 학교와 가정 생활 속에서 익히도록 하여 배움이 일상생활과 동떨어진 것이 아님을 강조했다. 처음에는 수를 세어보며 순서를 알도록 하고, 차츰 크기를 비교하며 수수께끼를 내면서 추측과 추리를 할 수 있도록 하였다. 이 모든 것을 학교에서만 하면 어려움이 많기 때문에 가정과 연계하였다.

생활 속에서 익히는 수 세기

요즈음 수학에서 쉰까지 수 읽기와 세기를 배웁니다.

교과서 내용을 배우기 전부터 생활 속에서 익히도록 과제를 냈었지요. 교과서에는 쉰까지 나오지만 할머니와 할아버지, 부모님의 연세도 알고 수 세기도 알 겸 여러 차례 과제를 냈었는데요, 할아버지 할머니의 연세를 통해 예순이나 일흔, 여든의 개념도 생활 속에서 알도록 하기 위함이었습니다. 그래서인지 우리 아이들 아주 재미있게 하고 있습니다. 백까지 세보자고 하며 저를 포함하여 열다섯 명이 릴레이로 했습니다. 다른 친구가 말한 수를 말하거나 다섯을 셀 동안 못하면 아웃이라고 했습니다. 어찌나 열심히 듣고 또박또박 수를 세는지요.

오늘은 묶음과 낱개의 개념을 익혔습니다. 10개를 묶어서 1묶음이라고 한다, 한 묶음은 10개이다, 묶음 속에 들어가지 못한 것은 낱개다, 이런 것이죠.

그리고 놀이 삼아 5묶음에 낱개 3이라고 했더니 여러 명의 아이들이 53을 말하고 쉰다섯까지 말하는 것입니다. 그리고 낱개가 7, 묶음이 3이라고 하자 어떤 녀석은 73이라하고 또 어떤 녀석은 37이라고 했습니다. 처음에는 말로 하고 다음에 칠판에 적어주었습니다. 그러자 73이라고 했던 녀석이 37이라고 고칩니다.

사실 교육과정에서 이것은 1학년 2학기와 2학년 과정입니다. 아이들에게도 그렇게 말하며 어쩜 이렇게 잘하느냐고 했더니 몇몇 녀석들! 바로 3학년으로 가겠다는 겁니다. 언제부터 갈 거냐니까 2학기부터 간다나요? 그래서 "그럼 선생님은 2학기 때 누구랑 공부해야하지?"라고 했더니 심각한 얼굴로 저를 보더군요.

아이들 수준보다 어려운 것을 말해주면서 부모님들께 참 고마운 생각이 들었습니다. 우리 아이들이 가정에서 부모님들과 어떻게 지내는지 알 수 있었기 때문입니다. 아이들에게 선생님이 숙제를 낼 때마다 어떻게 했느냐고 하니 마트 가서도 하고, 계단 오르내리면서도 하고, 목욕하면서도 엄마랑 주거니 받거니 했다는 겁니다. 그 이야기를 들으며 다시 한번 참 감사한 마음이 들었지요.

부모님 이상 좋은 교사가 없다고 하지 않나요? 과제를 내면 교사도 믿고, 아이도 믿으며 생활 속에서 이렇게 꾸준히 해주시는 것 이상 더 좋은 방법이 있을까요?

우리 아이들이 1학년을 보내며 함께하는 즐거움, 알아가는 기쁨, 배움이 생활과 관련이 있음을 깨닫는 시간이었으면 하고 다시 한 번 마음을 가다듬습니다.

기초 튼튼 실력 쑥쑥

임지혜

선생님께서 안내장을 나눠 주셨다. 바로 기초튼튼, 실력 쑥쑥이었다. 나는 판소리가 하고 싶었다. 근데 선생님이 나, 주은이, 서진이는 튼튼 수학을 하면 좋겠다고 말씀하셨다. 나는 수학시간에 내가 답을 말하면 친구들이 틀렸다며 "엥?"이라고 했던 기억이 났다. 나는 그런 말보다는 "맞았다. 부럽다. 오~!"라는 소리가 듣고 싶었다. 그래서 "튼튼 수학이요."라고 말했다. 서진이와 주은이도 뒤따라 말을 이었다. "저도 할래요." "저도요."라고 말이다.

오늘 정말 신중히 자신이 꼭 해야 하는 것을 고른 것 같았다. 오늘 내가 자랑스럽다.

수학시험

이호준

100점을 맞을까?
90점을 맞을까?
마음이 두근두근
마음도 알듯 말듯
답답하다
친구걸 보고 싶고
선생님께 알려달라 하고 싶다

날 짜	6월 25일	
주제(단원)	가족(1) 겨울(1) / 6. 알기 쉽게 차례로(2-1) 7. 이렇게 생각해요(2-1)	
교과 및 성취기준	통합	· 우리 집의 모습과 특징, 집에서 키우는 동물과 식물, 집 주변의 모습을 살펴보고 소개할 수 있다.(가족) · 겨울나기 동식물을 보호해야 하는 이유를 알아보고, 동식물 보호에 참여할 수 있다.(겨울)
	국어	일이 일어난 차례로 생각하며 들을 수 있다.(2-1) 자신이 경험 한 일에 대한 생각과 그렇게 생각한 까닭을 글로 쓸 수 있다.(2-1)
활동 내용	자신의 주변에서 일어난 일을 차례를 생각하며 글 쓰기	

동화초등학교 아이들은 축복받은 아이들이다. 가장 큰 이유는 학교가 계절의 변화를 온몸으로 느낄 수 있는, 자연환경이 살아 있는 곳에 위치해 있기 때문이다. 그러다 보니 식물과 동물에 관심을 갖게 되는 것이 자연스럽다.

아이들은 지렁이가 보여도 거침없이 손으로 만지며 농약을 많이 안 해서 땅이 살아있는 거라고 말을 하기도 한다. 또 벌레가 보이면 잡아서 닭에게 먹이로 주기도 한다. 또 지네가 보이면 잡아서 말려서 약으로 써야한다고 말하는 아이도 있다. 21세기를 사는 아이들이 맞나 싶은 생각도 종종 든다. 자연스레 동물과 자연현상에 민감해지는 것을 보니 생태적 감수성이 인위적으로 길러지는 게 아님을 확인할 수 있다. 또한 글감을 동물이나 식물, 주변 자연이나 자연현상에서 찾는 경우가 아주 많다. 그래서 글을 쓰면서 교과서에서 배웠던 대로 일이 일어난 차례, 시간을 나타내는 말을 넣어 써 보도록 유도하였다.

업둥이 햄스터

아침 출근길,

교문 앞에 새장이 나란히 있는 것이 보였습니다.

순간,

뭘까?

새인가?

누가 여기 와서 뭘 팔려고 하나?

그러다가 아이들의 웅성거림에 이유를 알 수 있었지요. 누군가 햄스터가 들어있는 새장 몇 개를 두고 간 것입니다. 햄스터는 모두 10마리였구요.

아이들은 서로 엄마에게 전화를 한다고 야단법석입니다. 어떤 녀석은 "우리 엄마는 그런 거 싫어해." 하는 녀석도 있고, 어떤 녀석은 "그래도 전화해 봐야지!" 하며 전화기 쪽으로 달려가기도 합니다. 결국 몇몇 친구들이 엄마의 허락을 받고 햄스터를 집으로 가져가기로 했습니다.

그 햄스터를 누가 학교 앞에 가져다 두었는지 모릅니다. 하지만 월요일 아침, 교문 앞에 있던 열 마리의 햄스터로 인해 학교가 한바탕 술렁였습니다.

아이들에게는 아주 흥미 있는 일이었고, 동물에 대한 선입견을 가진 선생들로서는 아주 요상한 일이었습니다.

만약, 업둥이를 데려다 놓았다면 잘 길렀을 것이라고 모여서 얘기를 나누기도 했습니다. 교문 앞에 있던 업둥이 햄스터가 분양

된 아이들 손에서 부디 잘 자라기를 바랍니다.

주인을 잃어버린 고양이

김서진

오늘 깜깜한 밤에 쌩쌩 자전거를 타고 있는데 새하얀 고양이를 보았다. 고양이는 나를 졸졸 따라다녔다. 정말 귀여웠다.

그래서 엄마한테 말했다.

"고양이 우리 집에서 키우면 안 돼요?"

"우리 집은 안 돼."

에이후~ 아쉽지만 고양아 안녕. 나는 정말 아쉬웠다. 언제 다시 또 만날까?

귀여운 고양이가 "야옹"하는 소리를 들으니까 정말 좋았다. 자전거를 세울 때도 쿵쿵거리는 내 발자국 소리에 고양이는 깜짝 놀라 도망갔다.

"아! 언니, 우유라도 갖다 주자."

집에 올라가서 우유를 가져왔다.

"고양아, 어디 있니?"

"언니, 없어. 다른 데 갔나봐."

그러자 언니가 말했다.

"그냥 땅에 갖다 놓자."

내일은 꼭 다시 만날 거다. 새하얗고 귀엽고 깜찍한 고양이.

엇! 내 신발 바닥에 개미 시체가?

임세환

공부시간이었다. 그런데 채성이 교과서에서 개미가 나왔다. 그러자 선생님은 이면지를 대고 개미가 올라올 때까지 기다렸다. 그리고는 나한테 이면지를 건네셨다. 그래서 나는 살려주려고 밖에 나갔다. 그런데 교실로 오다가 개미를 모르고 밟은 것 같았다. 내가 개미를 밟았는지 아닌지 몰라서 내 신발바닥을 봤다. 내 신발바닥에 개미 시체가 있어서 깜짝 놀랐다.

개미가 죽었으니 그 가족은 얼마나 슬플까?

유기견 강아지

김희성

여름휴가를 가서 산책을 하다가 입양된 강아지를 만나게 되었다. 크고 초롱초롱한 강아지의 눈과 우리의 눈이 마주쳤다. 나는 순간 강아지가 엄청 귀엽다는 생각을 했다. 우리는 강아지 곁으로 다가가 쓰다듬어 주었다. 주인의 말을 들어 보니 유기견 강아지를 입양하였다고 했다.

'왜 주인은 이렇게 귀여운 강아지를 버렸을까?' 정말 안타깝고 불쌍하단 생각이 들었다. 하지만 지금은 좋은 가족을 만나서 행복하고 건강하게 잘 사는 것 같아서 다행이다.

"강아지야, 앞으로도 행복하게 잘 지내야 해. 안녕!!"

물놀이와 물방개

정수빈

오늘 집에서 물놀이를 했다. 물에 들어가려고 했는데 물방개가 있었다. 나는 물방개를 물과 함께 통에 담았다. 그런데 언니가 통을 발로 차서 물방개를 잃어버렸다. 찾고 찾다 드디어 찾았다. 그때 언니가 물방개를 팔에 올리는 것이다. 그리고 조금 있다 물방개가 날아갔다. 아주 짧은 시간이었지만 정말 신기했다. 물방개는 어디서 오고, 어디로 갔을까?

애완견과 산책

김희성

우리는 백구와 하늘이와 산책을 했다. 하늘이는 이모와 가고, 백구는 그 뒤를 따라가고 우리 넷은 백구를 따라가고, 기차처럼 따라갔다. 동네를 반 정도 내려갔는데 하늘이가 쉬를 누니 은정, 지혜, 보민이도 쉬를 누었다. 은정이가 개띠라 영역 표시를 하는 건 이해가 되지만 닭띠와 돼지띠가 영역 표시를 할 줄은 몰랐다. 오늘은 즐겁고도 신비한 날이었다.

날　짜	6월 28일
주제(단원)	가족(2) 우리나라(2)
교과 및 성취기준	통합 · 주변의 다양한 가족모습과 가족문화를 이해할 수 있고, 여러 문화의 가족들이 어울려 지낼 수 있는 방법을 설명할 수 있다.(가족) · 외국인에게 갖추어야할 바른 태도에 대해 알아보고 이를 생활 속에서 실천할 수 있다.(우리나라)
활동 내용	지구촌 한 가족/외국인을 만났어요.

　　최근에 많은 학교에서 다문화교육을 하고 있다. 대부분 결혼으로 우리나라에 살고 있는 사람들이 학교에 찾아와 자기 나라 문화를 소개하는 시간을 갖는다. 이것도 그 학교에 다문화자녀가 있을 때 서로의 이해를 돕기 위해 실시하는 것 같다.

　　그런데 동화초등학교에는 다문화가정이 없다. 학교에서도 시간을 따로 배정하여 다문화교육을 하기보다는 평소 다른 사람을 인정해 주듯이 다른 나라 문화도 인정해 줘야함을 아는 것이 중요하다고 교육을 하였다. 그래서인지 아이들은 늘 영어 원어민 선생님 주변에 모여들었다. 영어를 한다고 해서 다 미국인이 아님을 알았던지 원어민 선생님의 본국인 뉴질랜드에 대해 미리 알아와 묻는 적극성을 보였다. 아이들은 수업 시간을 기다렸고 수업시간이 아니어도 수시로 다가가는 모습에서 서로 다른 게 틀린 것이 아님을 아는 것 같았다.

　　우리 문화가 중요하듯 다른 나라 문화도 소중한 것이다. 그래서 더 적극적으로 세계 여러 나라의 문화를 음악을 통해 알아보는 시간을 갖게 된 것도 큰 의미가 있었다.

케이씨와 우리 아이들

외국인 영어 선생님 성함은 케이씨입니다.

입학하면서 3월부터 토크(talk) 수업을 했으니 4개월이 다 되어 가네요.

우리 아이들, 외국인 선생님께도 스스럼없이 대합니다. 아니 학교 선생님들보다 더 따르고 좋아합니다. 얼마나 좋아하면 애초 주 1회 계획 되었던 수업을 주 2회 화요일과 수요일로 시간을 늘렸겠습니까?

수업 중에도 케이씨가 복도를 지나가면 "케이씨다." 하면서 이름을 부릅니다.

어떤 녀석은 3월에는 케이씨가 보이면 무조건 복도로 나가기도 했습니다. 그러다 이제 그러면 안 된다는 것을 알고는 "케이씨다."라며 작은 소리로 말합니다.

케이씨 선생님이 수업 할 때 가끔 교실에 들어가 보면 우리 아이들 아주 신이 납니다. 주로 노래를 부르거나 게임을 하고 지시에 따라 (물론 영어로) 그림을 그리고 색을 칠합니다. 그야말로 교실 안은 놀이터입니다. 영어 놀이터라고 하는 표현이 맞겠네요.

오늘은 점심시간에 역시 케이씨 선생님께 매달리고 무엇인가 계속 이야기를 합니다. 대여섯 명의 녀석들이 케이씨 주변에 빙 둘러서서요. 그 모습을 멀리서 지켜보았습니다. 그러다 무슨 일이 있었는지 케이씨 선생님께서 교무실 쪽으로 뛰기 시작했습니다. 그러자 우리 아이들도 덩달아 뛰기 시작했습니다. "케이씨 잡아라!!"를 외치면서요. 아마 제가 '콩, 너는 죽었다'라는 시를 읽어 줘서 그러는 것 같습니다. 그 시에 '콩 잡아라!'라는 부분이 있거 든요. 아란이가 "케이씨 잡아라!"라고 외치자 같이 있던 녀석들도 "케이씨 잡아라!" 하고 외칩니다. 그 소리에 교장 선생님도 나와 보시고 다른 선생님들도 웃음 지으며 지켜보셨답니다.

평소 복도에서 지켜야 할 규칙을 이야기 했지만 오늘은 그 규칙 보다 케이씨 선생님과 스스럼없이 대하는 모습이 기특하여 규칙 은 잠시 잊어도 좋겠다는 생각이 들었습니다.

찾아오는 박물관

임지혜

아침에 학교에 오니 운동장에 처음 보는 버스가 떡하니 서 있 었다. 버스 밖에는 얼룩덜룩한 이상한 그림이 있었다. 나는 맨 처 음부터 박물관 버스인 걸 알아챘다. '찾아가는 박물관'이라고 했 기 때문이다. 하지만 '찾아가는 것'이 아니라 '찾아오는' 게 맞는 것 같다.

먼저 다목적실에서 선생님들을 소개하셨다. 그 다음 여러 가 지 체험이 시작되었다.

썬더드럼도 만들고, 젬베, 우쿨렐레를 연주해 봤다. 버스에서 악기 찾기를 했다. 우리나라 악기도 많이 있었다. 그 중에서 나는 우쿨렐레가 기억에 가장 많이 남을 것이다. 소리도 예쁘고 가수 가 된 거 같고 신기하고 재미있기 때문이다. 귀엽게 생긴 우쿨렐 레는 소리도 마치 부드러운 새소리 같았다.

▲ '찾아가는 어린이박물관'이 찾아왔어요!

▲ 썬더드림 만들기

날 짜	7월 3일
주제(단원)	5. 느낌이 솔솔(1-1) 6.이야기꽃을 피워요(1-2) 1. 아, 재미있구나(2-1)
교과 및 성취기준	국어 ・동시를 즐겨 낭송할 수 있다.(1-1, 2-1) ・짧은 이야기나 노래를 들려 줄 수 있다.(1-2, 2-1)
활동 내용	생리적인 현상과 신체적인 변화를 시로 쓰기

초등학교 저학년시기에는 생리적인 현상을 이야기 하면 많은
관심을 갖는다. 특히 똥 이야기나 이빨 뽑기에 대해 이야기를 하
면 여기저기서 자기 이야기를 하기 바쁘다. 그래서 글감을 생리
적인 현상으로 주면 "그런 것도 글로 쓸 수 있어요?"하며 질문을
한다. "당연히 글로 쓸 수 있지."라고 해도 선뜻 쓰지 못하는 경우
가 있다. 그래서 『강아지 똥』이나 『누가 내 머리에 똥 쌌어?』를
읽어 주기도 하며 분위기를 이끌어간다.

아이들이 겪어보고 흥미 있어 하는 것이야말로 좋은 글감이고
살아있는 생생한 글이 나오기도 한다. 그래서 기대감을 가지고
'가족 방귀'와 '이 빼기' '코 고는 가족'을 글감으로 주었다.

우리 가족 방귀

요즈음 쓰기 시간에 시를 배우고 있습니다. 흉내 내는 말도 배
우고 어떤 시가 재미있는 시인지, 느낌이 살아있는 시인지도 알아
보고 있죠.

교과서에 '방귀'라는 시가 나옵니다. 그래서 우리도 '우리가족 방귀'에 대해 알아보았지요.

김아란   아빠 방귀/오토바이 방귀/ 부르르르//엄마 방귀/ 꽃 방 귀/소리가 안 납니다.//내 방귀 /파도 방귀/ 파~ 파~//

정수빈   아빠방귀/자동차 방귀/ 부르르릉//엄마 방귀/ 계란방귀/ 냄새 구린 방귀//내 방귀/물살방귀/물살 흐르는 느낌//

김희성   동생방귀/웃음 방귀/ 피식피식 샌다//엄마 방귀/ 풍선 방 귀/ 펑 하고 나온다//내 방귀/오토바이 방귀/오토바이 출발할 때 나는 소리//

장준하   아빠방귀/폭탄방귀/펑하고 소리 난다//엄마 방귀/ 왕 방 귀/소리가 엄~청 크다//내 방귀/비행기 방귀/비행기 날아가는 소리가 난다//

이주은   아빠 방귀/풍선방귀/풍선 바람 빠지는 소리//엄마방귀/계란 방귀/냄새가 구리다//내 방귀/피식방귀/피식피식 소리가 난다//

이민성   아빠방귀/공룡방귀/소리커서 공룡걸음 같다//엄마방귀/ 사자방귀/사자 우는 소리 같다//내 방귀/나뭇잎방귀/나뭇잎 밟 는 소리가 난다//

김주헌   아빠방귀/똥 방귀/똥 쌀 때처럼 펑! 소리난다//엄마방귀/ 뽀뽀방귀/뽀잉 소리 난다//내 방귀/나팔방귀/꼬마난쟁이가 뿌잉 나팔을 부는 것 같은 소리//

임지혜   아빠 방귀/번개방귀/번개처럼 큰소리다//엄마 방귀/생쥐 방귀/생쥐처럼 조용하다//내 방귀/꽃 방귀/소리가 뽀오옹 예쁘 게 난다//

변재윤 아빠방귀/계란방귀/지독한 냄새//엄마방귀/방방 방귀/방방 뜰 때처럼 뿡뿡 소리 난다//내 방귀/나무 방귀/소리가 안 난다//

박상열 아빠방귀/번개방귀/번개처럼 뿡//엄마방귀/쥐 방귀/소리가 작아서//내 방귀/연필깎이방귀/갈그락갈그락 //

이동규 아빠방귀/태풍방귀/소리가 크다//엄마방귀/자동차방귀/매연 내뿜는 자동차 소리가 난다//내방귀/피리방귀/방귀 소리가 길다//

김서진 아빠방귀/지진방귀/내가 날라갈 것 같다//엄마방귀/바람방귀/시원한 느낌이 난다//내 방귀/물방귀/물 마실 때나는 소리가 난다//

권두현 아빠방귀/변비방귀/오래오래 껴서//엄마방귀/공기방귀/소리가 조용해서//내 방귀/병뚜껑방귀/빵 소리가 나서//

표재환 아빠방귀/천둥방귀/쾅! 소리가 난다//엄마방귀/폭탄방귀/소리가 크다//내 방귀/버스방귀/버스 출발 할 때 나는 소리와 비슷하다//

▲ 동규가 그린 가족 방귀의 비밀입니다.

우리 아이들의 표현이 참 살아있죠. 이런 맛에 1학년 담임을 하지요.

아이들도 발표를 들으며 아주 재미있어 했습니다.

아이들 덕분에 아주 많이 웃었습니다.

잠자는 아빠

배유빈

코골코 푸푸푸
콰~ 푸~푸~

아빠 입에서
술 냄새 난다

큰 소리로
"아빠!" 하고 소리쳤다

벌떡 일어난 아빠
벌건 눈을
꿈벅꿈벅

다시 쓰러진다

따라하다 꼴까닥!

사람이 태어나면 이빨도 태어난다
사람이 밥 먹으면 이빨도 밥 먹는다
이렇게 따라하다
언젠가
이빨이 꼴까닥 빠진다
이빨이시여 고이 잠드소서
사람이 죽으면 관 속으로 가는 것처럼
이빨도 보관 상자로 퐁!
완전 돌아가셨네

양치하다 이빨이

양치를 한다

갑자기
내 입 안에서
뚝! 하는 소리가 났다

뱉어보니
이빨 한 개가 나왔다

하얀 치약이
빨간 치약으로 변해 있었다

198 다섯 빛깔 교육 이야기

흔들흔들

김주헌

어?
이빨이 흔들린다
뺄까?
말까?
아~
뽁!
결국 뺐다

그런데 이를 빼고 혀를 대보니까
억!
누가 구덩이를 팠나?

다른 이를 흔들어 봤다
으아아아아아아아아!
또 흔들린다

날 짜	7월 10일
주제(단원)	7. 알맞게 띄어 읽어요(1-1) 4. 뜻을 살려 읽어요(1-2) 3. 이렇게 해 보아요(2-1) 10. 이야기 세상 속으로(2-1)
교과 및 성취기준	국어	· 띄어 읽기를 고려하여 읽고, 띄어 읽기를 달리하여 읽었 을 때 생기는 의미의 변화를 안다.(1-1, 1-2) · 여러 가지 말놀이에 규칙을 지켜 즐겁게 참여할 수 있 다.(2-1) · 일이 일어난 차례를 생각하며 들을(말할) 수 있다.(2-1)
활동 내용	책 바르게 읽기

학급 담임을 맡으면서 언제나 하는 활동이 있다. 아이들에게 책을 읽어주는 것이다. 학년에 관계없이 저학년, 고학년 모두 실천하고 있는데, 특히 고학년의 경우 의외로 책 읽어 주는 것을 좋아하여 아이들이 책을 찾아서 읽거나 추천해달라는 요청을 하기도 한다. 이렇게 실천하게 된 나름의 이유가 있다. 아이들은 자기 의견을 이야기하는 것에 익숙하지만 다른 사람의 이야기에 귀 기울이는 데는 다소 서툴기 때문이다. 다른 이의 목소리에 귀를 기울이는 '책 읽어주기'가 도움이 되겠다 싶어서 본격적으로 활동을 시작했다.

잘 듣는 사람이 말도 잘하며 이해심도 많고 대인관계도 좋다는 생각을 한다. 물론 학습 결과도 좋다. 그래서 교사가 읽어 주기 시작하여 친구에게 읽어 주기, 가족에게 읽어 주기를 제시했다. 또 부모님들께서도 가정에서 책 읽어 주기를 실천하도록 하며 일주일에 한 번 이상을 읽어 주도록 말씀드리고 있다. 수업 중에도 바르게 읽는 것을 확인하기 위해 책 빼앗아 읽기를 수시로 한다. 아이들은 놀이로 여거 재미있게 하면서도 틀리지 않으려고 노력한다.

책 읽어 주기는 여러 가지 효과가 있다. 특히 소리 값을 알게 되어 아이들이 바르게 소리 내어 읽을 수 있게 된다. 또 이야기를 전달하는 능력이나 글을 잘 쓸 수 있는 바탕이 된다.

책 읽어 주기의 경우, 바르게 소리 내어 읽기로 시작하여 들려준 이야기 전하기, 친구들, 가족들에게 책 읽어 주기, 책 읽고 이어쓰기를 하거나 뒷이야기 쓰기, 그림을 보고 상상하여 쓰기 등 다양한 활동으로 발전시켜 활동 할 수 있다.

선생님이 들려주는 동화

틈이 나면 우리 아이들에게 책을 읽어 주려고 노력합니다. 그동안 읽은 책 중에는 옛이야기도 있고 창작동화도 있습니다.

제가 책을 읽어 주기도 하고 아이들이 앞에 나와 책 소개하기를 하기도 하지요.

그리고 아이들이 소개한 책이 흥미 있는 경우 가져오게 하여 읽어 주기도 합니다.

제가 책을 자주 읽어 주니까 어떤 녀석은 자기가 재미있게 읽은 책을 가져와서 친구들에게 들려주었으면 좋겠다며 슬며시 내밀기도 합니다.

오늘은 『선인장 호텔』이라는 책을 들려주었습니다.

어떤 경우는 그림을 안 보여 주지만 이 책의 경우 그림이 아주 좋기 때문에 꼭 그림과 함께 보여 주는 책 중 하나입니다.

 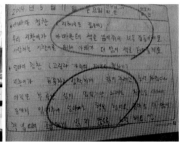 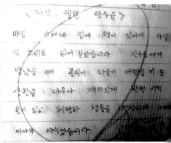

▲ 선생님이 읽어주는 동화   ▲ 가족에게 책 읽어주고 칭찬받아오기   ▲ 가족에게 책 읽어주고 이야기 나누기

이미 읽었다는 친구들도 있었지만 안 읽은 아이들에게 어떤 내용일지 생각해 보라고 했습니다.

제목을 보고 내용을 유추해보는 능력을 기르도록 하고 책을 고를 때 생각해보도록 하기 위함이었지요. 그런데 엉뚱한 이야기를 하는 녀석도 있었지만 내용과 잘 어울리는 이야기를 하는 아이도 있더라구요.

그림과 함께 책을 보여주자 우리 아이들 아주 흥미 있게 듣고 보았습니다. 이 책 속에는 우리 아이들이 관심 있어 하는 동물도 나오고 식물 중에서도 선인장의 성장 과정이 고스란히 나오기 때문인 듯도 했습니다. 이야기 중에 선인장과 딱따구리가 서로의 필요에 의해 도와가며 사는 것이 나와 또 돌발 퀴즈를 냈습니다. 'ㄱ ㅅ'이라고 칠판에 적었지요. 그러자

귀신?
교실?

글세?

여러 가지 이야기를 합니다.

그래서 과제로 내겠다고 하자 쉬는 시간에 선생님들께 달려가 궁금증을 해결하려고 하더라구요. 심지어 교장 선생님께 가서 책 이야기를 하며 무엇인지 아느냐고 끈질기게 묻더군요. 하지만 선생님들께서도 쉽게 답을 알려주지 않았습니다. 결국 해결하지 못하고 숙제로 나가게 되었지요(정답은 '공생'이었어요).

아무튼 우리 아이들이 엄청나게 몰입하는 모습으로 『선인장 호텔』을 듣고, 쉬는 시간에는 책의 그림을 꼼꼼하게 보았습니다. 책에 큰 관심을 쏟는 모습을 보니 책을 읽어주는 저도 참 흐뭇했답니다.

씨름도를 보고 상상하여 쓰기

김희성

오늘은 풍차마을과 바람개비마을의 씨름경기가 있는 날입니다. 풍차마을의 이동신, 바람개비마을의 고정신의 경기입니다. 12시 30분에 시작인데 11시부터 사람들이 떼를 지어 몰려왔군요. 왜 그럴까요? 바로 오늘 씨름경기가 끝난 후에 임금님의 행차가 열리기 때문이지요. 이제 12시 29분입니다. 1분만 더 있으면 씨름경기가 시작됩니다. 이동신과 고정신 선수도 준비 하고 있습니다. 정말 기대되는데요!

활쏘기

(어떤 일이 일어났을지 상상하며 김홍도의 다른 그림들을 살펴보기)

임지혜

옛날에 활 배우는 곳이 있었어. 그 곳은 잘못하면 위험한 곳이었어. 그만큼 조심해야 하는 곳이지. 오늘도 역시 활쏘기에 바빴어. 며칠 뒤 큰 활쏘기 대회가 열리거든. 성실이는 스승에게 부지런히 배웠어. 허세는 기술을 배우기보단 활을 치장하기에 바빴어. 담놀이는 스승의 뒤에서 몰래 담배 피우며 놀기에 바빴지.

드디어 대회 날이야. 근데 이를 어쩌나? 성실이는 늘 연습해서 실력이 하늘을 뚫을 만큼 늘었는데, 허세와 담놀이는 놀기만 했잖아. 대회가 시작 되자 허세와 담놀이는 벌을 받고 성실이는 복을 받았대.

논갈이

정수빈

김홍도가 그린 그림 속에서 농부가 논갈이를 한다. 쟁기와 달구지로 열심히 일한다.

땀이 좀 날 것 같다. 소가 참 힘들겠다. 요즘은 농기계로 논갈이를 한다고 한다.

옛날 사람들은 많이 힘들었을 것 같다. 음머, 음머, 소가 운다.

많이 힘들었겠다.

책 빼앗아 읽기

변재윤

오늘은 국어시간에 책 빼앗아 읽기를 했다. 지혜는 처음부터 끝까지 한 번도 안 틀리고 다 읽었다. 역시 지혜는 읽기 천재인가 보다. 받아쓰기도 매일 100점 맞더니, 진짜 국어 천재인가 보다. (쓰기)글씨도 예쁘게 또박또박 쓰고, (읽기) 또박또박, 안 더듬고 잘 읽고, 그러니 그렇게 생각할 수밖에.

나는 한 번 더 할 때도 한 번도 못했다. 그래서 실망을 했다. 뽑기로 결정했는데 나는 안 나오고 잘 읽는 수빈이가 나왔다. 그래서 아까웠다. 그러다 조금 더 하면 내가 하는 순간 틀렸다. 그런데 안타깝게도 생각하느라 듣지 못하고 또 조금하는 순간 틀렸다. 그런데 또 듣지 못하였다.

오늘은 정말 운이 없는 날인가? 하지만 아마 내일 책 빼앗아 읽기를 하면 운이 좋을지 모른다. 거꾸로 내가 잘 할 수도 있다는 말씀! 내일을 기대하라. 내가 간다.

날 짜	7월 12일		
주제(단원)	7. 다정하게 지내요(1-2) 5. 무엇이 중요할까?(2-1) / 나(2) 가족(1)		
교과 및 성취기준	국어	· 상대의 처지와 감정을 생각하여 자신의 기분이나 느낌을 말할 수 있다.(1-2) · 자신과 주변 대상에 대하여 소개할 내용을 정하여 글을 쓸 수 있다.(2-1)	
	통합	· 내가 좋아하는 것과 잘하는 것을 관심과 흥미를 갖고 탐색하여, 나의 꿈과 연관 지어 이야기할 수 있다.(나) · 우리 집의 규칙을 소개하며, 가족 간에 지켜야 할 예절을 이해하고, 이를 실천할 수 있다.(가족)	
활동 내용	친구(가족) 소개하기		

내가 좋아하는 사람에 대해 글을 써 보기로 하였다. 자연스럽게 소개하는 글이 유도된 셈이다. 하지만 아이들은 좋아하는 사람이라고 하니 쑥스러워하는 것 같아 소개하고 싶은 사람으로 하기로 하였다. 왜 그 사람을 소개하고 싶은지가 글 속에 자연스럽게 나오기를 기대하며 진행하였다.

또한 내가 해보고 싶은 것과 자신을 소개하는 글을 쓰면서 자신을 알아가는 과정을 갖도록 하였다.

싸우는 줄 알았어요

중간 놀이 시간에 교사들이 모여 협의회를 하는 경우가 종종 있습니다. 협의회가 끝나갈 무렵 와자지껄 소리 지르는 목소리, 그 소리를 받아 더 큰 소리로 받아치는 소리, 그리고 두세 명이 대항하며 더 크게, 더 크게~

순간 교무 선생님께서 아이들 싸우는가 보라며 일어섰습니다. 모두들 큰 싸움인 것 같다며 소리의 근원지를 찾았답니다.

그런데,

아뿔싸! 그 소리의 주인공은 바로 1학년들이었습니다.

깜짝 놀란 제가 "무슨 일이야?"라고 물으며 교실을 보니, 몇몇 남자 녀석들이 둘, 셋 씩 앞에 나와 소리를 주고받고 있는 것이었 지요.

극도로 흥분한 남자 아이들에게 물으면 대답이 안 나올 듯해서 지혜에게 물었습니다.

그러자 "여자 애들이가요, 재환이를 다 좋아 한대요."

"그래? 그래서?"

"그래서요, 남자애들이 서로 소리 지르며 여자 애들한테 따지는 거예요."라고 합니다.

그 대답에 왜 그렇게 웃음이 나던지요.

그래서 웃음을 참으며 "사람이 사람 좋아하는 데 뭐 잘못 된 거 있어?"

그랬더니 남자 애들이 아우성입니다.

"아니, 재환이를 여자 애들이 다 좋아한다니까요?"

그래서 제가 또 그랬죠.

"미워하는 것 보다는 좋잖아? 왜 샘나서 그러니?"

그랬더니 "샘은 안 나는데요. 그냥……." 하며 그 다음 말을 잇 지 못하는 거예요.

사실 얼마 전부터 희성이와 재환이가 친하게 지내는 장면을 많이 보긴 했답니다.

서로 짝을 지으라고 하면 둘이 재빨리 가서 손을 잡고 기다리기도 하구요. 감자를 캘 때도 나란히 앉아 캐기도 하며 다른 친구들의 부러움을 샀거든요.

그래서 그 모습이 참 보기 좋다 생각하고 있었는데……. 다른 여자 아이들도 재환이를 좋아하고 있는 줄은 몰랐었거든요.

3, 4월과 달리 6, 7월이 되자 고루고루 남자 여자 구분 없이 친하게 지내기에 그 모습에 흐뭇한 미소를 지어 보였었지요. 여자 아이들의 마음이 그런 줄 눈치 채지 못하고 있던 거지요.

아무튼 남자 아이들의 아우성에 이은 '소리 지르기'가 싸움이 아니라서 다행이었구요.

서로 좋아하는 감정에 대한 남자 아이들의 반응에 교실에 혼자 있다가도, 잠자리에 들어서도 자꾸 웃음이 났답니다.

우리 선생님

임지혜

우리 선생님을 소개합니다.
선생님 성함은 이.상 자. 님 자입니다.
안경을 쓰셨고 눈이 늘 빛납니다. 우리 선생님은 명랑하시고 잘못을 하면 혼도 내서서 잘못 한 것을 뉘우치게 합니다. 모르는 공부를 이해할 수 있게 가르쳐 주십니다.
선생님! 2학년부터 6학년까지 선생님께서 가르쳐 주세요.
선생님, 힘내세요!

박종원 선생님을 소개합니다.

이주은

저는 박종원 선생님을 소개합니다. 선생님은 맨날 콧노래를 부르십니다. 그만큼 재미있고 활기찬 분이십니다. 맨날 할 일을 하시고 수업도 재미있게 하십니다. 그렇다고 항상 그런 것은 아닙니다. 우리들이 잘못한 일이 있거나 해서는 안 될 행동을 할 때는 엄격하게 혼을 내십니다.

저는 그런 박종원 선생님을 존경합니다.

내가 소개하고 싶은 사람

장준하

제가 소개하려는 친구는 배유빈입니다. 유빈이를 소개하려는 까닭은 이번 달 우리 모둠이 되었기 때문입니다. 유빈이는 얼굴이 도토리 같고 항상 공부를 잘 합니다. 친구들에 착하게 대하여 주고 우리 반에서 받아쓰기를 잘합니다.

유빈이는 우리 모둠이 나뭇잎을 주울 때 많이 갖다 주었습니다. 수업시간에 항상 열심히 하고 공부를 잘하는 유빈이가 부럽습니다.

내가 잘하는 것들, 해보고 싶은 것들

김희성

내가 잘하는 것 : ① 정리하기 ② 만들기 ③ 부모님께 갖고 싶은 것 사달라고 조르기 ④ 동생과 싸우기 ⑤ 편지 쓰기 ⑥ 용돈 모으기 ⑦ 부끄럼 타기 ⑧ 받아쓰기 ⑨ 그림 그리기 ⑩ 물건 고르기 ⑪ 약속 지키기 ⑫ 심부름하기 ⑬ 아빠에게 애교 떨기

해 보고 싶은 것 : ① 축구 하기 ② 오카리나 배우기 ③ 자동차 운전하기 ④ 술, 담배 맛보기 ⑤ 우리 집 벽에 낙서하기 ⑥ 비행기 조종사 되기 ⑦ 여자끼리만 여행가기 ⑧ 학교 쉬기 ⑨ 오빠만 하는 총게임 해보기 ⑩ 요리하기 ⑪ 매일 지혜와 자기 ⑫ 밤늦게 TV보기 ⑬ 콘서트 보기 ⑭ 털실 짜기 배우기

날 짜	7월 23일	
주제(단원)	8. 생각하며 읽어요(1-2) 5. 무엇이 중요할까?(2-1) 7. 이렇게 생각해요(2-1)	
교과 및 성취기준	국어	· 설명하는 글에서 설명의 대상이나 화제를 찾을 수 있다.(1-2, 2-1) · 자신과 주변의 대상에 대하여 소개할 내용을 정하여 글을 쓸 수 있다.(2-1)
활동 내용	음식 해보고 설명하는 글쓰기	

아이들에게 학교에서 가장 해보고 싶은 활동을 물어보니 요리 실습이었다. 그래서 아이들과 간편하게 할 수 있는 것을 찾다가 한국식 피자로 정했다. 피자는 서양음식이지만 부침개 도우에 토핑으로 김치를 같이 올리면 동서양의 조화가 절묘한 음식이 된다. 또 절기 행사를 하며 요리 실습에 대한 욕구를 채워줄 수 있는 점도 있다. 농업중심사회에서 절기를 지켜 행사를 한 것처럼 학교에서는 절기 행사를 계획하고 절기 음식을 하고 나눔의 시간을 가졌다.

학교에서 하는 다양한 활동은 아이들에게 훌륭한 글감이 된다. 모든 활동을 마치면 글쓰기로 정리하는 시간을 갖는 것을 아이들도 당연한 것으로 받아들이며 글을 썼다. 또 평소에 '친숙한 과자의 포장지와 과자의 모양 색깔, 맛에 대해 설명하기', '그림 자세히 보고 설명하기', '물건 설명하기'를 하면 좋다. 다른 친구가 설명하면 그 물건이 무엇인지 알아맞히기를 놀이로 해봐도 좋은 활동 중 하나이다.

한국식 피자 만들기

지난주에 다른 학년이 요리 실습을 할 때 학교 곳곳에서 음식 냄새가 코를 자극했습니다.

다른 학년에서 가져온 음식을 엄마 새처럼 잘라 아이들에게 한 입씩 먹여주며 우리 아이들이 맛있어 하는 모습을 잊지 못할 것 같았죠.

▲ 요리 실습, 한국식 피자를 만들었어요.

▲ 절기 행사로 동지에는 팥죽을 만든답니다.

오늘 드디어 우리 1학년이 요리 실습을 했답니다. 요리 제목은 '한국식 피자'

제 나름대로 생각하여 저희 아들, 딸에게 그리고 특별한 꼬마 손님이 왔을 때 해주는 요리랍니다.

그런데 우리 아이들 교실에 들어서자마자 요리 언제 할 거냐고 자꾸 와서 물어보는 겁니다. 그래서 엄마 선생님들이 오셔야 하니까 9시 반이 넘어야한다고 설명하며, 9시 반이라는 것은 짧은 바늘이 9와 10사이에 있고 긴 바늘이 6에 있을 때라고 알려 주었습니다.

그렇지만 또 다른 녀석이 와서 묻는 겁니다. 사실 1학년 선생님 하며 가장 힘든 것 중 하나가 이런 것이거든요. 전체 설명을 몇 번 해도 개인적으로 와서 자꾸 묻는 것. 그래서 시간을 다시 알려주며 '토끼 프로젝트' 중이니까 책을 읽고 기다리면 좋겠다고 했습니다.

드디어 부탁드린 엄마 선생님들께서 오셨지요. 박상열, 김희성, 임지혜 어머님들이셨어요.

이 지역에 사시고 다행스럽게 오늘 출근을 안 하는 날이라고 하셔서 부탁드렸지요, 쉬는 날 부탁드려 죄송하기도 했고 기꺼이 와 주셔서 고마웠습니다. 이 자리를 빌려 감사의 말씀을 다시 한 번 드립니다.

요리를 시작하며 우리 아이들 "한국식 피자"라는 말에 다소 의아한 눈빛을 보였지만 곧 엄마 선생님들과 질서를 잘 지키며 피자를 만들어 냈습니다. 2모둠에서 먼저 맛을 보자 다른 모둠 친구들은 우리는 언제 먹어 볼 수 있을지, 침을 삼키며 빨리 먹을 수 있기를 기다리는 눈치였습니다.

각 모둠에서 만든 것을 먹기 시작하자 나중에는 아이들이 만드는 것보다 먹을 수 있기만을 기다리게 되었고 엄마 선생님들은 굽느라 여념이 없게 되었습니다. 집에서 준비해 온 매실 주스와 피자 그리고 도우미 어머님께서 준비해 주신 과일을 먹으며 우리 아이들 행복한 표정을 지었습니다.

아주 배부르게 먹어서인지 점심은 서진이, 민성이, 동규만 먹고 다른 친구들은 교실에서 책을 읽었답니다. 요리 실습을 한다고 해도 사실 1학년 아이들이 모든 과정을 주도적으로 하기란 쉬운 일이 아닙니다. 하지만 함께 만들어 보기도 하고 맛있는 것을 나누어 먹으며 추억을 만드는 것도 중요하다는 생각이 들었습니다.

시간이 지나 오늘 해본 '한국식 피자'에 대한 추억을 떠올리며 아이들은 행복한 미소를 지어보이겠죠.

동지팥죽 만들기

김주헌

오늘 동지행사라서 퀴즈도 하고 팥죽도 만들었다.
그 중에 나는 팥죽 만드는 게 제일 재미있었다.
팥죽 만드는 방법을 알려주고 싶다.

주헌이의 팥죽 만들기

1. 찹쌀과 멥쌀을 준비한다.
2. 찹쌀과 멥쌀을 반죽으로 만든다.
3. 반죽을 조그만 공처럼 여러 개를 만든다.
4. 만든 공을 끓는 물에 끓여 건진다.
5. 앙금 팥도 끓는 물에 넣는다.
6. 팥이 끓으면 새알심을 넣는다. 그리고 기다리기만 하면 완성!

그 때 내 입에서 말들이 튀어나온다

아! 구수한 냄새!

잠깐, 먹기 전에 뭣 좀 가르쳐 드릴게요

팥죽을 왜 만드냐 하면 팥죽이 빨간색이어서

귀신들이 빨간색을 싫어하니까

그걸 먹으면 귀신들이 도망간대요

자, 그럼 시식을 할까요?

이 맛은! 이 맛은! 팥죽 맛이네!

냄새보다 맛은 별로다

동지

김아란

　동지는 24절기의 하나다. 절기란 태양이 춘분점에서 시작해서 다음해 춘분점 까지를 360도로 하여 1년을 나누면 1기가 15도 정도 된다. 동지는 태양의 각도가 270도에 왔을 때인데 양력으로는 12월 22~23일쯤이 된다. 동지날은 태양이 제일 남쪽으로 기우러져 있는 날로 밤의 길이가 1년 중 가장 긴 날이다.

　우리는 일요일 아닌 금요일로 대신해 팥죽을 만들었다.

　새알심 참맛! 팥죽물은 꿀맛!

　우리가 만들어서 그런지 더욱더 맛있었다.

그림 자세히 보고 설명하기 - 줄무늬 얼룩말

배유빈

　줄무늬 얼룩말은 이름처럼 온몸에 줄무늬가 있다. 줄무늬는 검정과 희색이다. 머리에는 갈기가 서 있다. 갈기는 머리부터 목까지 있다. 얼굴에 있는 코는 동그라미 종류고 콧구멍은 동글동글 했다. 몸통은 이름처럼 몸, 다리, 꼬리 이렇게 있고, 또 다리는 음~? 까먹었고 꼬리는 걸을 때 하고 또 뛸 때 하고 살랑살랑 거린다. 먹이는 초식동물이니까 식물을 먹고, 행동은 가려울 때 굴르고 또 얼룩말은 달리기 선수다.

　나는 얼룩말처럼 달리기를 잘하고 싶다. 이유는 공놀이나 런닝맨 할 때 많이 달릴 때 숨이 차고 힘들고, 운동부족이기 때문이다.

날 짜	8월 27일
주제(단원)	학급 다모임(창체) / 1. 느낌을 나누어요(1-2)
교과 및 성취기준	국어	짧은 이야기나 노래를 들려줄 수 있다.(1-2)
활동 내용	방학 동안 있었던 일 이야기 나누고 '방학'하면 떠오르는 것 쓰기

방학을 마치고 아이들을 만나게 되면 잠깐 동안 서먹함이 있다. 하지만 금방 친숙해져 옹기종기 모여서 이런 저런 이야기를 나눈다. 그리고 학급 전체적으로도 아이들과 둘러 앉아 방학 동안 지낸 이야기를 한 명도 빠짐없이 하는 시간을 갖는다. 아이들도 선생님은 방학 동안 무엇을 하였는지 궁금해 하여 연수 받은 것이며, 여행 다녀온 이야기, 공부한 이야기를 하면 선생님도 공부를 하는지 또 궁금해 한다.

아이들에게 방학 하면 가장 먼저 떠오르는 것이 무엇인지 물어보니 '심심하다'였다. 그래서 방학 때 그 마음을 글로 써 보자고 하였다.

새로운 시작

유난히 더웠던 올 여름 방학을 마치고 오늘 드디어 개학을 했습니다. 우리 아이들이 방학 동안 얼마나 자랐을까 며칠 전부터 궁금했었지요.

저야 지난주부터 학교에 나와 근무도 하고 2학기 준비를 했는데요, 교실 대청소도 하고 제 책상도 새 것으로 설치하고, 아이들 책상 위의 먼지를 닦으며, 아이들 한 명 한 명 생각해 보았습니다. 1번 두현이부터 마지막 번호인 재환이까지 열네 명을 방학 중 모두 만나지 못한 아쉬움이 있어 빨리 만나고 싶은 마음에 문자도 보내보고 교과서도 살펴보았습니다.

역시 우리 아이들 참 많이 자랐더군요, 앞니가 빠져서 온 재윤이도 있고 머리 모양이 많이 바뀌어 온 재환이도 있구요. 키가 훌쩍 자란 주헌이와 서진이, 방학 전보다 얼굴이 하얘져서 온 민성이, 무엇보다 입학할 때 모두들 아기 같던 얼굴이 더 영글었구요. 눈이 또랑또랑한 게 참 기특하더군요.

1교시 개학식을 하고 교실로 돌아와 방학 지낸 이야기를 나누었습니다. 친구들과 소곤거리며 다녀온 곳을 말하던 녀석들이 앞에 나와 얘기할 땐 어색해 하며 작은 소리로 말하기도 했습니다.

오랜만에 만나니 또 어색한 모양입니다. 그래도 한 사람도 빠짐없이 지낸 이야기를 마쳤습니다. 경기도 용인에서 전학을 온 유빈이도 씩씩하게 발표를 잘하더라구요.

잠시 중간 놀이 시간을 앞두고 운동장에 난 풀을 뽑는 시간을 가졌답니다. 전교생 모두가요. 우리 아이들이 운동장에서 뛰어놀지 않은 표시가 확 나더라구요. 여기저기 여러 가지 풀이 군락을 이루며 자라고 있는 모습을 본 우리 아이들, 처음에는 신나게 풀을 뽑았습니다.

잠시 뒤 재환이는 시계를 보고 와서 긴 바늘이 4에 있다고도 하고 긴바늘이 5에도 있다고도 하며 왜 풀만 뽑느냐고 안달이 났습니다. 중간 놀이 시간 빼앗는 것을 가장 싫어하는 아이들인데 병이 날 것만 같은 표정입니다. 그래서 조금만 더 하고 긴바늘이 12에 있을 때(11시) 놀 수 있다고 하자 조금 누그러져 풀을 다시 뽑더군요. 아주 작은 풀은 우리 아이들이 뛰어 놀면 자연히 없어지리라 생각하며 중간 놀이 시간을 가졌답니다.

한 학기라는 시간이 우리 아이들을 참 많이 자라게 한다는 것을 알았습니다. 1학년 여름 방학 동안 뜨거운 태양을 받으며 우리 아이들이 더 튼실해지고 주변도 살필 줄 아는 아이로 자랐다는 것도 알았답니다.

앞으로 2학기 동안 우리 아이들 참 많이 자랄 것입니다. 비도 맞고 바람에 맞서며 때론 차가운 눈 때문에 마음까지 시릴지 모릅니다. 하지만 새롭게 출발한 열네 명이 서로 감싸주고 보듬으며 사랑도 베풀 줄 아는 아이들로 자라리라 확신합니다.

저 또한 아이들과 함께 더 성장하는 따뜻한 교사가 되고자 노력하겠습니다.

심심해

김서진

학교에서는 친구들이랑 재미있게 논다
친구들이랑 선생님이 보고 싶다

친구들이 "서진아, 놀자."
"서진아, 내가 뭐 좀 도와줄까?" 하는 말

집에선 그런 말 못 들어본다

집에서 가만히 있는 나
심심하다

다행이다

장준하

방학이 끝나서 다행이다. 하지만 안 좋은 점도 있다. 재환이가 전학을 가는 것이다. 그럼 우리 반 남자는 5명이 되고, 우리 반은 13명이 된다.

만약 남자 1명이 전학을 온다면 괜찮지만 여자가 온다면 내 머리에 우박이 떨어질 것 같이 안 좋다.

그래도 난 좋다. 방학이 끝나서 친구를 오랜만에 보니까 좋다.

날 짜	9월 6일	
주제(단원)	이웃(1)	
교과 및 성취기준	통합	이웃과 일상적으로 소통하는 경험을 통해서 자연스럽게 이웃에 대해 감사하고 이웃을 아끼는 마음을 갖는다.
활동 내용	이웃 간에 지켜야 할 예절 알고 이웃으로 마음이 불편했던 경험 나누기	

초등교육은 기본생활습관과 기초기본교육을 목표로 한다. 그렇기 때문에 학교에서는 웃어른에 대한 예의, 친구 사이에 지켜야 할 예의, 더 넓게는 사람 사이의 예의를 가르쳐야한다. 교실에서는 옆 사람을, 학교 공간에서는 옆 반을, 가정에서는 이웃을 너무 의식하지 않는 행동이 문제가 되기도 하는 것 같다. 요즈음 문제가 되고 있는 층간 소음도 그 사례이다.

동화초등학교 아이들은 금요일이면 서로 친구의 집에 놀러간다고 하는 경우가 많다. 학교 구성원의 특성상 아이들 집이 지역적으로 떨어져 있는 경우가 많기 때문에 그런 것 같다. 그럴 때는 양쪽 부모님의 동의가 필요하고 확인을 알림장에 적어오도록 하는 과정을 거친다. 그리고 친구 집을 갔을 경우 서로 최소한의 예절을 지킬 것을 교육한다.

우리끼리도 잘 가요

모든 수업을 마치고 보육교실로 이동을 할 때 우리 아이들은 늘 저와 함께 갔었지요.

아이들은 가방 메고, 저는 맨 앞에 있는 아이 손을 잡고 줄을 서서 가지요. 다른 학년 언니, 오빠 누나들은 이런 모습을 보고 '오리가족 대이동'이라고 합니다.

새소리 반을 지나고 교장실과 교무실을 지나며 만나는 선생님들께 다 같이 인사도 합니다.

고학년 언니, 오빠, 누나, 형들은 "1학년은 좋겠다."며 부러워할 때, 우리 아이들은 더 의기양양한 모습으로 줄을 서서 갑니다. 가끔은 개구쟁이 녀석 몇몇이 빨리 가고 싶어 안달이 나기도 하지만 줄을 잘 서서 갑니다. 개미떼가 이사를 가듯 줄을 서서 갑니다.

보육교실 가까이 가서 제가 똑똑 문을 두드리면 우리 아이들은 "들어오세요" 또는 "어서 오세요"라는 말씀이 들릴 때까지 기다립니다. 질서와 규칙을 알려 주기 위해 3월부터 그렇게 했습니다.

아이들이 교실로 들어가면 저는 그날 1학년 교실에서 특별했던 일을 알려 드립니다. 아이들 돌보는 데 도움이 되도록 하기 위해서입니다.

하지만 이제는 우리 아이들끼리 보육교실로 갑니다. 2학기가 되어서 스스로 규칙을 잘 지킬 수 있다는 생각이 들어 아이들끼리 가도록 했습니다.

"잘하리라 믿어요."라는 말을 하고 보내면서 집 떠나보내는 엄마처럼 아이들 꼬리가 안보일 때까지 복도에서 지켜보았습니다. 어떤 녀석은 자꾸 돌아보기도 합니다. 마치 먼 길을 떠나는 것 같습니다.

저와 했던 것처럼 우리 아이들 아주 잘하더군요. 사실 보육교실이 아주 멀거나 찾기 어려워서 그동안 함께 갔던 것은 아닙니다.

입학할 때 선생님은 '학교 엄마'라고 여러 차례 이야기도 했습니다. 그리고 엄마처럼 다정하게 그리고 살뜰하게 챙기려고 노력했습니다. 그렇게 해야 한다는 생각에 변함은 없지만 떼어놓는 연습, 아니 일정한 거리두기가 부모와 자식 간에 필요하듯, 선생과 제자 사이에도 필요하다는 생각입니다. 관심을 덜 두는 것이 아니라 홀로서기를 할 수 있는 기회를 주는 것이라고 생각합니다.

가끔 홈페이지에 있는 입학식 사진을 보며 흐뭇한 미소를 머금게 됩니다. 우리 아이들 참 많이 컸습니다.

이제 중간 놀이 시간이면 아이들끼리 잘 놀고 당번이 되면 우유도 잘 챙겨옵니다. 중간 놀이가 끝나면 말하지 않아도 모두 우유를 먹습니다. 어설프지만 교실 청소도 곧잘 합니다. 보육교실로 이동할 때도 한 줄로 서서 조용히 잘 갑니다.

우리 아이들 보면 참 흐뭇합니다. 가슴이 찡하도록 흐뭇합니다.

위층

김서진

쿵쾅쿵쾅!
아침에도, 점심에도, 저녁에도
너무 시끄러운 위층
계속 쿵쾅쿵쾅
어디 제사라도 하나?

가구 배달 왔나?
아니면 또 큰 가구 버리나
궁금하다

친구 집에 놀러가기

김주현

친구 집에 놀러가기로 결심했다
남자 중에서 가장 좋아하는 두현이에게 전화를 했다
그런데 제사를 지내러 갔다고 내일 오란다

이번에는 민성이에게 전화하려고 했는데,
전화번호를 모르겠다

세 번째로 동규한테 전화를 했다
동규는 안 된다고 했다

그까짓 것 놀러가는 게
왜 이리 어려울까!

날 짜	9월 28일	
주제(단원)	가을(1)	
교과 및 성취기준	통합	여러 가지 방법으로 가을과 가을의 즐거움을 표현한다.
활동 내용	추석의 여러 가지 풍습을 알기	

핵가족화가 되면서 명절의 의미가 점점 퇴색되고 있다. 송편을 빚는 집이 얼마나 되나 알아보니 손가락으로 꼽을 정도이다. 교과서에도 전통문화교육 차원으로 지점토나 찰흙으로 송편 빚기가 나온다. 아이들과 지점토로 송편을 빚으며 조리실이 없는 학교에서 전통방식으로 송편을 만들 수 없는 것이 아쉬웠다. 그래서 운동회 때 주축이 되어 했던 강강술래를 함께 해보고 가정에서 꼭 송편을 빚어봤으면 좋겠다고 이야기를 했다.

추석 인사해요

가을이 깊어가고 있습니다.

학교 뒤에 있는 밤나무와 참나무에서는 쿵! 쿵! 소리를 내며 주차장 양철지붕으로 열매가 떨어집니다. 노란 은행도 떨어져 있고 감들이 주홍빛을 뽐내며 자신의 존재를 드러내지요.

아이들이 만들어 놓은 의자 사이로 가을바람이 휘감아 돌아갑니다. 잣나무는 더 깊은 그늘을 만들어 주고 있지요.

추석 연휴를 맞아 아이들과 작별 인사를 합니다.

며칠 동안 못 보니까 안아보자고 하자 어색함 없이 대여섯 명이 제 품으로 달려들어 몸이 휘청거립니다.

부모님과 송편을 만들고 건강하게 지내라고 하자 또 제 품으로 쏙 파고듭니다. 추석 기간 동안 만나서 영화를 보자는 녀석도 있습니다.

우리 아이들을 하나하나 안아보며 이렇게 스스럼없이 안고 부빌 수 있을 때까지 시간이 필요했음을 생각했습니다.

1학기 동안 제 생각과 달리 행동하는 녀석이 있어 힘이 들었지만 지금과 같은 시간이 있으려고 그랬나 봅니다. 우리 아이들이 추석연휴 일주일을 보내고 많이 성장해 오겠지요.

일주일 동안 보고 싶어질 아이들 생각하며 그동안 찍어둔 사진을 하나하나 봐야겠습니다.

송편

이주은

추석날이다. 예쁜 한복을 입고 할머니 댁에 갔다. 그래서 송편을 빚었다. 사촌인 채연이 언니하고 말이다. 그런데 송편을 만들다가 언니가 재미있는 송편을 만들었다. 귀여운 도깨비 모양 이었다. 하지만 이런 생각도 들었다. 뭐냐하면 송편을 이렇게 장난을 치면서 만들면 안 된다는 생각이었다. 아무튼 정말 재미있는 송편 만들기였다.

오늘은 추석

임지혜

오늘은 추석이다.

추석은 음력 8월 15일이고 추석은 조상님께 추수가 잘 되게 해 주서서 감사하다고 큰 절을 올리기도 한다. 또 조상님 묘에 가서 돌아가신 친척 노할머니에게도 성묘를 했다. 나는 가족들과 함께 성묘를 가보니 노할머니가 그립다. 노할머니가 돌아가시기 전에 보았던 노할머니의 불편한 행동이 생각났다.

날 짜	10월 22일	
주제(단원)	3. 덧셈과 뺄셈(1-2)	
교과 및 성취기준	수학	10보다 작은 수의 범위 안에서 덧셈과 뺄셈을 할 수 있다.
활동 내용	10이내의 수로 덧 · 뺄셈하기	

수학 시간이면 가끔은 심리학자들의 이론에 감탄을 한다. 수년 동안의 연구결과인 것을 알지만 대학시절 공부를 할 때는 이론으로 외웠을 뿐이었다. 하지만 아이들을 만나면서, 특히 저학년을 만나면서 그 이론이 내 눈앞에서 구체적으로 증명되는 것이 신기할 뿐이다. 저학년 시기는 심리학에서 '구체적 조작기'이다. 특히 수학시간에 덧셈과 뺄셈을 할 때면 아이들은 구체물이 눈에 보일 때와 보이지 않을 때 확연한 차이를 드러낸다. 즉 구체물이 있을 때는 환한 얼굴로 재미있게 조작을 하며 활동을 한다. 구체물로 활동을 하며 충분히 익혔다고 생각하여 구체물 없이 하면 개인차는 드러나고, 아이들 손은 책상 속으로 들어가면서 고개를 끄덕이며 세기 일쑤다. 그래서 아이들에게 손가락으로 해도 된다고 했다. 저학년에서 충분히 조작이 되었을 때 아이가 성장하면서 자연스럽게 머리로 계산이 된다고 생각한다. 물론 개인차가 있어 이미 그 단계를 뛰어넘은 아이도 많다. 중요한 것은 사람마다 배움의 속도가 다르다는 것을 인정하는 것이다.

손가락으로 계산하기!?

학교 홈페이지가 한동안 안 열렸지요?

그때부터인가 봅니다. 아이들 관련 글을 안 올린 게.

홈페이지가 다시 열리기 시작했지만 학교에서는 일이 많다는 이유로, 집에서는 피곤하다는 이유로 하루 이틀 미루다 보니 시간이 꽤나 지났습니다.

아이들이 학교에서 어떻게 생활 하는지, 부모님들께서 얼마나 궁금해 하실까 생각하며 써야지 써야지 하다가 지금에야 고백을 합니다. 그간 게으름에 글을 올리지 못했습니다.

쓸 이야기도 많았는데 올리지 못해 아쉬운 게 아주 많습니다. 아이들에게 그날 일은 그날 하라고 말하면서 선생인 제가 부끄럽게 그것을 지키지 못했네요. 이제부터 다시 '처음'의 마음으로 아이들과 지낸 이야기를 하도록 하겠습니다.

오늘 수학은 새로운 단원 덧셈과 뺄셈(1)을 배웠습니다. 10이내의 수 중에서 덧셈과 뺄셈이 섞여 나옵니다. 물론 계산 과정도 아주 중요합니다. 우리 아이들 아직은 구체물을 가지고 하는 단계입니다. 교과서에는 문장이 나오고 식을 만들고 계산하여 답을 쓰라고 합니다. 물론 계산 과정을 세로 셈과 가로 셈으로 안내하고 있지만 우리 아이들은 아직도 답에 연연하여 답만을 쓰려고 합니다. 그래서 자석을 붙여가며 더하기와 빼기 계산을 하고 그 다음 해보라며 칠판에 문제를 적었는데요. 많은 아이들이 그 순간 손가락을 책상 속으로 집어넣고 눈동자를 굴리며 계산을 하고는 답을 적으려고 하더군요. 아마 가정에서는 손가락을 쓰지 말라고 한 것 같습니다. 하지만 아까도 말했듯이 아직 우리 아이들은 구체물을 봐가며 확인하고 계산할 수 있습니다. 그래서 손가락을 써도 되고 안 되면 숫자만큼 작대기를 긋고 지우고 보태고 해도 된다고 했답니다. 그러자 조금 밝아진 얼굴로 "정말 그래도 돼요?"하는 겁니다.

우리 아이들에게는 보이지 않는 숫자를 눈과 머리로만 계산하기는 힘들 수도 있습니다. 그래서 숙제를 냈지요. 잠자리에서 부모님(가족)과 계산하는 방법을 익히라구요.

처음에는 손가락으로 또는 집에 있는 그림으로 할 수도 있지만 자꾸 하다보면 머릿속으로 생각하며 할 수 있는 시간이 올 것입니다. 단, 꾸준히 해야겠지요.

수업이야기

김보민

5교시 수업 시간에 수학을 했다. 10묶음과 낱개를 배웠다. 예를 들면 52는 묶음 다섯 개와 낱개 2이다. 95는 묶음 9개와 낱개 5이다. 오늘 공부는 정말 쉬웠다. 학습지에서 엄마랑 같이 해봐서 쉬웠다. 앞으로도 수학이 쉬웠으면 좋겠다.

날 짜	10월 30일	
주제(단원)	봄(1) 가족(2)	
교과 및 성취기준	통합	· 교실과 주변을 청소하는 방법을 익히고 봄을 맞이하여 교실과 주변을 깨끗이 청소하고 정리 정돈 할 수 있다.(봄) · 자신의 집, 집안일, 가족 구성원, 친척, 나아가서 주변의 다양한 가정이나 가족 문화를 접하면서 가족에 대한 이해를 높인다.(가족)
활동 내용	생활주변 청소하기	

학교와 가정에서 아이들이 스스로 할 수 있는 일은 아주 많다. 그래서 아이들과 함께 가정과 학교에서 스스로 할 수 있는 일을 적어보는 활동을 하였다. 학교에서는 재활용이 되는 것과 안 되는 것을 구분하여 버리기, 자기 자리 주변 쓸기, 마실 물 떠오기, 교실 드나들 때 문 닫고 다니기, 교실 비울 때 불끄기, 점심시간에 남긴 음식 급식판에 모아 버리기가 공통으로 나왔다. 가정에서는 상차림 돕기, 밥 먹고 그릇 개수대 갖다 놓기, 읽은 책 정리하기, 벗은 옷 빨래통에 넣기, 쓰레기 분리하여 버리기, 자기 방청소하기, 숙제 스스로하기, 화장실 불끄기가 공통된 내용이었다. 이렇게 구체화하여 스스로 할 수 있도록 가정과 연계하여 꾸준하게 실천하도록 하였다. 수행평가를 위해 기록하게 하기보다 일상생활에서 습관화되면 좋겠다.

아이들도 가족 구성원이다. 그러므로 가정에서 할 수 있는 역할을 주어야 한다. 어리다고 모든 것을 다 해주려 하지 말자. 자기관리능력이 미래 중요 역량 중 하나이다. 가정이나 학교에서 아이들이 할 수 있는 일을 하도록 기회를 주는 것도 어른들의 역할이다.

함께 청소하기

알림장을 쓰고 나면 아이들이 늘 하는 일이 있습니다. 미니 빗자루를 가지고 자기 자리 주변을 깨끗하게 쓸기입니다.

1학년이라 하더라도 자기 주변은 스스로 정리할 줄 알아야 한다고 생각하기 때문이지요. 공부만 할 줄 아는 사람이 아닌 주변을 살필 줄 아는 사람이 되기를 바라는 마음에서입니다.

이제는 말하지 않아도 알림장을 다 쓴 사람은, 빗자루를 들고 자리 주변을 쓸기에 바쁩니다.

미니 빗자루가 아닌 커다란 빗자루를 서로 들고 하겠다고 해서 알림장 글씨가 엉망이 되기도 하지요. 알림장을 빨리 써야 큰 빗자루를 사용할 수 있는 차지가 오니까요. 그러면 저는 알림장을 날짜, 요일 빠트리지 않고 깨끗하게 써야 사인을 해주곤 한답니다.

우리 아이들은 그렇게 자기 자리 주변을 깨끗이 쓸고 나서야 손을 씻고 점심을 먹으러 간답니다. 아이들이 교실을 쓸었다고 하여 교실 청소가 끝나는 것은 아닙니다. 오늘도 교실 바닥에 유난히 모래(흙)가 많습니다. 아마 검정토끼가 탈출했다는 소식이 전해지면서 우리 아이들이 실내화를 신고 토끼를 보러 나갔기 때문인 것 같습니다. 마음이 급하니 운동화로 갈아 신을 겨를 없이 탈

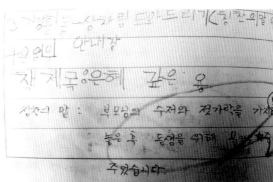

▲ 상차림을 돕고 칭찬글을 받았습니다.
◀ 이제는 말하지 않아도 스스로 청소합니다.

출한 토끼를 보러 간 듯합니다.

그 결과 교실은 모래(흙)가 많아 바닥이 뿌옇기도 하고 모래가 자꾸 밟힌 듯합니다. 아이들이 보육교실 가고 자리를 옮겨 가며 비질을 하다 보니 모래가 나와도 너~ 무~ 나오더군요.

바닥을 닦는 것도 한 번으로는 안 되어 걸레를 빨고 닦고 또 빨고 닦고를 반복했습니다. 교실 청소를 하며 우리 아이들 흔적을 곳곳에서 봅니다.

부러진 연필심을 그대로 바닥에 버려 책상과 의자 다리에 긁혀 교실 바닥에 주욱 연필 자국이 나기도 하구요. 누구 자리 주변은 유난히 지우개 가루가 많고, 또 누구의 자리에는 종이조각이 많기도 합니다. 아직 어린 아이들이니 그러려니 하지요. 다만 자기 주변을 스스로 정리하고 청소를 해야 한다는 생각에는 변함이 없습니다.

걸레질

김희성

그토록 기다리던
걸레질을 하게 되었다
쓱쓱싹싹
문지르고 문지르다 넘어지고
땀이 폭포처럼 쏟아지고
재미도 폭포처럼 쏟아졌다

방청소

김서진

오늘 방이 너무 더러워서 방청소를 했다. 책도 누워 있고 장난감도 누워있다. 책도 바르게 꽂고 장난감도 정리하고 이러면 1시간 걸리겠다. 막상 정리해보니 예쁘긴 한데 벽이 허전하다. 그래서 내가 7살 때 그렸던 그림을 7, 8개 정도 붙이고 더 정리하니 "어! 여긴 어디지? 내 방 맞는가? 내방 맞지?"

입이 쩍 벌어진다. 그런데 1시간 걸린 게 아니라 30분 걸렸다.

4장

즐거운 수업 이야기

날 짜	3월 14일	
주제(단원)	학교(1)	
교과 및 성취기준	통합	학교에서 친구들과 서로 도우며 생활하고 공부하는데 필요한 것들을 익히고 자신의 꿈을 발견하여 키운다.
활동 내용	그림을 보고 떠오르는 것 이야기 나누기	

입학하고 2주 정도 지나면 아이들은 어느 정도 학교생활에 적응이 된다. 교사 입장에서도 그때쯤 되면 쉬엄쉬엄 아이들을 살피기도 하고, 아이들 이야기에 귀 기울이며 아이들을 파악하고자 한다. 하지만 가끔은 여전히 예상하지 못한 질문과 일로 당황하게 만들기도 한다. 예를 들어 왜 간식을 안 주는지 묻기도 하고, 교장 선생님께 원장님이라고 부르는 아이도 있다. 가장 당혹스러운 것은 소변이나 대변을 싸는 경우이다. 그러면 보육교실에 여유분 옷을 두고 다른 아이들 모르게 옷을 갈아입히기도 한다.

알림장 내용을 출력하여 2주 정도 붙여주면 아이들이 스스로 쓴다고 말을 하기도 한다. 이쯤 되면 쓸 수 있는 사람은 쓰도록 하고 힘든 사람은 출력하여 붙여준다. 시간이 지나면서 친구의 것을 써주는 아이도 있다. 스스로 하는 것이 하나둘 보태지면서 아이들이 홀로서기 준비를 하고 있음을 느낀다.

속담을 말하는 녀석들

3월 한 달이 초등학교 적응기간이라 '우리들은 1학년'을 배웁니다.

이 책에는 상황과 그림을 주고 어떤 규칙이나 교훈을 알리고자 하는 내용이 많습니다.

어제는 염소 두 마리가 나무다리에서 만나 다투는 장면이 있었지요.

먼저 이야기를 해 보도록 했습니다.

생각주머니를 열고 생각이 났으면 생각이 날아가지 않도록 꼭 잡으라고 했지요.

이제 어느새 제가 할 말을 먼저 하는 녀석도 있습니다. 염소 두 마리 장면을 보더니 한 녀석이 그러는 겁니다.

"원수는 외나무다리에서 만난다."

사실 제가 질문을 하려던 것이었는데 얼마나 똑똑한지 그림을 보고 속담을 떠올립니다.

오늘은 동물들이 달리기 시합하는 장면이 있었습니다.

다시 생각주머니를 열고 생각이 났으면 생각이 날아가지 않도록 꼭 잡으라고 했죠. 아이들과 함께 합창하듯이요.

그림을 보던 녀석 중 한 아이가 "가는 말이 고와야 오는 말이 곱다."는 속담이 생각난다고 말하더군요. 그러니까 어떤 녀석이 "오는 말이 고와야 가는 말이 곱다."라고 합니다. 몇몇 녀석은 고개를 갸웃거리고 저 역시 순간 '뭐지?' 하는 생각을 했답니다. 그 때 속담을 말한 희성이가 둘 다 맞는다고 결론도 내리는 겁니다. 다른 친구들도 희성이 생각이 맞다구 하구요. 그리고 아무려면 어떻습니까? 어떤 상황에 쓰는 말인지 아이들이 알았으면 되는 일이지요.

요즘 1학년은 생각 이상으로 똑똑하고 다른 친구들 이야기도 잘 듣고 생각도 인정해 줍니다. 이런 녀석들과 함께 사는 저도 더 똑똑해지는 기분입니다.

속담전하기

김보민

오늘 속담전하기를 했다. "호랑이를 잡으려면 호랑이 굴에 들어가야 한다."인데 동영이가 잘못 말했다. 그 다음은 "팥 심으면 팥 나고 콩 심으면 콩난다."도 채성이부터 헷갈렸다. 그래서 친구들과 내가 깔깔 웃었다. 다음에는 꼭 틀리지 않고 잘 했으면 좋겠다. 친구가 내 귀에 대고 말할 때 간질간질해서 막 웃음이 났다. 참 재미있었다.

날 짜	3월 23일	
주제(단원)	1. 9까지의 수(1-1)	
교과 및 성취기준	수학	9까지의 수의 개념을 이해하고, 수를 세고 읽고 쓸 수 있다.
활동 내용	1~9까지의 수 쓰고, 읽고, 세기	

초등학교에 입학하기 전부터 아이들은 공부를 잘해야 한다는 말을 참 많이 들었나보다. 활동을 하고 나면 "몇 점이에요?"라고 묻는다. 100점인지 아닌지가 궁금한 것 같다. "잘했어."라고 하면 그 말이 100점인지 확인을 한다.

수학 시간이면 대부분 아이들이 어떤 수까지 더하기를 할 수 있는지, 또 빼기를 할 수 있는지 자랑을 한다. 아마 사교육의 영향 때문인 것 같기도 하고 어른들이 아이에게 그런 말을 했을 수도 있다. 더하기 빼기가 수학 공부의 모두라고 생각하는 것 같다.

수학 시간이지만 숫자 이야기책도 읽어 주고, 아이들 스스로 이야기도 만들어 보면 좋겠다.

하나, 일, 첫째

드디어 오늘 수학 책을 펼쳤습니다. 1학기 동안 어떤 것을 배우게 될지 안내를 하자 모두들 "너무 쉽다, 유치원에서 다 배운 거야."라며 의기양양하더라구요.

다 아는 것일 수도 있지만 읽는 방법이나 생각하는 방법이 여러 가지니까 알아보도록 하자구 했죠.

오늘은 먼저 1부터 5까지의 수 쓰기와 읽기를 알아보았습니다. 모두들 쉽다며 훌쩍이는(감기 걸린 친구가 있어서?) 친구도 있고 손을 털어가며(잘하려고 너무 힘을 주어서 아픈 가 봐요) 하는 친구도 있었습니다. 그런데 숫자 5가 나왔을 때 제가 잠시 두 명의 친구를 나오도록 했죠. 여자 한명, 남자 한명이요. 5를 써보라고 하자 예상대로 옆으로 먼저 긋는 겁니다. 보통 이런 친구들이 10명중 두세 명은 있습니다. 다시 여자 친구에게 써보라고 하니 아래로 먼저 내려 긋고 반 동그라미 그리고 옆으로, 바르게 썼습니다. 친구들에게 무엇이 맞는 것일까 했더니 두 명의 친구는 먼저 쓴 친구가 맞는다고 하구요, 10명은 나중 친구가 맞는다고 했죠. 그래서 바르게 쓰는 방법을 알려주고 지금까지 잘못 알고 있던 친구는 고치도록 했답니다.

다음으로 순서를 알려주는 것을 배울 때는 친구들 여섯 명을 앞으로 나오도록 했습니다. 5까지의 수이지만 더 큰 수까지 하기 위해서였어요. 저를 포함하여 순서를 바꾸어가며 줄을 섰습니다. 첫째, 둘째, 셋째, 넷째……. 그리고 바르게 읽기를 했습니다.

그리고 수학 익힘을 푸는데 역시 또 예상대로 틀리게 하는 친구가 있더군요, 3이면 세 칸을 모두 색칠하고, 셋째는 셋째 칸에만 색을 칠해야하는데, 3에도 셋째에도 세 칸 모두에 색을 칠하더군요. 이것은 숫자와 순서의 개념이 헷갈려서 그런 것이죠.

특히 부모님들은 "첫 번째 두 번째 ……"라고 하는데요. "첫째, 둘째……" 이렇게 해야 합니다.

오늘 우리 아이들 수학 책을 처음 접하며 '초등학교에서는 수학을 이렇게 하는 구나.'라고 생각했겠죠?

1부터 10까지 숫자로 이야기 만들기

김희성

1학년 윤서는 2학년인 언니 윤진이와 5학년 언니 자영이가 있습니다. 윤서는 윤진이 언니와 친구인 현지와 같이 놀았습니다. 오후 3시가 되자 윤서, 윤진이, 자영이는 교단 앞에서 만나 집으로 향했습니다. 4번 버스를 타고 5층집으로 향하였습니다. 자영이는 6살 때 앨범을 봅니다. 저녁 7시가 되자 아빠가 오십니다. 7시 8분에 저녁식사를 하고 9시에 잡니다. 아침 10시에 자영이 보다 10살 많은 수민이는 대학교에 갑니다.

날 짜	3월 28일	
주제(단원)	1. 즐거운 마음으로(1-1) 6. 문장을 바르게(1-1) 2. 바르고 정확하게(1-2)	
교과 및 성취기준	국어	• 연필을 필순과 방향에 맞게 쓸 수 있다.(1-1) • 한글 낱자의 결합으로 이루어진 글자를 바르게 발음 할 수 있다.(1-1) • 한글 낱자를 자연스러운 획순에 따라 쓸 수 있다.(1-2)
활동 내용	받아쓰기 연습해보기	

1학년 수업을 할 때마다 늘 고민하는 부분이 있다. 아이들이 글씨를 획순에 따라 쓰기보다 그리는 식으로 글자 모양 만들기를 하는 것이다. 또 연필 잡는 방법을 잘못 익혀서 연필을 손가락으로 움켜쥐거나, 가운데 손가락과 넷째 손가락 사이에 걸쳐 놓거나 깊게 잡는 경우, 연필심이 보이지 않게 잡아서 고개를 숙이는 아이가 많다. 잘못 잡는 예를 일일이 설명할 수 없을 정도이다. '연필 바르게 잡고 바른 획순에 따라 쓰기'를 아무리 지도해도 그때뿐이다. 굳을 대로 굳어버린 잘못된 습관 때문에 글씨는 바르지 않고 손은 불편하다. 글씨가 눕기 직전이거나 무슨 글씨인지 알아보기 힘든 경우도 있다. 손에 힘이 없어 연필이 빙그르르 돌아가고 자꾸 떨어뜨리기도 한다.

악기를 배우거나 운동을 하는 경우 기본자세를 중요하게 여기는데 공부도 마찬가지라고 생각한다.(2009 개정 교육과정에서는 1학년 2학기부터 받아쓰기를 권장하고 있습니다.)

받아쓰기, 오늘은 연습일 뿐이야

1학년 아이들은 받아쓰기에서 몇 점을 맞느냐에 따라 자신이 공부를 잘 한다 못한다고 생각하는 경향이 있습니다.

다음 주인 4월 첫 주부터 받아쓰기를 할 예정입니다. 받아쓰기 이야기를 꺼내자 몇몇 친구들은 긴장하는 빛이 역력합니다. 오늘은 연습 삼아 한다고 했는데도 걱정 어린 얼굴로 저를 보고 있는 겁니다.

1번부터 8번까지는 이미 배운 내용 중 받침이 없는 아주 쉬운 낱말을 냈습니다.

조그마한 손으로 가리고 쓰는 아이, 눈동자를 이리저리 굴리는 녀석, 고개를 푹 수그린 꼬마, 생각이 날 듯 말 듯 한지 고개를 갸웃거리는 녀석! 처음에는 쉽다 쉽다 하더니 번호가 진행될수록 말수가 줄어들기 시작하는 겁니다.

마지막 두 개는 우리 아이들이 어느 정도나 알고 있을까 싶어서 단원을 건너 뛰어 읽기 교과서에서 냈습니다. 아주 쉽게 쓰는 녀석도 있었지만 받침이 'ㅁ'인지 'ㅂ'인지 헷갈려하는 녀석도 있더라구요.

못써도 괜찮다고 했는데도 나중에는 눈물을 글썽이는 녀석도 있어서 다시 한번 연습이라고 말해 주었습니다.

그래도 걱정이 되는 모양입니다.

다 쓰고 나서 걷으니까 빨리 채점해서 점수를 알려달라는 거예요. 그렇게 연습이라고 했는데도 말입니다.

점수는 안 알려줄 거라고 했습니다. 다음 주에 더 잘하도록 하기 위해 어떻게 하는 것인지 연습한거라구요.

우리 아이들도 공부를 잘하고 싶은 마음이 간절한가봅니다. 아니면 공부 잘하라는 말을 많이 들어서일까요?

연습이었지만 우리 아이들에게 괜한 걱정을 일찍 준 게 아닌가 하는 생각이 들었습니다.

글씨 바르게 쓰기

정수빈

오늘 국어시간에 "글씨 바르게 쓰기"를 하였다. 글씨를 최대한 바르게 쓰는 것이다.

다들 글씨를 최대한 바르게 쓰려고 노력했다. 누구는 잘 썼는데 몇 사람은 노력이 필요해 보였다.

받아쓰기

이주은

"자, 받아쓰기 하자!"
난 얼른 급수장을 훑어본다

받아쓰기는 시작 됐다
집중집중

너무 헷갈린다

가슴이
조마조마
두근두근
떨린다

날 짜	4월 4일
주제(단원)	학교(1) 가족(1) 이웃(2)
교과 및 성취기준	통합	· 학교모습과 학교생활을 다양하게 표현하고 학교에서 할 수 있는 여러 가지 놀이를 할 수 있다.(학교) · 우리 집의 모습과 특징, 집에서 키우는 동물과 식물, 집 주변의 모습을 살펴보고 소개할 수 있다.(가족) · 우리 마을의 건물, 시설, 자연환경 등을 살펴보고 우리 마을을 다양한 방법으로 소개할 수 있다.(이웃)
활동 내용	나를 소개합니다.

나, 우리 집, 우리 가족, 우리 동네, 우리 학교를 소개하는 시간이 있다. 준비 없이 무엇인가에 대해 소개하기란 어른도 쉽지 않은 일이다. 그래서 어느 정도의 형식과 시간을 주고 준비를 하도록 한다.

나를 소개하라고 하면 글씨 쓰기가 잘 안 되는 아이의 경우 힘겨워할 것 같아서 가족의 도움을 받아 '나를 소개합니다'를 준비해 오도록 하였다. 준비를 안 해온 아이의 경우 교사의 도움으로 준비를 하여 모두 발표하는 기회를 갖는 게 좋겠다.

상이 뭐예요?

듣 · 말 · 쓰 시간입니다. 나를 소개하는 글을 간단히 쓰고 말하는 시간을 갖기로 했죠. 지난 시간에 미리 예고를 했는데요. 미리 써온 친구도 있고, 생각을 해왔다는 녀석도 있었지만 그런 얘기를 들은 적이 없다는 표정으로 멀뚱멀뚱 바라보는 녀석도 보입니다.

먼저 주어진 내용에 따라 소개하는 글을 쓰는 시간을 가졌지요. 그런데요, 자신이 어느 동에 사는지 모른다는 녀석도 있구요, 아파트 이름만 쓴 녀석도 보입니다. 그래서 설명을 했습니다. 주공아파트는 서울에도 있고 청주에는 용암동에도 있고 분평동, 산남동 아주 여러 곳에 있다구요. 그러자 동과 호수를 또 말하는 겁니다. 결국 주소록을 보여주며 동을 쓰도록 했죠. 이참에 자기가 어느 동에 사는지 알도록 했구요. 다행스럽게 학교 인근 지역에 사는 친구들은 잘 쓰더라구요. 아마 청주에 사는 녀석들은 자신의 생각범위보다 너무 넓기 때문에 어려워했던 게 아닌가 하는 생각도 들었습니다. 번호순으로 발표를 하며 발표왕을 뽑겠다고 했더니, "무슨 상을 줄 거예요?", "상품이 뭐예요?" 합니다.

순간, 우리 아이들에게 마음의 상보다 물질적인 상을 익숙하게 만든 것이 어른들 탓인 것 같아 상품은 없다고 했습니다. 그랬더니,

"에이, 시시해." 하는 거예요.

대신에 선생님이 생각하고 있는 아주 귀한 선물이 있다고 했습니다. 그것은 발표왕이 결정되면 말하겠다고 했습니다. 듣기 말하기 시간에 배운, 발표하는 사람의 자세를 발표왕 선정의 기준으로 삼겠다고 했죠. 후보자로 임지혜, 정수빈, 표재환이 올랐습니다. 선생인 제가 일방적으로 정하기보다 친구들의 의견이 중요할 것 같아 투표를 하기로 했습니다. 모두 보는데 손을 들으라고 하면 안 될 것 같아 머리를 숙이고 손을 드는 방식으로 진행했는데요, 표재환과 임지혜가 같은 표가 나왔고 수빈이가 한 표 적게 나왔지요. 모두 11표요. 14명 중 11표가 나왔다면 세 사람이 손

을 안 들은 것인데, 누구인가 했더니 후보자 세 사람이 안 들은 거예요. 투표 전에 분명히 후보자도 손을 들어야 한다고 했고 자신이 가장 잘했다고 생각하면 자기 이름에 손을 들어도 된다고 했는데……. 자신에게도, 그렇다고 다른 후보자에게도 손을 들 수 없었던 것 같습니다. 아이들의 순수함을 다시 한 번 느꼈습니다.

결국 발표왕을 정하지 못하고 모두 상을 주기로 했습니다. 선생님이 '업어주는 상'이요. 임지혜, 정수빈, 표재환을 차례로 업고 교실을 한 바퀴 돌았습니다. 마지막으로 오늘 생일을 맞이한 변재윤도 업어 주었습니다. 다른 친구들은 부러운지 제 뒤를 졸졸 따라다니는 겁니다. "좋겠다.", "저도 업어 주세요." 하면서요.

저 역시 오랜만에 아이를 업어보니 기분이 참 좋았습니다. 생각보다 무거운 아이도 있고 너무 가벼워 밥을 더 먹어야겠다는 생각이 들은 녀석도 있구요. 물질적인 상만 생각하던 우리 아이들에게 업어주는 상이 색다르게 다가왔을까요? 다음에는 어떤 녀석에게 업어주는 선물을 줄까? 적어도 모두 업어줄 수 있는 상을 줄 생각입니다.

선생님 힘드시겠다

임지혜

화장실에 갔다 왔더니 박상열이 선생님 등에 업혀 있었다.

상열이는 자랑하듯이 엄지손가락을 세우고 있었다. 정말 개구쟁이, 자랑쟁이다. 그리고 키가 큰 상열이 때문에 선생님께서 힘드실 것 같았다.

나의 소개서

김아란

이름 김아란

나이 아홉 살

학교/학년 동화초등학교 2학년

생일 10월 7일

우리가족 엄마, 아빠, 언니, 나

취미 누워서 뒹굴기, 그림 그리기

좋아하는 것 엄마와 뽀뽀, 늦잠, 만화

싫어하는 것 곤충에게 물리는 것, 미움 사는 것, 꾸중 듣는 것

하고 싶은 것 동물 키우는 것, 롤러코스터 타기, 죽음의 바다 사해에 가 보는 것

모두 업어주시려면 선생님 허리 아프실 거 같아요. 상을 다른 걸로 생각해봐야겠는데요. 사랑이 전달되면서 몸에 무리가 안 가는 거루요. 아직도 안고, 뽀뽀하고 업고 이러는 걸 넘 좋아해서. 동우까지 달려들면 아빠도 힘들어한답니다.

유윤희(권두현 엄마)

선생님, 재환이는 정말 무거운데요. 엄마인 저도 허~걱 한답니다. 아이들은 너무 즐거운 하루였네요. 감사합니다.

이광선(표재환 엄마)

날 짜	4월 23일
주제(단원)	4. 기분을 말해요(1-1) 7. 다정하게 지내요(1-2) 2. 경험을 나누어요(2-1)
교과 및 성취기준	통합 · 상대의 처지와 감정을 생각하며 자신의 기분이나 느낌을 말 할 수 있다.(1-1, 1-2) · 상대에게 적절히 반응하면서 대화를 나눌 수 있다.(2-1)
활동 내용	기분을 나타내는 말 알아보기

자신의 기분을 나타내는 내용이 여러 차례 나온다. 대표적으로 하는 활동이 얼굴 표정이 있는 그림을 보여주고 어떤 기분인지 낱말을 말해 보도록 하는 것이다. 또 자신의 기분을 나타내는 그림을 한 가지 그린 뒤 자신의 기분 말해보기를 진행한다. 또 모두 웃는 얼굴과 화난 얼굴을 그려보고 기분이 어떻게 달라지는지 알아보았다. 또 특정한 기분이 들 때 어떻게 표현하고 해결하는지 적어보는 시간도 가졌다.

아침마다 선생님께 자신의 기분을 구체적으로 이야기하며 기분이 좋지 않을 때 해결방법이 무엇일지 함께 이야기를 나누기도 한다. 또한 기분이 언짢은 아이가 있을 때 다른 친구들이 배려해 줄 수 있는 부분을 언급해 주는 것도 좋겠다. 아이들이나 어른들도 평소 자신의 감정을 바르게 전달하는 방법을 알고 표현하는 것도 중요하겠다.

제 기분은요?

들·말·쓰 시간입니다.

기분을 나타내는 말을 알아보고 기분이 잘 드러나게 말하는 방법 알아보기를 공부했습니다.

기분을 나타내는 말을 말해보자고 하자 여기저기서 발표를 합니다.

화나요, 기뻐요, 부끄러워요, 지루해요, 슬퍼요…….

그래서 그 중에 '지루해요'라는 표현이 있어 어떤 뜻인지 아느냐고 물었습니다.

그러자 상열이의 대답은 "외로워요"랑 비슷하다고 합니다. 그러자 또 한 녀석은 "혼자 있을 때 심심한 거"라고 말합니다. 또 한 녀석은 "차를 타고 갈 때 같은 길을 계속 달려가는 기분"이랍니다.

아이들 표현에 공감이 갔습니다.

그래서 제가 좀 더 확실하게 하기 위해 설명을 덧붙였답니다.

"1교시도 수학, 2교시도 수학, 3교시도 수학, 4교시도 수학, 5교시도 수학, 집에 가니까 또 수학!"

이렇게 했을 때 기분이라고 하자,

"아~ 아" 그러더니, "그럼 1교시도 슬·생, 2교시도 슬·생"이라고 말하기도 하고,

어떤 녀석은 "1교시도 국어, 2교시도 국어, 5교시까지 국어 하는 거요?" 하는 겁니다.

세상에!

아이들 앞에서 설명을 과목으로 하니 우리 아이들 전이력이 뛰어나서 바로 수학 대신 다른 과목으로 대체하는 센스를 발휘하네요.

그리고 주말 동안 자신의 기분을 까닭(이유)을 넣어 말해 보도록 했답니다.

다들 "기뻤다, 즐거웠다, 신났다!!" 하며 긍정적인 대답이었는데 두현이가 장난감을 잃어버려 "속상했어요."라고 대답하더라구요.

그러자 모두들 두현이 기분에 공감하듯이 고개를 끄덕여 주는 겁니다. 기분을 말하며 서로의 기분을 알아주는 녀석들 마음이 참 기특해서 흐뭇했습니다.

우리 아이들 앞으로 말을 할 때나 글을 쓸 때는 까닭을 넣어 자신의 기분을 더 적극적으로 나타낼 수 있으리라 생각합니다.

좋은 사람으로 클게요

김희성

엄마, 저는 울고 싶지 않아도 자꾸 눈물이 나요. 학교에 가면 참을만 해요. 엄마 생각, 집 생각, 가족생각을 하면 그래요. 학교에 가면 별로 기쁘지 않아요. 엄마는 정말 친절하시고, 마음이 넓고 따뜻한 분이세요.

엄마가 저를 키워주시고 사랑해주고 감싸준 만큼 좋은 사람으로 클게요.

개학 바로 전날의 기분

이민성

  오늘은 개학 바로 전날이다.

  공포감이 막~ 밀려온다. 학교 가서는 재미있는데 일어나기가 귀찮다. 왜 그런지는 나도 모르겠다. 개학 바로 전날은 가방도 싸고 하다 보니 할 일이 엄~청 많다. 나는 왠지 모르게 내일이 걱정된다. 나는 내일이 안 왔으면 좋겠다. 그런데 조금 설레기도 한다. 하여튼간 나는 삼학년이 되고 싶지 않다. 왜냐하면 삼학년이 되면 교과서가 더 어려워지기 때문이다. 그래서 삼월이 빨리 오지 않았으면 좋겠다.

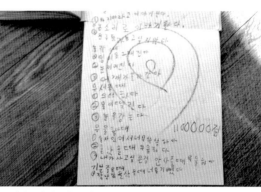

▲ 아이들이 기분을 표현하는 법을 익히는 것은 매우 중요합니다.

◀ 웃는 얼굴을 그려보았어요.

날 짜	4월 25일
주제(단원)	6. 문장을 바르게(1-1) 7. 알맞게 띄어 읽어요(1-1) 8. 보고 또 보고(2-1)
교과 및 성취기준	통합	· 문장부호를 사용하여 자신의 생각을 문장부호로 사용할 수 있다.(1-1) · 온점, 물음표, 느낌표를 올바르게 사용할 수 있다.(1-1, 2-1)
활동 내용	문장부호를 사용하여 문장을 바르게 쓰기

　1학년과 공개수업을 하게 되는 경우 고민이 많다. 입학하고 공개수업이 처음이라 학부모님들께서 많이 참석하기도 하거니와 모든 아이들이 발표를 하게 하려면 어떻게 해야 할 지 생각이 많아진다. 국어 수업을 활동 중심으로 할 것을 생각하며 계획한 수업이었다. 학부모님들이나 아이들이 정확한 용어를 모르고 있기 때문이다. 흔히 온점(.)을 마침표라고 하는 경우가 많다. 학부모님들이 학창시절 그렇게 배워서 아이들도 그렇게 말하는 경우가 종종 있다. 하지만 마침표에는 온점(.), 물음표(?), 느낌표(!) 이렇게 세 개가 있다. 그래서 수업을 계획하며 처음에는 문장부호 없이 읽어 보고 다음에는 문장부호를 표시해 읽어 보도록 하여 필요성을 깨닫는 과정을 가졌다.

공개수업!

오늘 학부모 공개수업이 있었던 것 아시죠?
어떤 과목을 할까 생각하다가 국어 중 읽기를 하기로 했습니다.

문장부호를 익혀 알맞게 띄어 읽기를 했는데요.

우리 아이들 아침에 오자마자 공개수업 이야기를 많이 합니다. 엄마가 온다는 아이도 있고, 아빠가 오실 수 있다는 아이도 있습니다.

어떤 아이는 엄마가 올지 안 올지 모른다며 "선생님은 오시는 게 좋아요?"라고 묻기도 합니다. 우리 공부하는 모습을 와서 보시면 좋겠지만 일이 있어서 못 오실 수도 있다고 이해시켰습니다.

그리고 더 잘하려고도 하지 말고, 어색하고 쑥스럽다고 평소와 다른 이상한 말이나 행동만 하지 않으면 된다고 했습니다.

드디어 평소보다 서둘러 점심을 먹고 수업 준비를 하고 기다리자고 했습니다. 그런데 우리 아이들 뭔가 평소와 다르게 안절부절못하는 눈치입니다.

다른 때 같으면 '딱지 따먹기' 노래를 틀어주면 목청이 터지도록 크게 부르는데 작은 소리로 우물쭈물 부릅니다.

그 모습에 내심 걱정이 생기기 시작했습니다. 대부분 고학년은 부모님께서 오시면 발표도 안 하고 어색하게 앉아있는 경우를 많이 봐서, 혹시 그런 모습일까 해서지요.

드디어 부모님께서 한 분 두 분 들어오시자 명상을 하고 수업 시작을 했습니다.

그런데 앞은 안 보고 들어오시는 분을 보고 "누구 엄마야?"라고 묻는 게 아닙니까. 그래서 아예 저도 누구 엄마라고 말해주는 게 나을 듯해서 아이들 질문에 대답을 해 주었습니다.

드디어 옛이야기를 들려주는 것으로 오늘 학습할 내용을 시작했습니다.

문장부호 없이 그냥 쭉 읽었더니 무슨 뜻인지 실감이 나지 않는 모습입니다. 그래서 실감 나게 읽기 위해, 또 뜻을 정확하게 전달하기 위해 문장부호가 필요하고 문장 부호에 맞게 떼어 읽기를 해야 함을 공부 했습니다.

그 중 반점(,) 온점(.) 물음표(?) 느낌표(!)를 익히고 이것이 문장부호 사총사의 이름임을 익혔습니다. 그리고 문장부호 사총사가 있을 때 쉬었다가 읽는 것을 공부 했답니다.

게임을 하며 문장부호의 이름을 익히는 과정이었습니다. 주사위를 던져 (?) 칸에 도착했을 때 "(?)의 이름을 말해보시오."라는 문제가 있을 때 우리 아이들 (?)은 보지 못하고 "이름을 말해 보시오."라는 글자만 보였나 봅니다. 자신의 이름을 말하는 경우도 있더라구요. '역시 1학년이구나.' 하는 생각을 했답니다.

그리고 수업 마무리를 하며 제가 원하는 대답이 나오지 않아 애를 태웠지만 그 또한 아이들다운 생각이었기에 나름 의미가 있다고 생각합니다.

문장부호라는 개념이 아이들에게 어렵게 느껴지겠지만 오늘 공개수업시간에 배운 내용이 오래 기억되지 않을까 생각합니다.

공개 수업

임지혜

공개수업을 했다.

교실 뒤에 엄마, 아빠들이 계셔서서 쑥스러웠다. 그리고 피곤하기도 하고 졸리기도 했다. 엄마에게 가고 싶었다.

그리고 문장부호 게임도 했다. 긴장이 되어서 두근거리기도 했다. 읽기를 할 때 읽어 볼 사람하면 "저요!"하고 읽을 걸 그랬나 후회했다. 다시 공개 수업을 했으면 좋겠다. 국어 읽기를 해 볼 사람 하면 나는 큰 소리로 "저요! 저요!"하고 꼭 읽을 테다.

창피하다

변재윤

오늘은 공개수업 하는 날이어서 엄마들이 오셨다. 공개수업을 시작했다. 문장부호를 배웠다. 물음표, 온점, 느낌표, 반점이다.

문장부호를 배우고 문장부호 노래를 부르고 문장부호 게임을 했다.

게임규칙은 우리 조 4명이 가위바위보로 순서를 정해서 주사위로 던져 말을 한 칸씩 두는 거였다. 그 칸에 있는 문장부호와 어떤 때 쓰는 것인지를 말하는 거였다. 그런데 친구들이 나를 몇 번 빼놓고 해 너무 속상해서 울었다.

그런데 조금 지나고 나니까 창피했다.

날 짜	5월 3일
주제(단원)	3. 덧셈과 뺄셈(1-1, 1-2) 3. 덧셈과 뺄셈(2-1)
교과 및 성취기준	수학	・9이하의 수의 범위에서 두 수를 가르고, 두 수를 하나의 수로 모을 수 있다.(1-1) ・10보다 작은 수의 범위에서 덧셈과 뺄셈을 할 수 있 다.(1-2) ・두 자리 수의 범위에서 받아 올림이 있는 덧셈의 계산 원리를 이해하고 계산 할 수 있다.(2-1)
활동 내용	9이하의 수를 가르고 모으기/10보다 작은 수의 범위에서 덧셈하기

수학 시간마다 하는 이야기가 있다. '학교에서 집까지 가는 방법(과정)은 아주 많다'는 것. 그럴 때마다 아이들은 처음에는 집에 갈 수 있는 여러 가지 방법을 이야기했다. 그러다 시간이 지나면서 그것이 무엇을 뜻하는지 알아챘다. 수학은 아주 다양한 방법과 과정을 생각할 수 있음을 알려주는 과목이라는 것이다. 하지만 아이들은 여전히 계산한 결과(숫자)만 생각한다. 특히 알고리즘을 이용한 단순한 계산이 수학이고 거기서 나온 것이 정답이라고 생각하는 경우가 많다.

답만 생각하는 아이들 1

수학에서 가르기와 모으기를 공부하고 있습니다.

가르기와 모으기를 공부하는 이유는 덧셈과 뺄셈을 잘하기 위해서 연습하는 것이라고 할 수 있지요.

그런데 우리 아이들 8을 '가르기' 하라고 한 문제를 모두 4와 4

로 적어 놓았습니다. 그래서 자석 8개를 칠판에 붙여 놓고 설명을 했지요. 1과 7, 2와 6, 3과 5, 4와 4, 5와 3, 6과 2, 7과 1로 가르기가 된다구요. 그리고 그 아래에 9를 '가르기' 하라는 문제가 있었습니다. 그러자 "아, 알겠다" 하면서 하는 녀석들이 여럿 있었습니다.

아뿔싸! 그런데 이게 어찌 된 일입니다. 몇몇은 잘 했지만 또 몇몇은 5와 4 그리고 4와 5를 쓰고는 어떻게 하느냐고 묻습니다. 알겠다고 한 녀석들이 이렇게 해 놓았으니 순간 제 설명에 문제가 있나 생각도 했습니다. 그러다 다시 쉬운 숫자(5이내의 수)를 쓰고 가르기를 설명 했습니다. 그러자 이제 대다수 친구들이 이해를 한 듯 했습니다.

이어 바로 덧셈하기에 들어갑니다. 그것을 본 여러 명의 아이들이 "와! 쉽다. 유치원 때 배웠어.", "학습지에서 했어." 하는 겁니다. 그래서 그랬죠. 알고 있는 것이라도 방법이 여러 가지니까 잘 듣자구요. 지난번에도 여러 차례 했던 이야기였습니다. 문제는 커다란 네모 안에 7개의 별이 있습니다. 그 중 3개는 동그라미로 묶여 있고, 나머지 4개는 그냥 커다란 네모 안에 포함되어 있습니다. 그것을 나타낼 수 있는 방법은 3+4 그리고 3 더하기 4 이렇게 두 가지 방법입니다. 하나는 쓰기이고 나머지 하나는 읽기인 셈이죠. 그 아래에는 네모 두 개가 있습니다. 두 가지 방법으로 쓰라는 뜻이지요. 그런데 우리 아이들 3+4=7이라고 쓴 친구가 대부분이구요, 7+4=11이라고 쓴 친구도 몇이 됩니다.

그래서 여기서는 모두 몇 개인지 알아보라는 계산문제가 아니라고 설명을 했습니다. 쓰는 방법과 읽는 방법을 알려주자는 것이라구요. 모두 몇 개인지는 나중에 할 거라고 해도 몇 차례나 "5+3, 5더하기 3"이라는 문제를 3+5=8이라고 적어놓습니다.

우리 아이들 생각하는 방법과 표현하는 방법을 익혀야 하는데, 결과만을 생각하는 버릇이 어느새 들었네요.

과정도 곰곰이 따져보며 공부를 했으면 좋겠다는 생각이 들었습니다.

답만 생각하는 아이들 2

어제에 이어 오늘도 수학 시간 이야기를 하겠습니다.

오늘은 '덧셈하기'가 학습 내용이었는데요.

본격적인 수업을 하기 전에 어제 배운 내용을 다시 한번 알아보았습니다. 반은 아는 듯, 반은 모르는 듯 한 얼굴을 하며 바라봅니다. 그래서 준비한 활동지를 주고 어제 배운 것을 다시 해 보도록 했습니다. 말로 설명 할 때보다 알겠다는 친구가 더 늘어난 듯합니다. 이어서 덧셈하기를 하기로 했습니다.

수학 교과서는 처음에 내용을 본격적으로 학습하기 전에 그림으로 알려주고 있습니다. 그리고 다양하게 읽는 방법을 친절하게 알려줍니다. 그림을 보여주고 그것을 덧셈 식으로 쓰고 두 가지 방법으로 읽어 보도록 합니다. 예를 들어, 참새가 3마리 있었는데 5마리가 더 왔다면 덧셈 식으로는 3+5=8이라고 적습니다. 읽을 때는 "첫째, 3더하기5는 8과 같습니다. 둘째, 3과 5의 합은 8입니다."라고 하지요. 그런데 우리 아이들 "＝"이 무슨 뜻인지 물어보니 합창 하듯이 "는이요." 하는 겁니다. 그렇긴 하지요. 우리가 계산을 할 때 "＝"이 있으면 "는"이라고 하니까요. 그래서 우리 아이들은 이것이 "는"인 줄 알았을까요?

그래서 교과서 설명을 함께 보며 두 가지 읽는 방법을 말하도록 연습을 했답니다. 그리고 활동지를 주고 해 보도록 했습니다. 하지만 우리 아이들은 모두 2+7=9 라고 했을 뿐. 읽는 방법이 무엇인지 모르겠다고 하더군요. 그러면서 덧셈, 뺄셈은 쉬운데 이건 어렵다고 하더라구요.

사실 초등학교 1학년 과정은 답(결과)을 아는 것보다 과정이 더 중요하다고 말할 수 있습니다. 너무 급하게 결과 중심으로 교육을 하다 보니 배움 초기 단계 아이들이 결과만을 생각하느라 과정을 생각하지 못하고 맙니다.

느리더라도 과정도 생각하고 주변도 살펴가며 느끼면서 가고 싶습니다.

시 험

배유빈

오늘 시험을 봤다. 기대보다 점수가 안 좋다. 아빠는 무척 실망하였지만 엄마는 더 노력하라고 했다. 아빠는 그래도 잘했다고 『그리스로마 신화』 책을 사주셨다. 그래서 나는 무척 기뻤다. 아빠가 100점을 맞아야 사주기로 했었던 거라 더욱 기뻤다.

나는 아빠랑 약속했다. 3학년 때는 100점을 맞기로 약속했다.

수학시험

박채성

수학시험
시험지를 보면
왜 생각이 안 날까!

할 때 힘들고
문제(답이랑 식이) 무엇인지 몰라서
답답하다

문제를 다 풀면
걱정도 되고
후련하기도 하다

날 짜	5월 7일
주제(단원)	편지쓰기(창체) / 가족(1, 2)
교과 및 성취기준	가족
활동 내용	부모님께 편지 쓰기

교과 및 성취기준 세부내용:
- 가족행사에 참여한 내용을 발표할 수 있고, 가족에 대한 감사의 마음을 여러 가지 방법으로 표현할 수 있다.(1)
- 가족들과 친척들을 소개하며, 가족의 소중함을 나타낼 수 있다.(2)

5월은 가정의 달이다. 가족과 함께 바쁜 나날을 보내면서 어버이 날 마음이 담긴 편지를 건네는 일도 의미 있는 일이라고 생각했다. 초등학생이 되었으니 조금은 형식을 갖춘 편지를 써 보는 것은 아이들에게 또 다른 배움의 시간이 될 것이다. 또 요즈음 많은 것이 일회성이고 짧은 문자를 주고받는 시대에, 느린 듯하지만 생각하며 한자 한자 적는 것은 또 다른 추억을 만드는 것이다.

편지를 쓸 때 형식을 이야기하고, 그동안 있었던 일 중 기억에 남는 것을 한 가지 이상 적으며 그때 자신의 기분, 마음 상태를 적어보도록 하였다. 그렇지 않으면 '키워주시고 먹여주셔서 고맙다.'로 그치는 경우가 많다.

선생님도 편지 쓰세요

아침에 오자 마자 어린이날과 주말 지낸 이야기를 나누었습니다. 어떻게 지냈는지 궁금해서 물어 보았는데 우리 아이들은 대부분 어떤 선물을 받았는지 이야기를 늘어놓습니다.

그래서 왜 어린이날이 생기게 되었는지 물어 보았습니다. 준하랑 재환이는 아주 정확하게 그 이유를 알고 있더군요. 시대가 달라졌지만 요즘 어린이들은 일제강점기 때 어린이와 달리 공부와 학원에 시달리기 때문에 어린이날이 필요한 것 같다고 제 생각을 이야기 했답니다. 그랬더니 우리 아이들,

"어, 우리는 공부에 안 시달리는데." 하는 겁니다. 그러자 또 다른 녀석은 "맞아. 학원에도 안 시달리는데……."라고 말을 합니다.

그래서 우리 동화초 어린이들은 대체로 안 그런데 많은 어린이가 공부와 학원에 시달려 힘들기 때문에 하루 정도는 아무 생각 말고 마음 놓고 쉬도록 하는 것도 좋겠다고 다시 이야기했답니다.

그러자 한 녀석이 "그런데 내일이 어버이 날인데 뭐 안 해요?" 하는 거예요. 그래서 "뭐가 하고 싶은데?" 했더니, "색종이로 카네이션을 접어요." 합니다. 제가 그랬죠. 그건 유치원 때 하는 거라고. 그랬더니 또 그러네요. 그래도 접자고요. 그래서 제가 그랬습니다. 초등학생이니까 마음이 담긴 편지를 쓰는 게 좋겠다구요. 그리고는 편지지를 나누어 주었습니다. 우리 아이들, 가만히 있기에 어떤 내용이 들어가면 좋을지 이야기를 나누었습니다. 모두들 진지하게 고민하며 편지를 쓰더군요.

그런데 한 녀석이 "선생님은 왜 편지 안 써요? 남편한테 써요." 하는 겁니다. 마치 명령을 내리듯 말입니다. 왜 어머니나 아버지가 아닌 남편에게 편지를 쓰라는 것인지 혼자 웃음이 나왔습니다. 이 아이 저 아이 모두 남편에게 편지 쓰라고 성화입니다. 그

래서 이참에 오랜만에 편지 좀 써봐야겠다 생각하고 그러마 하고
쓰기 시작했습니다. 그러자 이 녀석들 자기 편지 쓰다 말고 제가
쓰는 편지를 와서 들여다보며 "진짜 길게 쓴다, 사랑한다고 써요.
선생님 남편이 좋아 하겠다." 하며 이런 저런 이야기를 합니다.
자기들 편지 쓰는 것도 잊은 채 말입니다.

사랑스런 우리 아이들 덕분에 남편에게 편지 쓰며 행복한 시간
을 보냈습니다.

아빠

권두현

난 아빠가 서울에서 잘 지내는지 궁금하다
공부는 잘할까?
밥은 잘 먹나?
운동은 자주 하나?
모든 게 궁금하다

아빠와 헤어지고 만나면
이산가족이 만나는 것 같다

또 아빠가 없으니
집에 아무도 없는 것 같다
아빠는 헤어질 때
어떤 기분, 표정, 마음, 생각을 할까?

아빠가 갔다

권두현

오늘 아빠가 서울로 가셨다
가슴에서 눈물이 나는 거 같다
안~녕히 가세요
손이 잘 움직이지 않는다
아빠아빠아빠아빠아빠, 보고 싶어요
다음엔 꼭 뭐든 함께 놀고 싶다
다음 주에 가족사진을 한 장 줘야겠다
사랑해요♡

집에 오자마자 편지를 내놓는 아이 덕분에 행복했습니다. 엄마아빠 소원대로 하버드대에 가겠다는 민성이에게 또 한번 놀랐구요. 그런데 한 번도 그런 소원을 얘기한 적이 없었거든요. 자기딴에는 하버드가 세계에서 젤 좋은 대학이란 말을 듣고 그런 생각을 했나 봅니다. ㅋㅋ 이참에 저도 한번 남편에게 편지를 써볼까요?

오복남(이민성 엄마)

어버이날, 편지지에 편지를. 우선 정성이 들어간 편지지 보며 놀람과 감사함이 함께 했구요. "올바른 장난만 할 게요."란 말이 재밌었답니다.(ㅎㅎ)

김미희(장준하 엄마)

준하가 그런 표현을 썼나요? 편지를 안 보여줘서 그런 내용을 썼는지 몰랐습니다. 준하의 표현에 놀라곤 합니다. 준하의 어록을 남겨야 할 것 같습니다.

이상님

날 짜	5월 9일
주제(단원)	6. 문장을 바르게(1-1) 2. 바르고 정확하게(1-2) 8. 보고 또 보고(2-1)
교과 및 성취기준	국어	· 한글 낱자의 결합으로 이루어진 글자를 바르게 발음할 수 있다.(1-1) · 글자를 필순과 방향에 따라 맞게 쓸 수 있다.(1-2) · 온점, 물음표, 느낌표를 올바르게 사용할 수 있다.(2-1)
활동 내용	듣고 바르게 쓰기

받아쓰기 활동을 한 달 정도 하고나니 아이들은 자연스레 받아쓰기 연습도 하고 규칙적으로 해야 할 활동으로 받아들였다. 초등학교 1학년이 되면 먼저 하는 것이 받아쓰기라는 것을 유치원이나 어린이 집에서 들었다며 많은 아이들이 의욕을 보였다. 하지만 부모님 말씀을 듣자니 일부 아이들은 많은 부담을 갖는다고 했다. 그래서 아이들에게 누누이 몇 점인지 알아보려고 하는 게 아니다, 충분히 읽어보고 쓸 수 있을 때 쓰자는 말도 했다. 집에서 연습할 때는 다 맞았는데 학교에서 하려니 어렵다는 아이도 있다. 벌써부터 받아쓰기도 시험이라고 생각하여 긴장하는 것 같아 안타까웠지만 꾸준히 연습하면 잘할 수 있다고 해 주었다. 사람마다 달리는 속도가 다르듯이 배움의 속도가 다르니까 꾸준히 하면 잘 할 수 있을 거라고도 말 해주었다. 실제로 대부분 아이들이 2학기 되어서는 부담도 갖지 않고 늘 좋은 결과를 얻었다. 학부모님들의 꾸준한 관심과 노력도 큰 역할을 한 듯하다.

받아쓰기와 틀린 낱말 찾아 바르게 쓰기의 어려움

우리 아이들 이제 제법 받아쓰기 하는 것에 익숙해져 있습니다. 하지만 왜 쓰는 글자와 읽을 때가 다른지 아직도 헷갈리는 경우가 자주 있답니다.

오늘은 예고한대로 8급 받아쓰기를 봤지요.

이제는 "받아쓰기 준비합시다."라고 하면 각자 편한 대로 서로의 책상을 옮겨서 앉고 공책과 지우개를 준비한 뒤, 어서 부르라는 얼굴로 저를 바라봅니다. 그런데 이제 문장부호와 띄어쓰기까지 정확하게 해야 맞는다고 하니 긴장이 되나봅니다. 아니면 부모님과 100점 맞기로 약속을 한 탓일까요? 아주 가끔은 급수장을 책상 속에 넣고 슬쩍 보는 친구도 있습니다. 그러면 제가 가서 등을 토닥입니다. 정직하게 보자는 뜻입니다. 또 그러면 급수장을 아예 가방에 넣으라고 소곤소곤 이야기 합니다.

오늘 받아쓰기에서 가장 어려웠던 것이 문장 부호였나 봅니다. 많은 아이들이 온점이나 반점과 느낌표, 물음표를 하지 않아 틀렸습니다. 글자가 맞았으니 맞는다고 해야 하지 않을까 생각할 수 있지만, 더 정확하게 표현하는 습관을 기르기 위해 틀렸다고 했습니다. 대신 완전히 틀린 것이 아니기 때문에 세모로 표시했습니다.

또한 글자 중에서 '늦지 않게', '나란히 앉았어요.', '메뚜기가 날아갈까 봐'를 공통으로 많이 틀렸습니다.

'늦지 않게'의 경우 '늦지'의 받침을 많이 틀렸습니다. 그리고 '않게'의 받침에 'ㄶ'임을 깜박했는지 많은 녀석들이 '안게'라고 적었습니다. '메뚜기'의 경우 '매뚜기' 또는 '메두기'라고 썼더군요.

우리 아이들, 그 외에 들말쓰 시간에 틀린 낱말 찾아 밑줄 긋고, 바르게 고쳐 쓰기를 역시 어려워 하더라구요.

'토끼는 친구들과 놀이터에서 노랐씁니다.'와 '강아지가 따라감니다.'라는 문장에서 틀린 낱말을 찾으라고 하니 서로 눈치만 보고 있습니다. 그래서 모둠친구들과 상의하여 바르게 해보자고 했답니다. 그런데 아직 상의(토의)하는 과정에서 자신의 생각을 말하는 과정이 익숙하지 않아서인지 각자 가리고 하는 모둠도 있고 토의를 했다면서도 결과는 서로 다르게 적은 경우도 있더라구요. 그래서 모둠을 돌며 설명을 하기도 하고 전체 설명을 다시 했습니다. 그러자 이해가 되는 듯 바르게 고쳤습니다. 그리고 어려운지 물어보니 "헷갈려요.", "어려워요." 하며 힘겨운 표정으로 대답을 합니다.

어른들도 틀리기 쉽고 어려운데 녀석들은 더 어렵겠지요.

그래도 열심히 하고 있는 우리 아이들이 대견합니다.

나쁘다

이동규

오늘은
엄마가 화를 많이 냈다
내가 받아쓰기를 하는데 틀렸다고
소리를 막 질렀다
엄마 나쁘다
진짜 나쁘다

받아쓰기

김주헌

받아쓰기 할 때
선생님이 불러주려고 할 때
가슴이 조마조마한다

선생님이 빨리 불러줄 때
내 심장은 두근두근
손에서는 땀이 난다

헷갈리는 말

김아란

반듯이, 반드시
가리켜, 가르쳐
갖고, 갔고, 같고
헷갈리는 말이다

어떻게 구분할까?
지금부터 알아볼까
첫째, 받침을 살펴본다
둘째, 한두 번 정도 헷갈리는 말을 해보고 정확한 말을 고른다
셋째, 헷갈리는 말이 들어가는 문장을 알아본다

날 짜	5월 29일	
주제(단원)	4. 비교하기(1-1) 4. 길이 재기(2-1) 3. 길이 재기(2-2)	
교과 및 성취기준	수학	· 구체물의 길이(길다, 짧다), 들이(많다, 적다), 무게(무겁다, 가볍다), 넓이(넓다, 좁다)의 말을 사용하여 비교할 수 있다.(1-1) · 임의 단위를 사용하여 구체물의 길이를 나타내고, 표준 단위의 필요성을 안다.(2-1) · 구체물의 길이를 재는 가정에서 자의 눈금과 일치하지 않는 길이의 측정값을 '약'으로 표현할 수 있다.(2-2)
활동 내용	길이, 들이, 무게, 넓이 비교하기	

아이들과 어떻게 하면 수학을 재미있게, 수학에 대한 편견없이 공부할 수 있을까 늘 고민된다. 특히 저학년 시기에 수학을 재미있게 공부한 아이라면 수학에 관심을 갖고 학년을 올라갈 수 있지 않을까? 수학 기초 단계에 연필과 책만을 가지고 수업하는 것은 얼마나 재미없는 일인가? 그래서 비교하기와 길이 재기를 할 때 운동장으로 나갔다. 나무의 키를 비교하고 놀이시설과 아이들의 키를 비교하였다. 또 자신의 한 걸음의 길이를 알아보고 운동장을 말없이 걸으며 걸음 수를 세고 계산하기도 하였다. 이 과정을 거치며 아이들은 자연스레 자와 약속된 단위가 필요한 것 같다며 길이 단위를 알아보기도 하였다.

이야기가 있는 수학, 몸으로 익히는 수학활동이 초등학교 저학년 시기에 필요한 것 같다.

비교하기 1

수학시간에 덧셈과 뺄셈을 마치고 비교하기를 배우기 시작했습니다.

그런데요, 우리 아이들에게 어떤 것을 비교할 수 있을까라고 먼저 질문을 했습니다(길이, 높이, 무게, 넓이, 들이 비교하기가 나옵니다). 그러자 눈치 빠른 녀석들은 칠판에 적어둔 오늘 학습 문제를 보고 "길이"라고 먼저 대답을 합니다. 이어서 곰곰이 생각하고는 "높이, 무게"라고 대답을 합니다.

우리 아이들이 한 가지씩 대답을 할 때마다 기특합니다. 1학년 정도의 아이들이 높이와 무게라는 용어를 알기는 쉽지 않습니다. 그런데 누군가의 입에서 "넓이"라는 대답이 나왔습니다. 놀라운 일입니다. 실제로 '넓이'라는 개념이 구체적으로 나오는 시기는 4학년 때입니다. 1학년 때 단순히 비교라 하더라도 개념 설정이 안 되어 그런 용어를 사용하기가 쉽지 않거든요.

그래서 어떤 경우에 쓰는지 질문을 했습니다. 질문이 어려웠던지 선뜻 답하지 못했습니다. 그래서 1교시 때 함께 가본 모내기 논의 넓이(크기)를 근처에 있던 것들과 비교를 했습니다. 그러자 몇몇은 고개를 끄덕이고 몇몇은 상관없는 이야기라는 듯 딴전을 피웁니다. 그래서 어려우면 지금 다 알려고 하지 말고 차차 알아보자고 했습니다.

그리고 마지막으로 '들이'라는 말을 알 수 있을까 기다려 보았습니다. 교실에 있는 물병도 자료로 가져오고 우유팩도 보여주고

담을 수 있는 다양한 것을 보여 주었습니다.

하지만 우리 아이들이 '들이'라는 말을 알기는 힘든 것 같습니다. 그래서 "물이나 우유, 음료수 같은 액체(여기서 어렵겠지만 고체, 액체, 기체도 설명)가 통에 들어가는 만큼(양)"이라고 말해 주었습니다. '들어가는 만큼(양)'을 몇 차례 강조를 하여 '들이'라는 개념을 알려주었습니다. 하지만 아무리 생각해도 어려운 말인 듯합니다. 이것 역시 다음에 다시 알아보겠노라고 했습니다. 사실 '들이'의 비교는 1학년 때 나오지만 단위인 *ml*와 *l*는 3학년 때 나오거든요.

다음에 '들이'를 비교 할 때는 크기가 다른 음료수 몇 병을 사다 놓고 비교를 해야 할 것 같습니다(마치고 마시는 시간을 가지면 일석이조겠지요).

그리고 비교하기 첫 시간에 길이 비교하기를 구체적으로 알아보았지요. 각자의 연필 중 가장 긴 것을 고르라고 했습니다. 고른 것을 가지고 모둠 친구끼리 비교해 보고 가장 긴 것을 뽑으라고 했습니다. 네 모둠에서 가장 긴 것으로 뽑힌 것을 가지고 또 비교를 하였습니다. 가장 작은 것도 마찬가지입니다. 각자의 연필 중 가장 짧은 것을 고르고 모둠 친구끼리 비교하고 가장 짧은 것을 고른 뒤 네 모둠에서 뽑힌 것을 또 비교 하도록 하였지요. 공교롭게도 가장 긴 연필도, 가장 짧은 연필도 민성이가 가지고 있더군요.

또 연필을 비교한 뒤 가장 긴 연필과 자의 길이도 비교하며 가장 길다고 생각한 것이 항상 가장 긴 것은 아닌(절대적인 것이 아닌)것임을 알려 주었습니다.

▲ 길이비교-바지까지 벗어서 비교하려드네요.
◀ 높이비교-책을 쌓아보며 높이를 비교해 봅
니다.

우리 생활 속에서 사람을 두고 비교하는 것은 잘못된 것이지만 상황 속에서 길이, 높이, 무게, 넓이, 들이를 비교하며 개념을 익힐 수 있도록 도와주셨으면 좋겠습니다.

비교하기 2

수학 시간에 '높이 비교하기'를 공부했습니다.

수학책으로 기본 개념을 익히고 밖으로 나가자고 했습니다. 그러자 "벌써 중간 놀이예요?" 하며 재환이가 아주 좋아합니다. 그래서 수학공부를 하기 위해 밖에 나간다고 했습니다. 그러자 "수학을 밖에서 한다구요?" 하며 의아한 얼굴로 보는 겁니다.

오늘 공부하는 내용을 말했더니 눈치 빠른 재윤이가 "아, 높이 비교하려구요?" 하지 않습니까?

주변의 모든 사물이 학습의 대상임을 이야기하며 밖으로 나갔습니다.

감나무와 은행나무의 높이를 비교하고 철봉과 구름다리의 높이도 비교했습니다. 또 학교나무인 전나무와 단풍나무 그리고 무궁화의 높이를 비교하며 가장 높은 것과 가장 낮은 것을 익혔습니다. 그러자 우리 아이들, 책에서 보았던 철봉과 자신의 키를 비교하기 위해 서 보기도 하고 친구끼리 키를 재보기도 합니다. 그렇게 학교 운동장에 있는 사물을 보며 '높다'와 '낮다'의 의미를 알아보았습니다.

운동장을 거의 한 바퀴 돌아 정글짐과 학교 지붕을 비교해 보기로 했습니다. 많은 아이들이 지붕이 높다고 했습니다. 몇몇은 정글짐이 높다고 했지요. 그중에 민성이에게 왜 정글짐이 높다고 생각하는지 말해보도록 했지요. 그런데요, 그 대답에 깜짝 놀랐습니다. 학교 건물은 정글짐보다 높은 곳에 지어졌기 때문에 높게 보이고, 정글짐은 학교 건물보다 낮은 곳에 있다는 겁니다. 그래서 비교를 해보니 자기가 보기에는 정글짐이 더 높다고 생각한다는 것입니다. 맞습니다. 학교 건물이 더 높은 곳에 지어져서 정글짐보다 높게 보이는 것이 사실입니다. 하지만 어느 것이 높은지 정확하게 알려면 실제 높이를 재 봐야 합니다. 그래서 재는 것은 더 커야(2학년 때) 하는 것이고 오늘은 눈으로 보기에 더 높은 것을 알아보는 것이라고 했습니다. 그러자 "아아, 그렇구나!" 하며 고개를 끄덕입니다.

높이의 비교 대상은 아이들 발달 단계상 눈으로 보아 확실히 차이가 있을 때 할 수 있습니다. 실제 거리를 재는 것은 아직 거리 개념과 단위 개념이 없기 때문에 뼘, 몇 발짝 같은 것으로 할 수 있는 것이지요.

우리 아이들 수학은 가만히 앉아서 계산만 하는 것이 아니라는 것을 알았을까요?

운동장에서 수학 공부를 마치고 막 피기 시작한 연한 노랑 빛의 감꽃을 보았습니다. 우리 아이들 감꽃을 처음 봤는지 "저기도 있다.", "저렇게 생겼어요?" 하며 제 주위에 모여 들며 나무 위를 두루 살펴봅니다. 아란이는 떨어진 감꽃을 주워 이리저리 살펴보더라구요.

감꽃이 조금 더 떨어지면 그 꽃을 주워 목걸이를 만들어 봐야겠습니다.

▲ 1미터는 얼마 만큼을 말하는 걸까?

▲ 아이들이 1미터 자를 만들어 보고 있습니다.

날 짜		6월 20일
주제(단원)		여름(1) / 5. 분류하기(2-1)
교과 및 성취기준	통합	여름 풍경, 곤충의 여름 날씨와 생활, 물놀이를 중심으로 여름에 볼 수 있는 것, 봄과 비교하여 달라진 점을 살펴본다.
	수학	정해진 기준에 따라 사물을 분류하여 세어 보고, 기준에 따른 결과를 이야기 할 수 있다.
활동 내용		씨앗 관찰하기/학교 주변에서 나뭇잎 구해 기준을 세워 분류하기

'슬기로운 생활'과의 목표는 자신의 일상생활 주변에 지속적으로 관심을 갖고 이해를 넓히는 데 있다. 저학년 시기는 나를 중심으로 주변 사람, 주위 환경에 서서히 관심을 갖는 시기인데 어떻게 하면 관심을 넓힐 수 있을까?

학교 곳곳에 있는 많은 나무와 꽃들, 특히 사육장의 동물, 그리고 적은 인원이 다니는 학교다 보니 두루두루 자연스레 관심을 갖게 되는 장점이 있다. 특히 아이들은 학교 운동장에 자리 잡고 있는 감나무에 많은 관심을 갖고 감꽃 받침의 수를 세어보기도 하며 감의 종류와 모양이 많이 다르다는 것도 알아냈다(대봉-홍시가 되어야 먹는 것, 월하-소금물에 우리거나 홍시로 먹음, 단감- 따서 바로 먹을 수 있음).

식물 분류하기

'슬기로운 생활'시간에 동물과 식물에 대해 알아보고 있습니다.
식물의 경우 여름철에 많이 볼 수 있는 꽃과 열매에 대해 나오는데요. 우리 아이들 그러잖아도 동물과 식물에 관심이 많아서인

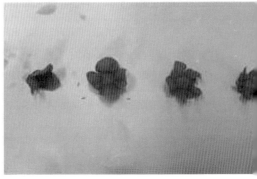

▲ 감꽃 받침의 수를 세어봅니다.
◀ 식물 분류도 하고, 예쁘게 꽃을 꽂아보기도 하고

지 아주 신이 났습니다.

오늘은 준비해온 꽃과 열매 사진을 보고 이야기도 나누고 나름의 기준을 세워 나누어 보기도 했습니다. 밖에 나가 나뭇잎을 준비하고 기준을 세워 분류해 보기도 했지요.

어떤 녀석은 다짜고짜 왜 과일이 아니고 열매냐고 했습니다. 1학년이지만 질문의 수준에 감탄했답니다.

그래서 열매, 과일, 채소를 칠판에 적어두었습니다. 똑똑한 녀석들인지라 그 차이를 어렴풋하게 알고 있는 듯했습니다. 설명은 정확하게 하지 못했지만요. 사과, 배, 감, 토마토, 가지, 호박, 참외, 수박 모두 열매이지만 그중 사과와 배, 감은 과일이라고 말 할 수 있다고 했지요. 과일은 여러 해를 사는 나무에 달리는 열매인 셈입니다. 즉 열매는 더 넓은 개념으로 나무, 풀, 채소에 열리는 모든 것을 말하는 것이지요. 그랬더니 "참외는 과일가게에서 파니까 과일 아닌가요?" 합니다. 그래서 나무에서 나는 것이 아니니까 과일이라기보다 열매라고 하는 게 낫지 않을까 하고 말했습니다. 하지만 우리가 편의상 모두 과일이라고 한다구요. 그리고 한 사람씩 나와 꽃과 열매를 나름의 기준으로 나누어 보았습니다. 4학년 과학에서 분류하기가 나오지만 '분류하기'라는 용어를 쓰지 않고, 기준도 제가 정하지 않고 관찰하여 나누어 보도록 한 것이지요.

동물 이름이 들어간 식물과 그렇지 않은 식물로 나눈 아이도 있고, 색깔별로 나눈 아이, 덩굴식물인지 아닌지로 나눈 아이, 모양에 따라 나눈 아이도 있습니다. 칠판 앞에 나와 분류할 때마다 나머지 친구들은 기준이 무엇인지 추측을 해보며 서로 맞추겠다며 "저요! 저요!" 합니다.

그 모습에 정말 흐뭇했습니다.

이렇게 신나고, 재미있게 친구들과 함께 공부하는 아이들이 행복해 보였습니다.

열매의 씨앗 관찰하기

아침에 학교에 오자마자 몇몇 친구가 과일 담은 봉지를 하나씩 내미는 겁니다. 그래서 속으로 생각했죠. '왜 과일을 하나씩 주는거지?' 하구요. 아직 일과 준비가 덜 된 정신으로 아이들을 맞은 탓입니다. 잠시 뒤 '아뿔싸, 슬기로운 생활시간 준비물이구나.' 그제야 정신이 번쩍 들었습니다. 어제 알림장을 쓰며 급하게 준비물을 부탁하는 것 아닌가 하고 생각도 했었는데 하루 사이에 부모님들께 미안한 마음도 잊고 있었던 겁니다. 아무튼 정신을 차리고 아이들에게 바구니에 담으라고 하고는 속으로 뜨끔했습니다. 아이들에게 정신 차리고 집중하라고 할 것이 아니라 나도 정신 차려야겠구나 하구요. 그렇게 하여 아이들이 기다리고 기다리던 슬기로운 생활 관찰 시간이 왔습니다. 아이들은 관찰보다 과일 먹을 생각만 하는 듯 언제 먹느냐고 성화입니다. 그래서 아이들에게 며칠 전 냈던 속담인 일석이조, 마당 쓸고 돈 줍고, 도랑치고 가재 잡고, 꿩 먹고 알 먹고 이야기를 했지요. 아이들에게 표현해 보라고 하니 '관찰하고 과일 먹고'라고 합니다. 기특한 녀석들! 이렇게 전이력이 높다니까요. 그래서 부모님께서 보내주신 참외와 멜론의 겉모습을 관찰하고 이야기를 나누었습니다. 그리고 참외와 멜론을 가로와 세로로 잘라 모습을 관찰했습니다. 그리고는 두 열매의 씨앗도 살펴보았습니다. "껍질이 부드럽다, 거칠다, 씨앗이 모여있다, 흩어있다, 씨앗이 단단하다, 쭈글거린다, 꿀(과즙)같은 것이 있다." 하며 서로 이야기하려고 하여 모둠에서 이야기 나누고 그것을 바탕으로 모둠 대표가 말하는 시간을 가졌습니다. 그리고 토마토 역시 가로와 세로로 잘라 관찰했구요. 살구, 보리똥, 수박, 복분자, 한라봉.

열매와 씨앗관찰을 하며

눈은 신기함으로,

입은 달콤함으로,

마음은 알아감으로,

행복한 시간이었을 겁니다.

날 짜	7월 4일	
주제(단원)	여름(1) / 8. 겪은 일을 써요(1-1) 5. 인상 깊었던 일(1-2) 11. 재미가 새록새록(2-1)	
교과 및 성취기준	통합	여름철 안전과 건강 생활 수칙, 에너지를 절약하는 방법, 여름방학을 준비하는 데 필요한 것들을 알아보고 실천한다.
	국어	・그림에 어울리는 낱말을 넣어 문장을 완성할 수 있다.(1-1,1-2) ・여러 가지 말놀이에 규칙을 지켜 즐겁게 참여할 수 있다.(2-1)
활동 내용	건강한 여름을 보내는 방법/주어진 자음으로 낱말 알아맞히기	

아이들과 하는 말놀이는 상상을 뛰어넘는 말이 나와 참 재미있다. 그것이 속담이든 사자성어든 아이들은 그 동안 자신들이 경험한 모든 것을 동원하여 이야기를 나눈다.

'여름'을 공부하며 생활 속에서 많이 들어 봤음직한 말을 이용해 수업을 시작했다. 몇 번의 말을 주고받다가 결국은 가정에서 알아오도록 하였다. 처음에는 자음을 주고 활동을 하다가 나중에는 모음만 제시하기도 하였다. 그 활동이 익숙해지면 속담을 알아보는 과정으로 이어주는 말이나 중간 한 글자만 알려주어도 서로 문제 내기를 하며 말놀이를 하였다.

ㅇ ㅇ ㅊ ㅇ 은 무엇일까요?

슬기로운 생활과 바른생활, 즐거운 생활에서 '와! 여름이다'라는 단원을 배웁니다. 초등학교 1학년 교과의 경우 통합교과와 통합단원이 많이 나오는데 이 단원의 경우도 여기에 해당합니다.

슬기로운 생활시간에는 건강한 여름 생활을 위해 우리들이 주의하거나 지켜야 할일을 알아보는 과정이 있었지요.

주의해야 할 것에 여러 가지 곤충이야기가 나오니 너도 나도 손을 들고 먼저 이야기를 하고 싶어 합니다. 뱀, 벌, 모기, 파리 이야기가 나오자 아주 신나는 얼굴들입니다. 자기의 경험을 이야기하기도 하고 부모님께 들은 이야기나 겪은 이야기를 하기도 했습니다. 곤충이나 동물에 대해 스스럼없는 아이들임을 다시 한번 확인하는 시간이었지요.

그런데요, 지켜야 할 일에서 찬 음식을 너무 많이 먹고 배가 아파하는 그림이 나왔습니다. 그러자 왜 배가 아픈지 잘 아는 표정들입니다. 제가 틈날 때 보여주는 「검정 고무신」에서 나왔던 장면을 떠올린 듯했습니다. 그 영화에서도 '아이스께끼'를 많이 먹고 배탈이 나 주인공이 고생하는 장면이 나왔었거든요. 그래서 제가 덥다고 찬 것을 먹기보다 따뜻한 것을 먹어야한다고 말을 했습니다.

그러자, "아, 그래서 복날 삼계탕을 먹는 거예요?"하고 묻습니다.

"그렇지!"라고 맞장구를 치자 누군가 삼계탕 이야기를 합니다. 그러니까 또 삼계탕을 먹고 난 뒤의 죽 이야기도 하고, 누군가는 피자가 더 맛있다는 둥, 스파게티가 더 좋다는 둥 먹는 이야기로 흘러가는 겁니다. 잠시 이야기하도록 기다렸습니다. 하고 싶은 이야기를 다 했는지, 제가 가만히 있으니까 조용히 해야 한다고 생각했는지 이야기를 멈추더군요.

그래서 돌발 퀴즈를 냈습니다. '더울 때일수록 찬 음식을 먹기보다 삼계탕과 같은 따뜻한 음식으로 더위를 다스려야한다'와 같은 사자성어는? 그러면서 'ㅇㅇㅊㅇ'이라고 칠판에 적었습니다.

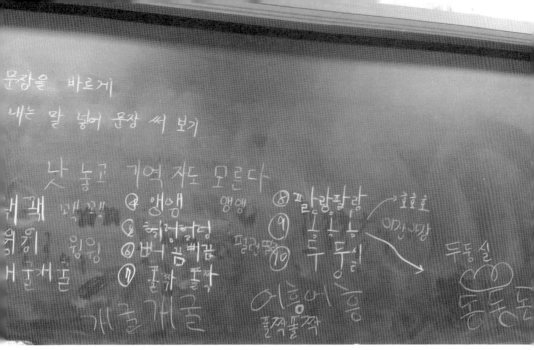

▲ 아이들의 말놀이는 종종 상상을 뛰어넘곤 합니다.

그러자 누군가 "익은 참외?"라고 합니다. 자음의 첫소리가 절묘하게 맞습니다. 어쩜 이런 생각을 할 수 있을까요?

그러자 또 "이른 추위?"라고 합니다. 그래서 자음 하나가 안 맞는다고 하자 "아참!" 하며 아쉬워하더라구요. 그래서 알림장에 적어 주게 되었습니다.

오늘 아침 오자마자 '이열치열'이라며 서로 친구들과 이야기를 주고받는 게 아닙니까? 그래서 제가 그랬죠?

"왜? 익은 참외라고 하지?" 그랬더니요, 어제 그렇게 말했던 것이 우스웠던지 얼굴을 마주하고 깔깔대며 또 웃습니다.

아이들 알림장을 보니 한자로도 적어 온 아이도 있고, 어떻게 알았는지 물어보니 스스로 인터넷 검색을 하거나 사자성어 책을 찾아보았다는 아이도 있었습니다.

우리 아이들이 이런 활동을 통해 생활 속에서 어른들이 말하는 뜻도 알게 될 것이고 정보를 찾는 방법을 알 수도 있을 것입니다.

그래서 그런 상황이 되면 적절하게 사용할 줄도 알게 되겠지요.

날마다 친구들과 함께 성장하는 우리 아이들이 대견합니다.

날 짜	9월 5일	
주제(단원)	4. 시계 보기(1-2) 4. 시각과 시간(2-2)	
교과 및 성취기준	통합	· 몇 시, 몇 시 30분을 알고 시계 모형에 나타낼 수 있다. 　(1-1) · '몇 시 몇 분'을 읽고 시계를 모형에 나타낼 수 있다.(2-2)
활동 내용	정각과 30분 알기	

아이들과 활동을 하면서 다음 활동으로 넘어가는 시간마다 의도적으로 "시계를 보세요."라고 말을 한다. 교과서의 시계 보기는 아이들에게 형식적인 배움으로 인식될 수 있다. 그러나 시계 보기는 다른 어떤 활동보다 생활 속에서 자주 접하게 하여 익히는 것이 중요하다고 생각한다.

물론 이 활동에도 아이들마다의 차이가 있어서 어떤 아이는 이미 시계를 볼 수 있는 경우도 있지만 1학년이 끝나도록 정각과 30분을 익히는 것도 힘들어하는 경우도 있다. 중요한 것은 아이들이 시계 보기가 익숙해 질 때까지 가정과 학교에서 꾸준하게 시계 보기를 익혀야 한다.

시계를 보세요

요즈음 수학에서는 100까지의 수에 대해 배우고 있습니다.

1학기 때 50까지의 수를 배우며 놀이로 100까지 익혔기 때문에 아주 재미있게 활동을 하고 있지요.

수 세기나 읽기는 아주 거뜬하게 해냅니다. 기특하고 대견합니다.

방학 중에 많이 잊은 것은 아닐까 생각했는데 우리 아이들 방학 중 놀기만 했던 것은 아닌 것 같습니다. 그래서 요즈음 생활 속에서 시계 보기를 과제로 종종 내고 있습니다.

사실 1학년 과정에서는 30분과 정각을 볼 수 있고 바늘의 위치를 알면 됩니다.

하지만 시계 보기는 생활 속에서 꼭 필요한 것이기 때문에 우리가 실제 사용하듯 '몇 시 몇분'으로 이야기 하도록 하지요.

그런데요, 이미 몇몇 아이들은 시계를 정확하게 볼 수 있더라구요.

아마 필요에 의해서 가정에서 익힌 결과라고 생각합니다. 많은 배움이 필요를 느낄 때 상승한다고 하지 않나요?

시계 보기는 2학년 때도 나옵니다. 정각과 30분 그리고 긴 바늘이 각 숫자에 있을 때 몇 분인지. 그리고 몇 시간 몇 분이 흘렀는지 알아보기요. 3학년 때는 시간 계산이 나오고 4학년 때는 사칙연산이 완성되는 시기이니 만큼 시간을 분과 초로 계산하기 즉, 나누고 곱하는 과정의 응용문제가 되는 것이지요.

아무튼 우리 아이들 요즈음 시계 보기 재미에 푹 빠졌습니다.

제가 틈 날 때마다 시계의 긴 바늘이 어디에 있고 짧은 바늘이 어디에 있어서 몇 시 몇 분이라고 말합니다. 그러면 시간을 볼 줄 아는 녀석들은 "알아요." 하고, 이제 익히기 시작하는 아이들은 시계를 보기도 하고 저를 보며 고개를 끄덕입니다.

우리 아이들, 생활 속에서 시간 익히기를 하며 배움이 놀이이고 놀이가 배움임을 알 수 있으리라 생각합니다.

방학 기간 동안 "엄마, 지금 몇 시 몇 분이야?"라며 자주 물어 보고, 5분 단위로 읽다가 차츰 5분 사이의 수를 생각해가며 읽어 보더군요. 고놈 참, 기특하게 생각되더라구요. 선생님의 의도에 맞춰 준하의 호기심이 함께 발동되어서 참 좋습니다.

김미희(장준하 엄마)

밥 먹다 슬쩍 30분이면 긴 바늘이 어디에 있지? 물었더니 바로 6자에 있는 거라고 대답하더군요. 민성이는 아직 정확하게 몇 시 몇 분까지 시계를 보진 못하지만 친구들과 선생님과 놀이를 통해 배우다 보면 금세 익힐 수 있겠죠. 글 올려주셔서 고맙습니다.^^

오복남(이민성 엄마)

날 짜	9월 7일	
주제(단원)	1. 100까지의 수(1-2)	
교과 및 성취기준	수학	100까지의 수 개념을 이해하고, 수를 세고 읽고 쓸 수 있다.
활동 내용	단원 정리하기	

수학의 경우 단원이 끝날 때마다 아이들이 얼마나 알고 있는지 확인하기 위해 단원평가 시험을 치른다. 물론 단원평가는 교사도 놓친 부분이 있는지 확인하기 위한 의미도 있다. 하지만 어른이 되고서도 자유롭지 못한 것이 시험인지라 아이들은 편하게 하라고 하여도 긴장하기는 늘 마찬가지이다.

하지만 시험지를 푸는 아이들을 바라보며 선다형 문제의 지필 평가가 아이들에게 어떤 의미가 있을까 고민을 하게 된다. 아이들에게는 재미가 있으면서도 학습 효과가 있고 교사로서도 교육적 의미가 있는 평가 방식을 고민하게 된다.

단원 평가 보는 풍경

수학 1단원인 100까지의 수를 모두 마쳤습니다. 아이들에게 예고한 대로 단원 정리 평가를 보기로 했지요. 누가 몇 점을 받는가를 알아보기 위함은 아닙니다.

우리 아이들이 무엇을 잘 알고 어려워하는지 확인하고 제가 가르치는 데 참고하기 위해서랍니다.

그런데 문제를 푸는 모습을 보며 아이들 모습이 참 재미있기도 하고 안쓰럽기도 했답니다. 우리나라 현실에서 어느 정도는 해당 학년에서 놓치면 안 될 것 같아, 문제를 풀어보는 기회는 갖게 하지만 말이지요.

　처음에는 신나게, 아주 쉽게 문제를 풀던 아이들이 질문을 시작했습니다. 문제를 풀 때는 조용히 손을 들고 선생님이 가까이 가면 질문을 하라고 했지요. 그런데 같은 문제에 많은 아이들이 질문을 하더라구요. 그 질문은 바로 "풀이가 뭐예요?"였습니다. 그래서 잠시 저를 보도록 하고 풀이라는 것이 무엇인지 설명을 했지요. 그랬더니 "아, 그런 거?"라고 말을 하고 문제를 푸는 아이들이 대부분이었는데 또 몇몇은 지금까지 설명한 것은 상관없다는 듯이 "풀이가 뭐예요?" 합니다. 그런 녀석은 대부분 손을 들지도 않고 그냥 말을 하고 말지요. 그래서 다시 한번 이야기를 해주었습니다. 하지만 또 다른 녀석이 "풀이가 뭐예요?" 합니다. 교사는 이럴 때 인내심을 발휘해야 합니다.

　또 다른 유형의 문제 푸는 모습은요, 규칙을 찾아야 하는 문제에서였습니다. 문제를 풀면서 손가락을 보고 하나하나 꼽아가며 답을 찾으려고 애를 쓰는 모습입니다. 어떤 녀석은 아마 부모님께서 손가락 사용을 못하게 했는지 책상 아래 자신의 허벅지 위에 올리고 조심스레 하나하나 따져봅니다. 또 어떤 녀석은 머릿속으로 생각을 하나 봅니다. 멀리 보는 듯 하면서도 눈을 이리저리 굴리다가 알았다는 표정을 지으며 답을 적습니다. 또 어떤 아이는 고개 한 번 들지 않고 문제만 뚫어져라 봅니다. 종이가 찢어질 것만 같습니다. 어떤 녀석은 손을 이마에 대고 고민에 빠지기도 하고 앞을 한 번 보고 문제 한 번 보고, 문제 한 번 보고 앞을 한 번 보기를 번갈아 합니다. 하지만 그 모습에서도 어떻게 하면 잘 풀 수 있을지 고민하는 눈빛이 역력합니다. 초등학교 1학년 아이들에게도 어떤 형태든 시험이라는 것에 자유롭지 못한 듯합니다.

또 다른 유형은요, 턱을 괴고 있다가 하품을 하고, 다리를 흔들다가 친구들을 주욱 둘러보고, 또 다시 문제를 풉니다. 그러다가 다시 한번 문제 푸는 친구들을 관찰하는 것인지 생각하는 것인지 잠시 쉬었다가 문제를 풀더군요.

이러저러한 모습으로 문제를 열심히 푸는 우리 아이들을 보며 잘하고 싶어하는 마음을 읽을 수 있습니다.

제가 늘 말하듯 이왕 하는 것이면 재미있고 신나게 열심히 하자고 한 말을 알고 있는지, 우리 아이들 열정도 있고 의욕도 넘치고 활발하게 합니다. 또한 문제를 해결하고자 하는 몰입도가 아주 높습니다. 또한 친구들을 서로 도와주려고 하는 마음도 있습니다. 그러니 우리 아이들을 어찌 예뻐하지 않고 자랑스러워하지 않을 수 있겠어요.

우리 아이들과 함께 저는 오늘도 행복한 교사입니다.

행복한 교사는 우리 아이들과 현재 진행형이랍니다.

수학시험

장준하

오늘은
학교에서 수학시험을 봤다
몇 개는 틀렸다

선생님이
많이 틀린 것을
칠판에다 써서
알려주니까 쉬웠다

근데
왜 그걸 몰랐던 거 몰랐지?

두근두근 콩닥콩닥

김서진

　두근두근, 콩닥콩닥. 내가 1학년이고 언니가 3학년일 때 언니의 마음이 어떤지 몰랐다. 1학년 땐 걱정 안 했는데 지금 내 마음은 이제야 언니 마음을 알겠다.

　기말고사! 두근두근, 콩닥콩닥. 바로 내일이 기말고사, 잠도 제대로 못 잤다. 자꾸자꾸 마음에 걸리는 기말고사. 하필 왜 아빠 생일 다음에 기말고사일까?

　기말고사 때만 공부가 중요한 게 아니라 다른 날도 중요하다는 걸 알았다. 60점 맞으면 어떡하지. 두근두근, 콩닥콩닥.

날 짜	9월 18일
주제(단원)	2. 바르고 정확하게(1-2) 4. 뜻을 살려 읽어요(1-2) 8. 생각하며 읽어요(1-2) 4. 생각을 전해요(2-1)
교과 및 성취기준	국어	· 한글 낱자의 결합으로 이루어진 글자를 바르게 발음 할 수 있다.(1-2) · 띄어쓰기를 고려하여 읽고, 띄어읽기를 달리하여 읽었을 때 생기는 의미의 변화를 안다.(1-2) · 글자와 소리가 다른 낱말과 문장을 정확하게 소리 내어 읽을 수 있다.(1-2) · 문장 부호를 사용하여 자신의 생각을 문장으로 나타낼 수 있다.(2-1)
활동 내용	소리 값을 알고 바르게 소리 내어 읽기

요즘 아이들은 한글을 일찍 읽을 수 있다. 아마도 생활 속에서 한글에 노출되는 기회가 많기도 하고, 어려서 한글 학습지를 하는 경우도 많기 때문인 것 같다. 하지만 또 자세히 들여다보면 예전에 비해 한글을 정확하게 소리 내어 읽는 경우가 드문 것 같다. 한글은 일찍 떼지만 바르게 소리 내어 읽는 경우는 적은 것 사이에 어떤 문제가 있을까?

중요한 것은 어른들이 책을 읽어 주어야 소리 값을 안다. 저학년 시기는 소리를 통해 익히는 시기이기 때문에 꼭 필요한 활동이다. 고학년의 경우 뉴스보기를 통해 정확하게 읽을 수 있도록 연계하는 것이 좋겠다.

그냥 읽기와 바르게 소리 내어 읽기

요즈음 국어 읽기 시간에 바르게 소리 내어 읽기를 배우고 있습니다. 1학기부터 강조하던 것 중 하나가 책읽기였는데요. 이것은 바르게 책 읽는 습관을 기르기 위한 것이지요.

1학년부터 책을 자주 접하는 어린이의 경우 학년이 올라가고 나이가 들어도 책이 주는 즐거움을 알기에 늘 책과 친하게 지내지요. 그렇기 때문에 책읽기는 꾸준히 내는 과제 중 하나였습니다. 단 저학년이기 때문에 바르게 소리 내어 읽을 수 있어야 합니다. 가정에서는 잘 들어주고 틀리게 읽는 경우 정확하게 시범을 보여주는 것도 좋겠지요. 2학기 들어서도 책읽기는 꾸준히 내는 과제 중 하나입니다.

그리고 가끔은 부모님 앞에서 소리 내어 읽기를 과제로 내준 적이 있습니다.

2학기 들어서도 마찬가지입니다. 그런데요, 요즈음 국어 읽기에서 바르게 소리 내어 읽기가 학습 내용으로 나옵니다.

1학년이 알아야 할 내용으로 어려울 수도 있지만 첫 출발이니만큼 바르게 출발해야겠지요.

그런데요, 우리 아이들 여러 명은 〈꽃을-꼬슬, 밤을-바물, 달맞이꽃이-달마지꼬시〉라고 읽는 경우가 많았습니다. 다른 경우도 바르게 읽지 못하는 경우가 많습니다. 아직 어떻게 읽어야 할지 잘 알지 못하기 때문이기도 하지만 잘못 알고 있는 경우도 많다는 증거이기도 합니다.

또 아이들이 글을 알면서부터 어떤 부모님들은 소리 내어 읽으면 속으로 읽으라고 하는 경우도 있는데요, 1학년은 발달단계상 아직 소리 내어 읽는 단계입니다. 소리 내어 읽으면 시각과 청각을 동시에 사용하며 기억을 하는 단계지요. 그러니까 가정에서도 우리 아이들이 적극적으로 소리 내어 읽도록 해야 합니다. 부모님께서는 아이들이 음가를 알고 정확하게 읽는지 듣고 잘못 읽을 때는 교정을 해주어야겠지요. 교정을 하는 것도 읽을 때마다 교정을 하고자 하면 아이들이 자기 판단대로 하지 못하니까 가끔 과제가 주어졌을 때 잘못 읽는 부분을 교정해 주시면 될 듯합니다.

　　가끔 어떤 부모님들은 과제를 보고 의아해 하신 적도 있는 것 같아 글로 남깁니다.
　　민성이가 소리 내어 책을 읽을 때마다 제가 건성으로 듣는 경우가 많아서, 주의 깊게 들으려고 노력중입니다.^^ 정말 갈수록 발음이 또박또박 해지네요. 이러한 과제가 주는 선물이겠죠. 저는 저녁에 만나면 알림장도 소리 내어 읽으라고 합니다. 이럴 때도 잘못 읽을 때는 교정을 해 줘야겠네요~

오복남(이민성 엄마)

날 짜	9월 28일	
주제(단원)	9. 상상의 날개를 펴고(1-2)	
교과 및 성취기준	국어	이야기나 시를 듣거나 읽고 작품 속 인물의 모습과 마음을 상상할 수 있다.
활동 내용	이야기 듣고 역할놀이하기	

저학년은 표현활동을 통해 자신을 드러내는 시기이다. 그래서 교과 활동도 표현중심 내용이 많다. 국어나 통합 교과시간에 아이들은 툭하면 역할놀이를 하자고 한다. 아이들의 의견을 받아들여 활동을 하면서 점점 자신감을 갖고 실감나게 표현하는 아이들이 놀랍다.

아이들의 재발견

오늘 국어 읽기 시간입니다.

'주인공의 생각을 알아보기'가 학습내용이었지요.

'자기자랑'이라는 동화가 나옵니다. 눈, 입과 코, 손, 발이 서로 자기가 잘났다고 으스대는 내용이랍니다.

동화를 돌아가며 읽고 내용도 알아보고 주인공의 생각도 알아보았지요. 그리고 좀 더 활기찬 수업을 위해 모둠별로 역할극을 하기로 했습니다. 모둠 아이들을 살피며 어떻게 하고 있는지 관찰을 해 보았답니다.

그런데요. 처음에는 서로 의견을 모으지 못해 힘들어 했지만 나중에는 모두 열심히 연습을 하더라구요. 우리 아이들 어찌나 재

▲ 모둠별 역할극을 통해 숨어있던 아이들의 재능이 드러나기도 합니다.

미있고 실감나게 역할극을 하는지 무대 위에 올려도 되겠더라구요. 그래서 3모둠인 김희성, 표재환, 배유빈, 이민성이 앞에서 하기로 했습니다. 네 명 모두 자신 있게 앞으로 나왔지요.

눈을 맡은 재환이는 마치 성우나 배우처럼 목소리로 연기를 해서 모두를 놀라게 했습니다. 희성이는 손, 유빈이는 코와 입을 민성이는 발, 이렇게 각자의 역할을 맡아 연기를 하는데, 아이들도 귀담아 들으며 하는 모습을 지켜보았습니다. 그리고는 역할극이 끝나자 나머지 아이들도 해보겠다며 모둠 활동을 다시 할 시간을 달라고 합니다. 그래서 모둠별로 다시 해보도록 했지요. 저는 관찰을 했구요. 처음에는 어색해 하던 아이들이 3모둠이 하는 것을 본 뒤 더 실감나게 역할을 해 내더라구요.

다음으로 모둠에서 실감나게 표현한 아이들을 한 사람씩 추천

받았습니다. 그 결과 재환이는 눈, 서진이는 코와 입, 지혜는 손, 수빈이는 발을 했습니다. 나머지 아이들이 웃음을 머금고 지켜보 았지요. 앞에 나온 아이들은 빼어난 연기력을 보여주며 실감나게 하더라구요. 꼬마연기자를 해도 될 만큼 흡족하게 아주 잘했습니 다. 그런데요, 우리 아이들, 그렇게도 재미가 있는지 마치 텔레토 비처럼 "또, 또, 또"를 연발하며 하기를 원하더라구요.

아이들도 즐겁고 재미있고 교사도 신나는, 그리고 아이들을 재 발견할 수 있는 오늘의 역할극은 아이들에게도 소중한 경험이었 으리라 생각합니다.

역할극을 마치고 그림책,『아씨방 일곱 동무』를 읽어 주었습니다. 우리 아이들, 이것도 역할극을 해 보자며 성화를 대더라구요. 시간이 필요한 듯하여 다음 시간에 해보기로 하고 마무리를 했답니다.

매일 매일 즐겁고 신나는 기분으로 학교에 가는 재환이 모습을 보면 엄마도 덩달아 기분이 좋아집니다. 오늘도 신나게~~ 재미 있게~~ 중간 놀이도 재미있지만, 수업 시간도 엄청 재미있다고 오늘도 뭐 재밌는 거 할 거라고 합니다. 학교생활이 재미있다니, 신기해요.

이광선(표재환 엄마)

아, 무슨 문제였는지 학교 홈페이지가 연결이 잘 안되어 이제야 게시판 글을 보내요. 민성이가 나가서 역할극도 하고, 점점 적극 적으로 바뀌는 것 같아 좋네요. 발로 축구 자랑을 했을 것 같은데 맞나요? ㅋㅋㅋ

오복남(이민성 엄마)

날 짜	10월 23일	
주제(단원)	5. 인상 깊었던 일(1-2) / 나(2)	
교과 및 성취기준	국어	인상 깊었던 일이나 겪은 일의 주요 내용과 느낌을 글로 쓸 수 있다.
	통합	내가 좋아하는 것과 잘하는 것을 관심과 흥미를 가지고 탐색하여, 나의 꿈과 연관 지어 이야기할 수 있다.
활동 내용	자신의 생각이 드러나게 자세히 쓰기	

저학년 교육과정의 글쓰기 영역에서 많이 나오는 인상 깊었던 일이나 겪어보고 글을 쓰는 경우 어떤 글감으로 해야 할지 생각을 많이 하게 된다. 그래서 교과서에서 배우는 내용과 일기쓰기를 연결하는 시도를 여러 차례 하였다. 일기감으로 가장 좋아하는 것과 싫어하는 것, 그리고 가족 안아주고 글쓰기를 해보니 아이들의 마음을 알 수 있었다. 또 아이들과 부모와의 관계를 이해하는 폭이 더 넓어져 의미가 있었다.

내가 가장 좋아하는 것과 가장 싫어하는 것

오늘은 국어 시간에 쓰기영역을 공부했습니다.
자신의 생각이 드러나게 자세히 쓰기가 공부할 내용이었지요. 글감은 '내가 가장 좋아하는 것과 가장 싫어하는 것'이었습니다. 지난 시간에 좋아하는 것과 싫어하는 것을 세 가지 이상 생각해 보도록 했습니다.
공통적으로 좋아하는 것으로는 가족(엄마 품), 포근한 잠자리, 우리 학교가 있었지요. 특이한 대답은 '스팸'이 있었습니다.

그리고 싫어하는 것은 지렁이, 뱀, 모기, 파리가 많았구요. 특히 은행과 천둥 번개를 생각한 아이도 있습니다. 자기가 좋아하는 것과 싫어하는 것 중 한 가지씩 골라 그 까닭을 써 보았습니다.

아이들이 생각한 것 중 공통적인 것은 좋아하는 것으로 '가족'이 가장 많았지요. 그 이유는 '나를 낳아주고 사랑으로 길러주기 때문'이라는 대답을 했구요, 어떤 녀석은 '동생'이라고 적었는데, 그 이유가 같은 엄마 아빠 속에서 나온 '유일한 존재'라는 아주 어려운 말도 썼더라구요. 1학년이 이런 어휘를 쓸 수 있다는 것이 놀랍습니다.

그리고 가장 싫은 것으로는 모기, 뱀 같은 동물이었습니다.

특히 남자 아이 중 한 명은 '천둥 번개'라고 대답을 하더군요. 그 이유를 물어보니 천둥 번개에 맞아 죽을 수도 있기 때문에 싫다고 하더라구요. 또 어떤 아이는 '은행'이라고 하고는 '꾸린내 때문에'라고 하여 교실이 웃음바다가 되었습니다. 아이들에게 꾸린내가 어떤 뜻인지 아느냐니까 '똥냄새 같은 거'하며 또 웃고, 서로 얼굴 보고 또 웃고를 반복했습니다.

우리 아이들이 쓴 가장 좋아하는 것과 가장 싫어하는 것에 대해 들으며 아이들 마음을 알 수 있는 기회였습니다.

역시!!!네요… 어제 일기를 보고 민성이가 어떻게 이런 생각을 했지? 싶었는데 친구들과 의견교환을 이룬 거였군요 ㅋㅋ 짝꿍과 바꿔보고 서로 고쳐줬다던데, 1학년들의 생각이 잘 드러나네요^^

이민성 엄마(오복남)

내가 가장 좋아하는 것과 가장 싫어하는 것

임지혜

나는 이 세상에서 좋아하는 것이 정말 많다. 무엇 무엇이냐 하면 푸른 하늘, 백구, 하늘이가 가장 좋다.

푸른 하늘은 아침마다 구름으로 여러 모양을 만들어서 나를 웃게 해 주고 백구는 애교를 떠니 귀여워서 참을 수가 없어서 그렇다. 하늘이는 나를 반겨주니 좋다. 이렇게 좋아하는 것만 있는 것은 아니다. 싫어하는 것도 써야하니 어쩔 수 없다. 내가 싫어하는 것은 백구가 높은 곳에서 떨어지는 것, 은행, 모기이다. 백구가 귀엽고 착한데 높은 곳에서 떨어지면 가슴이 철렁 내려앉는다. 은행은 냄새가 지독해서 기절 할 거 같으니까. 모기는 내 온몸을 빨으니까 싫다.

내가 가장 싫어하는 것과 좋아하는 것

변재윤

내가 가장 좋아하는 것은 '가족, 달리기, 운동회' 이다.

맨 처음으로 '가족'은 사랑하니까. 날 낳아주셨으니까. 그래서 포근하고 따뜻하니까. 두 번째로 '달리기'이다. 왜냐하면, 나는 '달리기'를 좋아하니까. 뛰면 숨이 차지만 즐거우니까. 세 번째 '운동회'이다. 왜냐하면, 운동회에는 달리기, 카드뒤집기 등 다양한 재미있는 놀이가 많아서 좋다. 그 중에서 가장 좋아하는 건 '가족'이다. 두 번째 '운동회' 세 번째 '달리기'이다,

내가 싫어하는 것은 바로 '양파와 치과'다. 양파를 까다 보면 눈이 맵고 만지면 손이 맵다. 그리고 꾸리꾸리한 냄새가 조금 난

다. 치과는 이를 뺄 때 의사선생님이 괴물로 보여서 그렇다. 날 잡아 먹을 거 같다. 이빨 빼는 거, 주사 맞는 건 안 아프다. 하지만 둘 다 조금은 따끔따끔하다. 그 둘 중에서 가장 싫어하는 것은 치과에 가는 거다.

내가 가장 좋아하는 것과 가장 싫어하는 것

김희성

내가 가장 좋아하는 것은 우리가족, 집, 인형 이런 다양한 것이지만 그 중에서 특히 우리가족을 가장 좋아합니다. 그 이유는 엄마, 아빠, 동생, 나는 한 가족입니다.부모님이 나를 만들기로 결정하지 않았다면 나는 이 세상에 존재하지 않았을 것입니다. 그러니 저는 부모님이 세상에서 가장 좋다고 생각하고 동생은 나에게 하나 밖에 없는 나와 같은 몸에서 나온 사람이기 때문입니다. 제가 가장 싫어하는 것은 뱀이나 진드기, 지네 같은 것입니다. 그 중에서도 진드기가 제일 싫습니다. 왜냐하면 귀여운 애완견의 피를 빨아먹기 때문입니다.

엄마랑 30초 동안 안고 있기

이주은

너무 더운데 엄마랑 30초 동안 안고 있었다. 숙제 때문이었지만, 포근하고 좋았다. 엄마도 무척 행복해 하셨다. 이런 숙제를 내주셔서 "선생님~최고!"라고 엄마가 말씀하셨다. 나도 선생님이 좋다.

날 짜	11월 1일	
주제(단원)	5. 덧셈과 뺄셈(1-2) / 2. 바르게 정확하게(1-2)	
교과 및 성취기준	수학	10을 두 수로 가르고 두 수를 모아 10을 만들 수 있다.
	국어	글자를 필순과 방향에 맞게 쓸 수 있다.
활동 내용	10을 가지고 가르고 10이 되도록 모으기/받아쓰기	

저학년 11월 정도면 교사와 아이들 사이는 익숙해지고 아이들은 스스로 해야 할 일을 알아서 하는 시기이다. 받아쓰기와 말놀이, 수놀이를 통해 아이들과 '재미있는 공부'를 하려고 계획한 결과 아이들의 변화와 발전에 감사한 마음이 드는 시기이기도 하다.

받아쓰기의 경우 평균 이틀에 한 번씩 하는데 아이들은 이야기하지 않아도 다음 단계를 연습하고 서로 불러주고 고쳐주기도 하며 '함께 하는 공부'를 하였다. 수학의 경우 1학년 때는 보수 개념을 짝꿍 수로 친구끼리 익히는 시간을 많이 가졌다. 2학년이 되어 구구단을 배울 때는 개념을 충분히 익히고 각자 구구단을 만들어 보고 외워야 하는 단계에서는 친구끼리 도와가며 익혔다.

받아쓰기와 수학

요즈음 우리 반 아이들은 받아쓰기 공부를 아주 열심히 합니다.

시험 보는 날을 알려주지 않으면 언제 볼 것인지 와서 묻고는 합니다. 몇몇 친구들은 받아쓰기를 잘한다고 생각하는 친구에게 가서 어떻게 해서 잘하고 있는지 방법을 물어보기도 하더군요.

1학년이라고 하기엔 야무지고 공부 의욕이 대단하다는 생각도 들었습니다. 친구에게 들은 방법대로 실천을 하고 있는지 그 이후로 받아쓰기를 거의 100점을 받고 있습니다. 100점이 중요한 것이 아니라 열심히 해야겠다는 생각을 했다는 것이 대견스럽습니다.

또 노력한 만큼 좋은 결과를 얻고 있어서 성취감을 맛보고 더 노력하는 모습도 엿보입니다. 다른 몇몇 녀석들도 열심히 하고 결과도 좋아지고 있음을 느낄 수 있습니다. 사실 1학년 때는 받아쓰기가 공부의 전부일 수 있습니다.

'내가 잘한다 못한다'를 받아쓰기 점수로 스스로 규정하기도 하지요. 그래서 저는 1학년 아이가 자아 성취감이나 자존감을 높이는 방법으로 받아쓰기 점수를 높이는 방법도 좋다고 생각합니다.

그런데 요즈음 수학 공부를 하며 받아쓰기 이상으로 개인차가 많이 난다는 것을 깨달았습니다. 어찌 보면 수학은 사실 성향의 차이도 있습니다. 태생적으로 수에 대해 흥미를 갖는 아이가 있는 반면, 어떤 아이는 아예 생각을 닫아버리기도 합니다.

그래서 개인차를 줄여야겠다는 생각이 들었습니다. 아직 1학년 인데 뭘 그리 신경을 쓰나 할 수도 있습니다. 수학에 대한 개인차가 더 심해지기 전에 가정에서도 꾸준한 도움이 필요하다는 생각도 들었습니다. 받아쓰기 점수를 통해 공부에 대한 자존감을 높이듯이 수학에서 단순 연산능력을 통해 수학적 흥미와 수학에 대한 자존감, 자신감을 높일 수 있으리란 생각이 들어서지요.

11월이 되었지만 몇 명의 아이들은 여전히 손가락을 사용하기

▲ 광고지에서 글자 찾기를 하고 있습니다. 시간이 갈수록 아이들의 공부 의욕이 대단해집니다.

도 합니다. 하지만 손가락 사용이 잘못된 것이 아님을 이야기하며 눈치 보지 않고 계산 할 수 있도록 합니다. 눈치를 본다면 동그라미나 선을 그어 하도록 유도합니다. 걱정이 되는 것은 손가락 사용을 못하게 해서 수학은 어려운 것, 하기 싫은 것, 꾸중 듣는 것이라는 선입견을 가지지 않을까 하는 것입니다.

제가 요즈음 덧셈과 뺄셈을 과제로 내고 있는데요. 과제를 낼 때는 다 이유가 있어서입니다. 받아쓰기가 연습이 차곡차곡 쌓여 지금 아이들이 잘하고 있는 것처럼 수학도 그럴 필요가 있습니다. 하루에 많은 문제는 아니지만 수 감각을 익히고 수학도 재미있는 것임을 깨달을 수 있으면 하는 바람에서 입니다.

부디 우리 아이들이 수학도 책을 읽고 놀이하는 것처럼 재미있는 것임을 깨달을 수 있으면 좋겠습니다.

구구단은 어려워

정수빈

구구단을 외우다가
또 잊었다

다시
처음부터 외워본다

엄마가 도와준다
8,9는?

몰라요
72잖아!

난
8단을 아직 못 외웠는데

그런데 갑자기 동생이 와서
우~우~라고 한다
마치
그것도 못 외워?
그러는 것 같다

구구단

구구단을 외운다
갑자기 엄마가 8,6은?

머리가 노래졌다

나는 5분만에야 대답을 했다

5장

공동체 교육 이야기

날 짜	3월 12일	
주제(단원)	학교 자치회 구성(창체) / 학교(1)	
교과 및 성취기준	학교	학교 모습과 학교생활을 다양하게 표현하고 학교에서 할 수 있는 여러 가지 놀이를 할 수 있다.
활동 내용	전교 어린이회에 참가하기	

동화초등학교는 2012학년도부터 다모임을 운영하고 있다. 처음에는 1~2학년도 함께 참여하였으나 진행상 어려움이 있어 현재는 3~6학년 중심으로 진행한다. 아주 중요한 안건이 있을 때 전교생이 참여하고 1~2학년은 학급에서 다모임을 한다.

그 동안 도서실 꾸미기, 학교 불편시설 개선 요청, 학교 안팎에 있는 예쁜 꽃 사진전, 알뜰시장 운영 및 기금 처리 문제, 수학여행 등이 안건 협의 결과 학교 운영에 적극 반영된 사항이다.

또한 교사·학부모 다모임도 한 학기 1회씩 운영하고 있다.

어린이 자치회 운영이 쉬운 일은 아니지만 민주주의가 무엇인지, 학교에서 아이들이 느끼고 실천할 수 있는 출발점이 된다.

다모임 구성에 소중한 한 표

동화초 어린이회 구성을 위한 투표가 있었어요.

1학년이지만 소중한 한 표를 행사할 수 있는 기회가 주어졌죠. 1교시 전 오늘 있을 선거에 대해 설명을 해 주고 다목적실로 가야한다고 말해 주었지요.

그런데 정작 다목적실에 가야하는 시간이 되었을 때 왜 가느냐고 묻는 거예요. 참 녀석들!

며칠 전부터 고학년 형님들이 선거운동 하는 것도 보고 오늘 있을 투표에 대해 몇 차례 설명을 해주었는데 말입니다. 그러니까 1학년이겠지요?

하지만 역시 우리 1학년 녀석들 다목적실에 가서는 형님들 공약발표를 아주 귀담아 듣는 거예요. 박수를 처주어야할 때는 박수도 처주고, 웃을 때는 웃어도 주는 이제 어엿한 초등학생이 되었다는 걸 보어 줬지요.

먼 훗날 오늘 행사한 소중한 한 표의 의미를 더 확실히 알 수 있는 날이 오겠지요.

다모임

이호준

오늘은 다모임을 했다. 다모임은 우리 반이 다 모어서 하는 모임이다. 우리 반 다모임은 처음이라 서로 마음도 안 맞았다. 나는 도서관이 예쁘게 꾸며졌으면 좋겠다. 교실처럼 예쁘게 되었으면 좋겠다고 생각한다.

▲ 전교 다모임-민주주의를 배우는 출발점입니다.　▲ 선생님과 학부모님도 다모임을 합니다.

다모임

임세환

　오늘은 다모임을 했다. 다모임은 전교생이 모두 다 모여서 하는 모임이다. 오늘은 도서관에 대해서 했다. 그동안 도서관이 없었는데 도서관이 생기면서 어떻게 꾸밀지 이야기를 나누는 것이다.

　1학년은 전체 다모임을 안했었다. 그런데 도서관 꾸미기가 중요하다고 다 모였다. 1학년만 따로 모둠을 만들었다.

　나는 친구들 말을 쓰는 역할을 했다. 그 역할을 할 때 마다 채성이가 내 연필을 잡았다. 그리고 내가 쓰는데도 자꾸 "내가 하고 싶다."라는 말을 계속 계속했다. 그래도 나는 꾹 참고했다. 나는 나가서 발표를 했다. 발표할 때마다 나는 자꾸 부끄러웠다. 도서관이 멋있게 예쁘게 만들어 졌으면 좋겠다.

날 짜	4월 6일		
주제(단원)	학교 숲 정화활동(창체) / 봄(1, 2)		
교과 및 성취기준	통합	·교실과 주변을 청소하는 방법을 익히고, 봄을 맞이하여 교실과 주변을 깨끗이 청소하고 정리 정돈할 수 있다. (1) ·봄철 환경을 보호하기 위해 우리가 할 수 있는 일들을 이야기해 보고, 자연 보호 활동에 참여할 수 있다.(2)	
활동 내용	학교 숲을 가보고 주변 청소하기와 봄이 오는 모습 관찰하기		

학교라는 공간은 아이들에게 배움터이지만 지역민에게는 만남의 장소이기도 하고 문화 공간이기도 하다. 학교 주변 지역에 관심을 갖기 위해 해마다 봄이면 전교생이 학교 숲 나들이 겸 지역 청소 활동을 한다. 아이들과 산과 들에서 봄이 오는 모습을 느끼며 봉사활동 겸 지역 청소 활동을 하지만 아이들은 놀이 삼아 즐겁게 참여한다.

왜 노는 시간 안 줘요?

오늘은 학교 숲 정화 활동을 하는 날이었습니다.

지난주 금요일 예정이었는데 그날 비가 와서 오늘 하게 된 것이었지요.

받아쓰기를 마치고 바로 밖으로 나갔어요. 고학년들은 벌써 나와서 학교 주변을 청소하고 있었고, 또 어느 학년은 토끼를 보고 있었답니다. 우리 1학년은 쓰레기봉투를 들고 늘 산책하던 곳으

▲ 학교 숲 소풍-도룡뇽 알 보세요　　　▲ 자기 쓰레기 가져 오는 것은 기본이죠.

로 올라갑니다.

　그런데 이 녀석들 어찌나 열심히 하던지 길가 안쪽 철조망 있는 곳에도 가고 논두렁 옆에 있는 비닐 쓰레기까지 가져옵니다.

　예비 답사 때는 멀게만 느껴지던 곳이 우리 아이들과 함께 가니 지루하지 않게 갈 수 있었습니다. 할미꽃, 꽃다지, 냉이꽃, 양지꽃, 개나리꽃 등 여러 가지가 우리 아이들처럼 피어 있습니다. 가재, 도룡뇽알, 올챙이도 보았습니다.

　학교 산에 도착해 아지트에 올라가서도 놀고, 아까시 가시를 코에 붙이고 코뿔소가 되어 사진도 찍구요.

　가득찬 쓰레기봉투를 아이들과 함께 들고 봄바람을 맞으며 앞서거니 뒤서거니 하며 학교로 가고 있었지요.

　그런데 누군가 다쳤다는 얘기가 들려 왔습니다. '얼마나 다쳤을까, 설마 1학년은 아니겠지?'했죠. 하지만 순간 주저앉을 뻔 했습니다. 1학년 여자 아이라는 겁니다.

개구쟁이 녀석들을 다른 선생님께 부탁드리고 뛰기 시작했습니다. 제발 많이 안 다쳤기를 바라면서요. 달리고 달려 준비된 차를 타고 병원에 가며 다친 녀석 손을 꼭 잡았습니다. 얼마나 놀랐을까 걱정은 되었지만 괜찮을 거라고 안심하라고 했습니다.

치료를 받고, 다행스럽게도 걱정한 것보다 많이 다치지 않아 한시름 덜고 학교로 왔는데요, 한 녀석이 그러는 겁니다.

"시간 다가고 놀지도 못했는데, 왜 이렇게 늦게 왔어요?"라구요.

사실 그 순간 힘이 쭉 빠졌습니다. 같은 반 친구가 다쳐서 병원에 갔다 왔는데 괜찮은지 묻는 게 순서가 아닐까 하구요. 그래서 조금 있다 대답해 주겠다고 하고 크게 심호흡을 하며 마음을 다스렸습니다.

잠시 뒤 상황 설명을 해주었습니다. 친구가 다친 이야기와 치료 받은 이야기 그리고 안부를 묻는 것이 도리인 것 같다는 말도 했습니다.

우리 녀석들은 친구가 다쳐서 병원에 간 것보다 자기가 못 논 것이 더 억울하고 속상한 듯합니다.

학교 숲 정화 활동을 시작하며 놀면서 배우고, 주변도 깨끗하게 하는 것이라고 설명을 해 주었는데도, 우리 아이들에게 운동장에서 축구하고 그네 타는 것만 노는 것이라고 생각되는 모양입니다.

오늘은,

마음 다스리기도 힘겹고, 참 긴 하루였습니다.

그리고 마음도 무척 아픈 날이었습니다.

학교 숲 나들이

김희성

학교 숲 정화 활동을 하며 즐겁게 놀았다. 가재도 보았다. 내리막길에서는 뛰어다니고 오르막길에서는 걸었다.

뒷산에 만들다 만 오두막에도 가 보았다. 그러나 놀랍고 슬픈 일도 있었다. 아란이가 다쳤다. 얼마나 다쳤는지 보지는 못했지만 큰 부상이 아니었으면 좋겠다.

학교 숲 정화 활동

권두현

학교 뒷산에 정화 활동을 하러 갔다. 걸어가는데 날씨가 좋아서 기분이 엄청 좋았다. 가는 길에 만들다만 집을 보았는데 내가 보기에 멋져 보였다. 올챙이랑 도룡뇽 알도 만져 보았다. 너무 말랑말랑 해서 조금 징그러웠다.

갈 때는 산책하는 기분이었는데 돌아올 때는 너무 힘들었다.

날 짜	4월 18일
주제(단원)	봄, 화전 그리고 전통(창체) / 봄(1, 2)
교과 및 성취기준	통합	· 꽃과 새순, 벌과 나비 등 봄에 볼 수 있는 동식물을 소재로 친구들과 다양한 표현 활동을 할 수 있다.(1) · 봄나들이를 즐기며, 여러 가지 놀이나 게임에 적극적으로 참여한다.(2)
활동 내용	조상들의 삼짇날 놀이를 알아보고 먹을 수 있는 계절 꽃을 이용하여 화전 만들어 나누기

2009 개정 교육과정에 학년군 개념이 도입되면서 1~2학년이 함께 활동할 수 있는 것을 찾아보기로 하였다. 학교 행사나 학교 주변 환경을 이용한 활동을 해보자는 의견으로 모아지면서 '봄'단원과 연계하여 삼짇날 화전놀이를 계획하였다.

학교 뒷산과 학교 주변에서 진달래꽃과 꽃다지, 쑥, 제비꽃을 준비하고 학부모들과 함께 진행하며 흐뭇한 시간이 되었다. 반응이 좋아 다음 해부터 전교생이 참여하는 절기 행사로 확대하였다.

봄, 화전, 그리고 전통

사방이 꽃이고 푸르름이 하루가 다르게 느껴집니다. 오늘은 화전 부치기를 한다는 것을 알고 계시죠? 어제 미리 얘기하는 시간을 가졌습니다. 2학년 교실에서요.

우리 조상들이 봄을 맞으며 어떻게 했는지 아이들에게 물어봤어요.

▲ 진달래 꽃따기

▲ 화전만들기 준비

▲ 화전만들기

▲ 차와 화전 나누기

　　그러자 농사 지을 준비를 한다는 친구도 있었구요, 산과 들로 나들이를 간다고 말하는 친구도 있었지요. 마침 그때 어떤 녀석이 눈치도 빠르게 "화전을 부쳐 먹었어요." 하더라구요.

　　이 녀석은 우리가 왜 2학년 교실에 갔는지 아는 거죠. 그래서

"그것도 맞다."고 했습니다. 들에 나가서 시를 읊기도 하고 악기를 연주하며 음식도 해먹으며 즐겼다구요.

오늘은 1교시에 화전에 쓸 꽃을 따기로 했습니다. 1학년은 학교에서 꽃을 구하기로 했는데요.

두 모둠으로 나누어 한 모둠은 급식소 옆에 있는 진달래를 먼저 따고, 나머지 모둠은 제비꽃을 땄습니다.

진달래를 따며 수술과 암술을 버려야한다고 누군가 말했습니다. 왜 그래야 하는지 물어보았습니다(사실 어제 다 이야기 했었거든요). 그러자 독성이 있어서 그렇다며 척척 대답을 하고 쪼그리고 앉아 꽃을 다듬는 겁니다. 제비꽃은 꽃만 따놓아서 잎도 함께 따도록 했습니다. 고사리 같은 손이 여럿 모이니 진달래와 제비꽃이 한 바구니가 되었습니다.

이제 자연 학습원 근처로 가서 꽃다지와 쑥을 따기로 했습니다. 노란 꽃다지를 따면서 민들레도 하면 좋겠다는 친구도 있었구요, 하얀 별꽃을 하면 어떠냐는 친구도 있었습니다. 하지만 안전의 문제로 먹을 수 있다고 알고 있는 것만 하기로 했습니다.

누군가 교문 옆에서 "꽃다지 천지다!"라고 외치자 꼬마 녀석들 그리로 또 우르르 몰려갑니다. 이렇게 해서 진달래, 제비꽃, 꽃다지, 쑥이 두 바구니 가득합니다.

서둘러 교실로 들어와 약한 소금물에 씻고 있을 때 눈치 빠른 우리 반 녀석들,

"선생님! 책 읽고 있으면 되죠?" 하는 거 아닙니까?

두 달도 채 안된 사이에 어떻게 해야 하는지 알고 있는 게 기특

하기도 합니다.

자리를 이동해 2학년 교실로 가서 제가 부지런히 익반죽을 하는 동안 아이들은 팬을 가운데 두고 동그랗게 둘러앉아 빨리 반죽을 주기만을 기다립니다.

오순도순 둘러 앉아 반죽을 떼어 동글동글하고 납작하게 만들어놓은 모습이 정말 앙증맞습니다. 앞치마 두르고 머릿수건 둘러쓰고 앉아서 하는 모습 또한 예쁩니다.

서로 먼저 구워보겠다고 뒤집개를 들고, 어떤 녀석은 꽃을 들고 빨리 꾸밀 수 있게 되기를 바라며 앉아 있습니다.

서서히 익어가자 먹고 싶다고 하는 녀석, 붙지 말라고 뿌려놓은 설탕을 손가락으로 찍어다 맛을 보는 녀석, "붙는다! 붙는다!" 외치며 빨리 떼라고 하는 녀석! 열심히 하던 녀석들이, 이제 먹을 생각에 서성이며 "언제 먹어요? 언제 먹어요?" 하며 구워놓은 화전을 쿡 눌러보기도 합니다.

어제 알려준 속담을 떠올리면 먹을 수 있는 시간이라고 하자 ,

"보기 좋은 떡이 먹기도 좋다."라며 거침없이 말을 합니다.

그 사이 책상 위에 화전을 예쁘게 접시에 놓고 집에서 가져온 구절초 차와 녹차를 찻잔과 담아 함께 놓아 주었습니다.

화전에 꿀을 찍어 먹으며 "차 더 주세요." 하며 오는 녀석들이 얼마나 기특하던지요.

우리 아이들은 과자, 음료수보다 화전과 차가 더 맛있는 걸까요? 조상들이 했던 모습과 가깝게 하려고 전통차를 준비했는데 아이들이 제대로 즐기는 모습을 보니 흐뭇합니다.

우리 아이들, 오늘 그 멋과 맛을 제대로 느꼈을까요? 나중에 시간이 흘러도 오늘 이 시간을 기억하며 행복했으면 좋겠습니다. 또 이 기억을 더듬어 누군가에게 봄에 화전과 차를 대접해 줄 수 있는 사람으로 성장하면 좋겠습니다.

화전 만들기

임지혜

야호!

오늘은 삼짇날. 삼짇날은 무엇이냐면 강남에서 제비가 돌아온 날이다. 난 기분이 좋았다. 왜냐하면 이상님 선생님과 막내 이모랑 같은 교실에서 했기 때문이다. 근데 한 가지 싫은 점이 있다. 선생님께서 막내 이모 보고 선생님이라고 부르라는 것이다. 싫은데, 왠지 부끄럽다.

아침 일찍 딴 꽃으로 화전을 만들었다. 반죽 덩어리를 손바닥으로 둥글릴 땐 마치 엄마의 부드러운 배를 어루만지는 것 같았다. 열심히 언니, 오빠, 동생들과 만들었다. 예쁜 화전을 보니 먹음직스러워 인사하고 먹기가 귀찮을 정도였다.

화전 맛이 끝내줘요~!

화전만들기

장준하

화전을 만들 때
좋아서
궁댕이를

실룩실룩 거렸다

맛있을 것 같아서
군침을 흘렸다

그랬다는 듯이
진짜 맛이 있었다

역시 내 말이 맞다

화전 만들기

김희성

1~6학년까지 삼짇날 행사로 화전만들기를 했다. 나는 5모둠. 모둠 이름은 에펠탑. 모둠원은 소영이 언니, 새연이 언니, 류수열, 태휘 오빠, 오성민 오빠이다 1년 동안 계속 행사가 있을 때 우린 같은 모둠원이다. 가르쳐 주신 선생님은 전래놀이 선생님인 주복실 선생님이다. 엄마 선생님들이 가르쳐 주시는 거다. 우리 엄마도 참가하여 기뻤다.

화전이 쭉쭉 눌어 붙어서 부침개가 되었다가 다시 잘랐더니 화전이 되었다. 꿀에 찍어서 차랑 먹으니 정말 꿀맛이었다. 내년에는 더 맛있게 먹어야겠다.

아쉬움도 있다. 그건 엄마와 같은 모둠이 아니었기 때문이다. 다음에는 꼭 엄마와 같은 모둠이 되고 싶다.

날 짜	4월 19일
주제(단원)	과학의 날 행사(창체) / 장애인의 날 체험하기(창체) / 학교(1) 이웃(2)/ 5. 무엇이 중요할까(2-1) 7.이렇게 생각해요(2-1) 4. 어떻게 정리할까요(2-2)

교과 및 성취기준	통합	• 학급에서 친구와 도울 수 있는 일들을 살펴보고, 서로 도우며 공부할 수 있다.(1) • 주변에서 볼 수 있는 여러 일터와 그에 맞는 직업을 알아보고 다양한 직업놀이를 할 수 있다.(2)
	국어	• 설명하는 글에서 설명의 대상이나 화제를 찾을 수 있다.(2-1) • 의미 관계를 맺고 있는 낱말들을 상황에 맞게 사용할 수 있다.(2-2)
활동 내용		과학적 원리가 있는 체험 수업/ 장애체험을 통해 나와 다른 사람 이해하기

해마다 4월이면 대부분의 학교 정문 위에는 과학 관련 펼침막이 걸린다. 그리고 교육청의 요청에 맞추어 학교에서는 상상화 그리기나 글짓기, 만들기를 하여 학교 대표 작품을 모아 거루는 대회를 연다. 4월이면 늘 같은 행사를 치르며 행사 내용이 아이들에게 과학적 사고를 길러주는 것과 얼마나 관련이 있는지 의문을 갖게 되었다.

함께 모인 교사들끼리 비슷한 생각을 갖고 있던 터라 과감하게 지금까지의 틀을 깨보자고 하였다. 과학의 날을 전일제로 운영하며 교실을 과학 체험 공간으로 꾸미고 6남매(각 학년 아이들로 구성된 연령 통합 모둠)가 함께 체험을 하였다. 진행 교사가 부족한 것은 학부모회의 도움으로 받아 교사와 협력 수업으로 진행하였다. 반응이 좋아 해마다 체험 내용을 바꾸어 운영하고 있다.

선생님, 오늘 공부 왜 안 해요?

과학의 날과 장애인의 날을 맞아 체험 행사로 하루를 계획한 날이었습니다. 각 교실에 마련된 체험관을 돌아다니며 체험을 통해 배우기로 한 날이었지요.

우리 1학년 교실은 '빙글빙글 뱀 놀이' 체험관이었어요. 주어진 뱀 모양을 나름의 생각으로 꾸며 촛불 위에서 뱀의 움직임을 관찰하는 겁니다. 그림 뱀이 왜 빙글빙글 도는지 생활 속에서 과학 현상과 연관 지어 알아보는 것이죠.

1학년은 우리 교실에서부터 체험을 했습니다. 동규 어머님께서 일일교사로 나와 주셔서 아이들과 활동을 했습니다.

▲ 과학의 날 행사 - 빙글빙글 뱀놀이

▲ 과학의 날 행사 - 비눗방울놀이

대류현상을 알아보기 위함이었는데 1학년에게는 조금 어려운 내용이었지요(대류, 전도, 복사 개념이 4학년 과정에 나오거든 요). 어려운 내용일 수 있겠지만 체험을 하며 왜 뱀이 빙글빙글 도는지 생각해 보라고 했습니다. 그러자 열이 위로 올라와서 그렇다고 대답을 하더라구요. 사실 '대류'라는 말은 사용하지 않았 지만 개념을 알고 있는 것이죠.

다음으로 장애이해교육으로 새소리 반에서 점자를 써보기도 하고 자기 이름을 수화로 배워보기도 했습니다. 하지만 우리 아이들은 휠체어를 타고 싶어 하거나 목발을 짚고 직접 겪어보기를 원하더라구요.

일반적으로 저학년의 경우 장애이해 교육을 하고 고학년의 경우 장애체험을 하는데 우리 아이들은 모든 활동을 그냥 재미있어 보인다고 말을 하더라구요. 장애이해 교육이나 장애체험 교육은 재미의 차원이 아닌데 말입니다.

다음으로 스노우 글로브 만들기를 했지요. 물과 글리세린, 반짝이를 넣고 반짝이의 움직임을 관찰하며 글리세린을 넣었을 때와 넣지 않았을 때 어떻게 다른지 알아보기 위한 실험입니다. 같은 개념을 알기 위해 비눗방울 놀이도 했습니다. 그냥 세제 물로만 방울을 만들어 불었을 때와 글리세린을 넣어 불었을 때의 차이가 있습니다. 글리세린을 넣었을 때는 반짝이가 엉기지 않고 잘 떠있어 예쁩니다. 또 물방울은 더 크게 불어지고 쉽게 터지지 않습니다. 모두 '점성' 때문입니다.

종이비행기를 접어 멀리 날려보기 체험도 했습니다. 어떻게 하면 멀리, 그리고 오래 날 수 있을지 생각해보도록 했습니다. 우리 1학년은 아직은 이해의 폭이 좁아 가장 단순한 접기 방법으로 접어 운동장에 나가 날려 보았습니다. 예상과 달리 멀리, 오래 날아가는 모습을 보며 우리 아이들 소리를 지르고 뛰어다니며 신났답니다.

다음은 동전 빼기입니다. 동전을 쌓은 탑 위에 사탕을 올려 둡니다. 그런 다음 얇은 자로 동전탑의 밑부분을 쳐 탑이 쓰러지지 않으면 성공입니다. 우리 아이들 처음 사람이 성공하는 것을 보더니 방법을 알아서인지 14명 모두 성공했답니다. 이어서 젓가락으로 쌀 들기였는데요, 병에 쌀을 채우고 나무젓가락을 쌀에 끼워 쌀이 담긴 병을 모두 들 수 있을 정도로 지혜롭게 행사 체험을 했답니다.

아이들이 가장 재미있어 하던 놀이가 풍선 로켓 만들기였습니다. 2인 1조가 되어 도와주고 체험하기였는데요. 풍선을 불어 빨대를 풍선에 붙이고 빨대사이에 낚시 줄을 끼워 팽팽하게 한 다음 풍선을 두면 풍선이 낚시 줄을 타고 멀리 가는 것입니다. 이 모습을 보며 우리 아이들 로켓이 발사되는 원리를 떠올렸으려나 모르겠네요.

마지막으로 빨대에 감자 꽂기와 당근 세우기였습니다(권두현 어머님께서 교사로 참여해 주신 체험입니다). 감자에 빨대를 꽂을 수 있는 방법을 알아보도록 하는 것인데요, 이것은 공기압에 따라 어떻게 달라지는지 알 수 있도록 하기 위함이었습니다. 빨대 위를 막고 꽂을 때와 그냥 꽂을 때의 차이가 무엇일지 알아보

▲ 과학의 날 행사 - 풍선 로켓 만들기　　▲ 과학의 날 행사 - 당근 세우기(무게중심 찾기)

도록 하였답니다. 하지만 1학년에게는 실험 결과는 알겠지만 왜
그런지 깨닫는 것에는 다소 어려운 것 같았습니다. 이어진 당근
세우기의 경우도 무게 중심을 이용하여 세워보는 것인데 무게 중
심이라는 개념이 어려운 듯 했답니다.

　우리 아이들에게 오늘 체험이 어떠했는지 물어 보았습니다.
"공부 안 해서 좋았어요, 재미있어요, 신났어요, 교실을 옮겨 다니
기가 힘들었어요, 신기했어요."라는 반응 뒤에 "근데 오늘 왜 한
번도 책으로 공부를 안 했어요?" 하는 겁니다. 공부라는 것이 책
으로만 하는 것이 아닌데 말이지요. 그래서 오늘은 책 없이 체험
하고 공부하는 날이었다고 했습니다. 그리고 오늘 체험 한 것들
은 나중에 교과서를 통해 배울 수 있는 것 들이라구요.

　그러자 "그럼 내일은 책으로 공부하는 거죠?"라고 묻습니다. 그
렇다고 했죠. 그리고 공부는 책으로만 하는 게 아니라고 다시 한
번 강조했습니다.

과학의 날 동화 뉴스

배유빈

　5시 뉴스를 시작하겠습니다.

　오늘은 동화초등학교에서 과학의 날 행사를 했습니다.

　일단은 6학년 교실에서 헬륨가스로 목소리를 변성해보았습니다. 배유빈 어린이 어떻습니까? "너무 재미있었어요."

　두 번째로 새소리 반에서 팔찌를 만들었습니다. 해의 힘을 받으면 색이 보인다는군요.

　세 번째로 급식실 앞에서는 비눗방울의 차이점을 알아봅니다. 세제를 많이 넣은 것과 조금 넣은 것이 있는데요, 적게 넣은 것은 잘 안 붙어지고, 터지고 그런답니다. 그러면 많이 넣은 것을 어떨까요? 터지기는 터지는데 더 많이 불어진다는군요.

　네 번째로 3학년 교실에 만화경을 만듭니다. 거울은 6개 필요하고요. 접어서 테이프로 붙이면 끝~

　이번에는 과학실에서 드라이아이스로 아이스크림을 만들어보겠습니다. 아이스크림 만들기 첫 번째, 사과즙이나 사이다를 비닐장갑 손가락 안에 넣습니다. 아이스크림 만들기 두 번째, 드라이아이스로 얼립니다. 10분 있으면 드라이아이스 아이스크림 완성!

　아, 이번에는 5학년 교실에서 하는 '봄꽃을 찾아라'입니다. 봄꽃을 찾아 이름을 알아보는 체험인데요. 이곳은 카멜레온 조가 안 갔다고 하더군요.

　자, 이번에는 1학년 교실에 무게중심 잠자리입니다. 만드는 방법을 알아볼까요? 1번, 잠자리를 뜯어요. 2번, 색칠을 해요. 3번, 받침대에 올려놔요. 4번, 이름을 쓰면 끝.

　이번에는 급식실에 가 볼까요? 급식실에서는 물로켓을 만들어요. 이곳도 카멜레온 조가 안 갔다고 하네요.

　오늘 과학의 날 체험을 하며 어린이들이 많이 재미있어했다는

군요. 이상으로 5시 뉴스 마치겠습니다.

과학의 날

김희성

아침에 다목적실에 가서 육남매로 흩어졌다. 왜냐하면 과학의 날 행사가 있기 때문이다. 제일 재미있었던 행사만 설명할 거다. 헬륨가스와 제비꽃 색깔 변신하기다.

헬륨가스는 공기보다 가볍기 때문에 사람이 마시면 성대가 많이 떨리기 때문에 목소리가 변한다. 더 높은 음으로 변화한다. 아~주 웃긴 목소리로 됐다. 보라색 제비꽃 색깔이 어떻게 해서 변하는가는 산성인 식초, 알칼리성인 소다, 물을 이용해서 하였다. 실험 결과는 산성은 분홍, 소다는 남색, 물은 그대로였다. 참 신기했다.

날 짜	4월 20일
주제(단원)	대동놀이 / 전통놀이 / 학교(1) 우리나라(1) 봄(2) 가족(2)
교과 및 성취기준	통합 · 다양한 방법으로 친구를 표현하고 친구와 함께 할 수 있는 놀이를 할 수 있다.(1-1) · 우리나라 전통문화를 체험해 보고, 전통적인 도구나 문양들을 표현할 수 있다.(1-2) · 봄나들이를 즐기며, 여러 가지 놀이나 게임에 적극적으로 참여한다.(2-1)
활동 내용	전통놀이하며 함께하는 즐거움 알기

5월초에 운동회를 하기 때문에 4월 하순이면 운동회 연습을 몇 차례 한다. 운동회에 참석하는 모든 사람이 함께하는 대동놀이를 위해 1~2학년이 먼저 익히기로 하였다. 교과서에 나오는 청어 엮기, 고사리 꺾기, 강강술래를 하며 학급당 인원이 적어 실감나게 하지 못했던 아쉬움을 달랠 수 있었다. 또 운동회 날에는 미리 배운 1~2학년이 앞잡이를 하며 진행할 수 있어서 흐뭇했다.

1, 2학년과 함께 하는 강강술래

1학년과 2학년이 강강술래를 하기 위해 모두 모였습니다. 1~2학년이 모여 활동을 하게 된 것이 벌써 세 번째입니다. 첫 모임은 화전 만들기를 하기 전에 예비모임이 있었구요, 화전을 함께 만들었구, 오늘은 운동회 때 함께 할 대동놀이를 위해 강강술래 노래를 배우려고 모였답니다.

세 번이나 함께하면 어색함이 사라지는 것은 확실한가 봅니다.

▲ 운동회때 선보일 대동놀이를 연습하며 함께 노는 것의 즐거움을 만끽합니다.

이제 제법 2학년들과 익숙하게 인사도 하고 2학년 선생님과도 어색함이 없이 말을 합니다. 2학년 앞에 줄을 서야 하는 것도 알고, 의젓하게 줄을 맞춰 앉습니다.

강강술래의 유래를 간단히 듣고 노래를 익혔습니다. 2학년 선생님께서 선창을 하면 1학년과 2학년이 후창을 합니다. '남생아 놀아라'는 이미 배워서 더 크게 부르더라구요. 그리고 '덕석몰기'의 경우도 설명을 듣고 나더니 어떻게 해야 하는지 금방 익혀서 아주 잘하는 겁니다. 정말 감탄할 정도로요. 노래만 익히기로 했지만 예상보다 더 잘해서 대형 익히기를 했습니다. 모두 원을 만들고 선두자가 하는 대로 따라서 하고 강강술래와 남생이 노래, 덕석몰기를 부르며 대형을 변형하며 놀았습니다.

우리 아이들 혼자보다 함께 하는 놀이의 즐거움을 아는 것 같습니다. 노래를 듣고 부르며, 원을 만들고 대형을 맞추며 함께 하는 맛과 멋을 느꼈을 것입니다. 운동회 날 우리 아이들과 다 함께 참여하는 대동놀이를 기대해 봅니다.

전통 놀이(재밌는 강강술래)

김희성

2학년 교실에서 강강술래를 했다. 2학년 선생님을 따라 뱅글뱅글 돌았다.

남생이, 강강술래, 덕석몰기 등으로 춤을 추며 노래를 한다. 나는 따라가기만 했는데 모양이 ◎모양과 똑같으니 참 신기하다. 매일 매일 그런 놀이를 했으면 좋겠다. 그런데 좋지 않은 점도 있다. 2학년 언니, 오빠들과 합치니 교실이 터질 뻔했다. 그래도 재미있었다. 정말 난생 처음 즐겨 보는 하루였다.

계속해서 따라가니 캐논같이 느껴졌다(피아노는 따라 하는 걸 캐논이라 한다).

강강술래

이주은

2학년에서 강강술래를 했다.

선생님께서 북을 치면서 강~강~술~래~라고 하셨다. 그러면 우리도 따라서 강~강~술~래~하고 따라했다. 그런데 또 선생님께서 강~강~술~래~하셨고, 우리들은 또 따라서 강~강~술~래~라고 했다.

몇 번을 따라했는데 선생님께서 칭찬을 해 주셨다. 그래서 난 기분이 너무 좋았다.

이렇게 따라 하는 게 강강술래의 맛이라고 하셨다. 메기기와 받기라고 했다. 재미있는 말인 것 같다.

강강술래

임지혜

2학년 교실에서 강강술래를 배웠다.

달팽이처럼 빙빙 돌다가 다시 돌아서 나왔다. 모두들 모여서 나란히 춤을 추었다. 정말 너무 빙빙 돌아서 어지러웠다.

선생님 장구 장단에 맞춰 멋지게 추었다.

그리고 남생이 춤을 추었다. 정말 재미있어서 내가 남생이가 된 것 같았다.

날 짜	4월 24일
주제(단원)	운동회연습 / 학교(1) 우리나라(1) 봄(2) 가족(2)
교과 및 성취기준	통합 · 다양한 방법으로 친구를 표현하고 친구와 함께 할 수 있는 놀이를 할 수 있다.(1) · 우리나라 전통문화를 체험해 보고, 전통적인 도구나 문양들을 표현할 수 있다.(1) · 봄나들이를 즐기며, 여러 가지 놀이나 게임에 적극적으로 참여한다.(2) · 주변의 다양한 가족 모습과 가족 문화를 이해할 수 있고, 여러 문화의 가족들이 어울려 지낼 수 있는 방법을 설명할 수 있다.(2)
활동 내용	여럿이 함께 운동회에 참여하며 즐기기

전교생이 운동회 연습을 하기 위해 모였다. 하지만 형식적으로 질서정연한 모습을 보여주기 위한 연습이 아니다. 운동회 날 우왕좌왕하지 않기 위해 줄을 서고 이어달리기 연습을 한다.

만국기를 달지 않고 잔치 개념을 알리기 위해 오방색 천을 걸고 아이들이 그린 그림과 쓴 시를 전시회처럼 줄에 걸어 두었다. 오전에는 학년군별로 게임형식으로 하였고 오후에는 6남매가 전래놀이 체험코너를 돌며 도전활동을 하였다. 그리고 마치면서 운동장에 있는 모든 사람이 대동놀이를 하며 잔치처럼 마무리가 되었다.

선생님은 무슨 군이에요?

5월 1일 운동회라는 것 아시죠?

그래서 우리 아이들이 오기 전, 청군과 백군을 정해 칠판에 이름을 적어 두었습니다. 1학년들은 이야기만 해 주어서는 모르기 때문에 적어주어야 합니다.

교실에 들어오자마자 칠판을 본 아이들이 흥분을 하기 시작했습니다. 좀 더 친한 친구와 같이 해달라고 하기도 하고, 언니가 청군이니까 같은 청군이 되게 해달라고 하기도 하구, 또 형이랑 같이 백군이라 좋다고 하는 친구도 있구요. 그렇게 흥분한 아이들에게 밖에 나가 이어달리기와 강강술래를 할 것이라는 이야기를 했습니다.

밖에 나갈 때 쯤 누군가 그러는 겁니다.

"선생님은 무슨 군이에요?"

순간 '이게 무슨 뜻을 가진 질문이지?' 하고 생각했습니다. 그래서 잠시 뒤,

"중군!"이라고 했습니다. 그랬더니,

"선생님 말고 또 누가 중군이에요?" 하고 묻습니다.

아뿔싸 잠시 1학년의 수준을 잊고 대답했나 봅니다.

그래서 "글쎄?" 했더니

"선생님과 중군하고 싶다!" 이러지 뭡니까?

그래서 다시 우리 아이들에게 청군인지 백군인지 물어보니 다들 자기가 어디에 속하는지 대답을 합니다.

잠시 뒤 "선생님은 어느 편을 들어야하지? 고민이네!" 했더니 눈치 빠른 녀석이,

"아, 중간이니까(중간입장) 중군이구나!" 하고 크게 깨달았는지 친구들에게 설명을 합니다.

저도 웃으며,

"그래 맞아, 선생님은 편을 들 수 없어. 모두 신나고 재미있게 하면 돼!"라고 대답을 해 주었습니다.

아~ 동규는 한정된 얘기만 해서요. 집에 와서 달리기를 했다하더니 운동회 연습이었네요. 제가 먼저 아는 척해야 얘기가 나오니, 원 참~ 선생님이 이렇게 정보를 주지 않으시면 어찌 할까 싶네요.^^

홍윤희(이동규 엄마)

벌써부터 백군이 이겼으면 좋겠다고 소원하는 민성이. 운동회가 민성이 가슴에 시합의 불을 질렀네요. ㅋㅋ

오복남(이민성 엄마)

집에 오자마자 청군 백군 얘기와 이어달리기 얘기하며 신나하는 아이들. 어릴 적 운동회 때 목이 터져라 부르던 응원노래 생각이 진하게 났네요.^^ 그땐 정말 치열하게 응원했었는데. 그립네요.

구미정(김희성 엄마)

날 짜	5월 22일		
주제(단원)	학교 주변 제대로 알기(창체) / 이웃(1, 2)		
교과 및 성취기준	통합	· 이웃의 다양한 생활모습을 알아보고, 이를 여러 가지 놀이와 방법으로 표현할 수 있다.(1) · 우리 마을에 있는 시설과 도구를 활용하여 놀이를 해보고, 우리 마을을 여러 가지 방법으로 표현 할 수 있다.(2)	
활동 내용	학년군별로 학교 주변 탐색하고 생태지도 만들기		

교사들과 교육과정협의를 통해 학년군과 전교생이 함께할 활동을 찾으며 '학교 주변 바로 알기'와 '지역 아이로 기르기'를 논의한 적이 있다. 협의 결과 학년군 프로그램 운영 활동으로 1~2학년은 학교 주변을 걸어서 활동할 수 있는 지역, 3~4학년은 우리 학교 학군의 생태환경, 5~6학년은 학군의 인문환경 및 산업시설을 알아보고 지도를 그리기로 하였다. 또 3~4학년은 지역교과서로 학습하는 시기이므로 학습동아리 형식으로 우리 고장에 있는 자연환경과 인문환경 답사를 학기당 2회씩 진행하였다.

마을 생태 지도 그리기

오늘은 학교 주변 마을을 둘러보는 날입니다.

1, 2학년은 학교 뒤편을, 3, 4학년은 문동리 일대를 5, 6학년은 학교 왼쪽과 앞을 둘러보기로 하고 길을 나섰습니다.

어제 선생님들이 미리 준비한 지도를 들고 1학년과 2학년이 짝을 정했습니다. 지도 보는 법을 알려주고 먼저 학교를 찾아보았습니다. 우리 아이들, 학교를 단박에 찾아냈습니다.

드디어 우리가 갈 곳을 알려주고 출발!

먼저 학교를 나서자마자 물이 채워진 논이 눈에 들어옵니다. 지도에서 찾아보도록 했습니다. 지도에 표시된 반듯반듯한 것이 무엇인지 묻는 아이도 있습니다. 그것이 바로 옆에 있는 논이라고 일러주었습니다. 그리고 논 옆에 있는 선이 길이고 우리가 바로 여기에 서있는 것이라고 지도를 보며 설명해 주자, "아! 그렇구나."라며 합창을 합니다.

이제 길을 따라 걸으며 어떤 식물이 있는지 알아보았습니다.

애기똥풀이 먼저 우리를 맞습니다. 어떤 아이는 꽃을 꺾어 노랗게 나오는 물로 손톱에 물을 들입니다. 바로 옆에는 오가피와 대추나무가 있습니다. 우리 아이들 눈은 아주 바쁘게 움직입니다. 누군가 맞은편에 당당히 꽃을 피운 것을 보며 무슨 꽃인지 묻습니다. 그것은 바로 파입니다. 어떤 아이는 "아, 파꽃이 저렇게 피었구나." 하고 또 어떤 아이는 "파도 꽃이 펴요?"라고 묻습니다. 그 질문에 또 누구는 "꽃을 피워야지 씨를 남기고, 또 파가 나지."라고 합니다.

1학년이라 하더라도 서로 묻고 답을 하며 궁금증을 해결합니다. 파 옆에 수줍은 듯 자태를 드러낸 감자꽃이 있습니다. 제가 저게 뭔지 아느냐고 했더니 "감자꽃"이라고 대답을 합니다. 그러자 또 "어, 감자꽃 노래 있는데~" 하며 대답을 하는 아이도 있습니다. 맞습니다. 감자꽃 노래를 우리 아이들은 알고 있습니다. 권태

옹님이 쓰신 시지요.

감자꽃

권태응

자주 꽃 핀건 자주 감자
파 보나마나 자주 감자

하얀 꽃 핀 건 하얀 감자
파 보나마나 하얀 감자

아이들이 감자꽃을 보며 그 시를 떠올리는 것이 대단하다는 생각이 듭니다.

감자꽃이 핀 길을 끼고 돌아 마을로 들어가는 길을 한참 걸었습니다. 비닐하우스가 있고 다시 마을 가까이 더 다가가자 잎이 자줏빛인 작물을 심어둔 넓은 밭이 있습니다. 우리 아이들에게 어떤 식물일까 물었더니 장난인지, 생각을 안 하고 대답을 하는 건지 누군가 "감자!"라고 대답을 했습니다. 그러자 나머지 아이들이 "에휴, 감자는 아까 봤잖아!"라며 핀잔을 줍니다. 그러자 또 다른 녀석이 "가지!"라고 대답을 합니다. 세상에, 잎만 보고 가지를 알고 있다는 것은 놀라운 일입니다. 아이들이 싫어하는 반찬 1위가 가지라는 것을 들은 적도 있을 뿐 아니라, 어른도 시골 출신이 아니고는 가지를 직접 식물로 본 경우가 많지 않기 때문입니다.

아이들 걸음으로 꽤 걸었다는 생각이 들었습니다. 우리 아이들 얼굴이 발개졌습니다. 땀을 흘리는 녀석도 있고, 힘들다는 친구도 한두 명 늘었습니다. 그래서 교장 선생님 댁에서 쉬기로 했습니다. 사모님께서 아이들 소리에 손주를 안고 나오셨습니다. 우리 아이들은 물도 마시고 마당을 놀이터 삼아 청개구리도 잡고 무당벌레와 꽃을 보며 쉬었습니다.

교장 선생님 댁을 나오자마자 씨를 바람에 날려버린 민들레가 지천입니다. 기회가 왔다싶어 다시 민들레 피리를 만들어 불었습니다. 처음부터 소리가 아주 잘 납니다. 1, 2학년 녀석들의 조막만한 손이 한꺼번에 선생님을 향합니다. 소리가 나는지를 확인하고 주고 확인하고 또 주고를 반복하며 아이들이 내는 피리 소리를 들으며 다시 걸음을 옮겼습니다.

곧이어 보인 곳이 농기계를 보관한 창고입니다. 지난번 볍씨 작업 하는 것을 보았던 아이들은 농기계 농업에 대해 설명을 해주어도 아주 잘 듣습니다. 역시 경험이 아주 중요하다는 생각이 들었습니다. 개 짖는 소리를 들으며 우리의 목적지인 가족 걷기 대회 때 복불복했던 장소로 가기 위해 다시 나섰습니다.

걷다보니 산딸기 넝쿨이 눈에 띕니다. 아직 산딸기가 익지 않아 아쉬워하는 아이들에게 딸기가 익을 무렵 꼭 다시 오자고 약속을 하며 언덕을 올랐습니다. 그런데 은은한 향기가 우리를 반깁니다. 바로 찔레꽃 향기였습니다. 잠시 쉬어 갈 겸 찔레 순을 꺾어 아이들에게 맛보이기로 했습니다. 이것도 먹을 수 있는 것이라며 껍질을 까서 똑똑 잘라 이 아이 저 아이에게 주었습니다. 우리 아이들 아주 특별한 것인 양 먹이를 기다리는 새끼 새들처럼 입을

▲ 찔레 순을 맛보려 길게 줄을 섰습니다.

▲ 아이들이 만든 마을 생태 지도

벌리며 넣어주기를 기다립니다. 어떤 아이는 맛있다고 하고 어떤 아이는 무슨 맛인지 모르겠다고도 합니다. 네 자로 말해보자며 먼저 "아, 옛날 맛!"이라고 하자 우리 아이들은 어떤 맛인지 모르겠는지 선뜻 대답을 못합니다.

화당 방죽 옆길, 소나무를 끼고 학교 숲을 보며 걸어갑니다. 맞은 편 산에는 참나무가 아주 많습니다. 조금 더 올라가자 뽕나무가 있습니다. 아직은 열매가 초록색이었는데 아이들에게 이 열매가 무엇인지를 물어보았습니다. 아란이가 "오디!"라고 대답을 합니다. 그러자 어떤 아이는 검은색 열매라고도 하고 어떤 아이는 갈색이라고도 합니다. 산딸기와 마찬가지로 익을 무렵 다시 오기로 했습니다. 조금 더 올라가자 단풍나무가 보입니다. 열매를 따서 관찰하도록 하고 옆에 있는 아주 넓은 밭을 보도록 했습니다. 그러자 이 녀석들 "와! 감자밭이다." 하는 겁니다. "여기는 꽃이 더 많이 폈다."고 말합니다. 이제 한번 본 식물은 어떤 것인지 바로 알아봅니다.

　조금 더 걸어 올라가자 드디어 목적지에 도착했습니다. 아이들이 코를 실룩대기도 하고 킁킁 거리기도 합니다. "여기는 향기가 더 많이 난다."고 말합니다. 아마도 주변이 막혀 있어서 향기가 고여 있는 것 같았습니다. 한참을 그렇게 찔레꽃 향기 맡으며 아이들과 물도 마시고 땀도 식혔습니다. 산딸기와 오디가 잘 익기를 빌며 돌아오는 길은 훨씬 가벼운 발걸음이 되었습니다.

　교실에 돌아와 커다란 지도를 보여주었습니다. 아이들이 들고 다녔던 지도를 확대한 것입니다. 우리 아이들 지도를 보더니 놀랍니다. 그리고 크기만 다를 뿐 같은 곳의 지도라는 것을 바로 알아챕니다(4학년 때 대축척과 소축척지도를 배웁니다).

　보았던 식물을 다시 물어보자 아주 잘 알고 있습니다. 각자 식물을 정해 색종이에 그리고 오려서 지도에 붙였습니다. 2학년은 건물도 그려 넣었습니다. 그러자 멋진 생태 지도가 완성이 되었습니다. 그리고 3, 4학년과 5, 6학년이 만든 생태 지도와 서로 이어 붙여 학교를 중심으로 주변의 생태 지도가 완성될 것입니다.

　오늘 했던 이 활동이 우리 아이들에게 잠재적으로 큰 영향을 끼치리라 생각합니다. 지도 보는 방법을 익히고, 식물의 종류와 생김새를 알고 표현까지 했으니까요.

　그리고 친구들과 선생님이 함께 학교 주변을 돌아보고 체험하며 이야기 나누고, 배웠던 이 활동이 소중한 기억으로 가슴에 남으리라 생각합니다.

생태 지도 만들기

권두현

오늘 생태지도 만들기를 하려고 바깥으로 나갔다. 그런데 2학년도 우리랑 같이 간다고 했다. 그래서 선생님이 2학년이랑 1학년 끼리 손을 잡으라고 했다. 그래서 우리는 다 손을 잡고 가다가 10분 정도 지나서 나랑 은성이 형은 손을 놓쳤다. 그러고는 계속 가면서 본 것을 썼다. 그런데 우리가 본 것을 다 쓸 수는 없으니까 선생님이 말하는 것만 썼다.

생태 지도 만들기

김희성

기다리고 기다리던 생태체험을 하는 화요일, 무엇을 할까 궁금했는데 지도 만들기였네. 하루 종일 걸어 다니고 지도에 표시만 했네. 힘들기만 하고 흥, 나뻐. 내 동생은 차타고 꽃구경 갔는데 나는 하루 종일 지도만 봤어. 3,4학년은 차타고 갔는데 슬프다. 선생님, 우리도 앞으로 차타고 편하게 가요.

날 짜	7월 9일	
주제(단원)	봄(1) / 가을(1) / 8. 겪은 일을 써요(1-1) 9. 느낌을 나타내어요(2-1)	

교과 및
성취기준
	통합	· 씨앗을 심고 싹을 틔워 가꾸면서 식물이 자라는 모습을
		  흥미와 관심을 갖고 관찰하여 그 특징을 그림으로 나타
		  낼 수 있다.(1)
		· 가을 산과 들의 단풍 든 풍경을 살펴보고 낙엽과 가을 열
		  매를 관찰하여 이름과 모양, 특징을 설명할 수 있다.(1)

	국어	· 하루 중 인상 깊었던 일을 그림과 글로 쓸 수 있다.(1-1) · 일상에서 겪은 일을 동시나 노래로 표현할 수 있다.(2-1)
활동 내용	봄에 심은 콩 거두기	

봄에 씨앗 심기 중 강낭콩을 심고 자라는 모습을 관찰하며, 아이들은 언제 콩을 '따는지' 물어보았다. 콩에 싹이 트고 본 잎이 나오며, 꽃을 피우고 콩깍지가 생기자 질문이 많아졌다. 감자를 캐듯이 캐는 것이 아닌 것은 알겠는데 어떻게 '뜯는 것'인지 물어보는 아이도 있었다.

드디어 본격적인 장마가 시작되기 전 아이들은 강낭콩 잎이 수그러들자 거둘 때가 되었음을 알아차렸다. 그래서 강낭콩을 뿌리째 뽑아 줄기를 건네주니 옹기종기 모여 앉아 이야기꽃을 피운다. 4학년 과정에서 강낭콩 기르기가 나오지만 아이들은 텃밭 가꾸기를 통해 생활 속에서 익힐 수 있었다.

콩 거두기

오늘은 아이들과 콩을 거두었습니다.

아침에 출근해보니 부지런하신 행정실 선생님들께서 콩을 뽑고 계셨지요. 아이들과 함께 콩을 심고 뽑기도 하며 콩 까기도 했으면 좋았겠지만, 심고 뽑기를 못한 아쉬움보다 뽑아놓은 콩을 까보기라도 해야겠다는 맘을 먹었습니다. 아이들이 각양각색의 콩꼬투리 색도 관찰하고 그 안에 살포시 숨어있는 콩은 어떤 모습이고 색을 갖고 있을지 보기 위해서입니다.

아이들과 학교 텃밭 근처 감나무와 참나무 사이 그늘에 자리를 잡고 앉았습니다. 2학년 형님들은 우리보다 앞서 자리를 잡고 있더군요. 두 사람씩 짝을 지어 앉게 하고 뽑아놓은 콩대를 앞에 놓아 주었습니다.

◀▼ 강낭콩 까기-콩을 까면서 여기저기서 탄성이 터집니다.

까는 방법을 이야기 해 주기 전에 어느 새 알아서 까는 아이도 있고 콩깍지를 관찰하는 아이도 눈에 띄었습니다. 콩을 까면서 여기저기서 탄성이 나오기 시작했습니다.

"색이 예뻐!"
"콩꼬투리마다 색이 달라!"
"꼬투리 안에 있는 콩 색이 같은 경우도 있고 다른 경우도 있어!"
"어, 안에서 다시 싹이 튼 콩도 있는 걸!!!"
"에이, 썩은 콩도 있네!"

두현이는 콩꼬투리를 가지고 와서 엄마부터 애기까지 있다며 신기해했고, 상열이는 엄마 뱃속에 있는 아기같다고도 했습니다. 주헌이가 빠알간 콩 색을 보며 예쁘다고 하자 주헌이 콩대에 있는 꼬투리를 아이들이 모조리 따가는 바람에 아쉬워하기도 했지요. 강낭콩으로 무엇을 해먹는 지 묻는 아이도 있고, 감자를 캐서 바로 쪄먹은 기억이 있는지라 점심시간 밥에 콩을 넣고 해주는 지 기대하는 아이도 있습니다.

교실로 들어와 느낌 나누기를 하자 콩 한 알에서 그렇게 많은 콩이 달리는 게 신기하고 재미있다고도 했지요. 어떤 녀석은 콩 까기가 힘들었다고도 했지만 대체로 재미있었다고 했습니다.

그리고 '꼬투리를 잡다.'는 뜻과 '콩깍지가 씌었다.'는 의미가 무엇인지 묻자 여기 저기 상상력이 발휘되는 말도 했습니다.

우리 아이들이 감자 심기와 캐기에 이어 콩이 자라는 모습을 보고 수확의 기쁨도 누려보고는 다음에는 옥수수를 따는 거냐고 묻기도 하네요.

아이들 말대로 며칠 뒤면 옥수수를 따서 맛나게 쪄먹을 수 있기를 기대해봅니다.

그리고 내년에는 콩심기와 뽑기, 그리고 콩 까기를 하고 그것을 이용해 요리하기까지 해보면 좋겠다는 생각을 해봅니다.

완두콩 가족

김희성

콩깍지 속에
작고 귀여운 아기 완두콩
동그란 아기 완두콩
가족끼리 모여서 무슨 이야기 하나?
아! 알았다
어디로 도망갈지 궁리하는 구나
저 가족은 책상으로
저 가족은 의자로
어라! 다 도망갔잖아!
오기만 해 봐
그릇 속에 가둘 거야.
몇 개 가두었나?
1, 2, 3, 4, 5, 6, 7
에라 모르겠다
너희들 밥 할 때 넣어야겠다

강낭콩 까기

박채성

　오늘은 학교에서 강낭콩을 깠다. 참 재밌다. 강낭콩을 깔 때 우리 가족과 함께 맛있게 먹고 싶은 생각이 들었다. 그런데 여러 가지 색깔이 나왔다. 어떤 것은 분홍 또 어떤 것은 하양 또 초록, 참 신기하다.

　깐 강낭콩을 봉지에 담아 집에 가지고 왔다. 엄마가 저녁밥에 넣는다고 그릇에 35개씩 담아오라고 했다. 그런데 엄마가 부족하다고 해서 또 담아오라고 했다. 그래서 난 또 담아왔다.

　강낭콩도 까보고 숫자공부도 하고, 밥에 넣어 맛있게 먹고, 참 좋다.

콩을 어쩌구 저쩌구. 재환이가 뭐라고 열심히 말하던데, 그게 이 얘기였군요. 사실 말할 땐 대체 뭔소리인가 했었거든요. ㅎㅎㅎ

　　　　　　　　　　　　　　　　　　이광선(표재환엄마)

민성이는 부지런하신 할아버지, 할머니 덕분에 어릴 때 콩까기를 많이 해봤는데 오히려 커가면서 그럴 기회가 많이 줄어든 것 같아요. 샘 덕분에 콩 까기도 해보고 콩깍지 관찰도 해보고 즐거운 여름 수업을 보내네요. 고맙습니다.^^

　　　　　　　　　　　　　　　　　　오복남(이민성 엄마)

날 짜	7월 5일~16일	
주제(단원)	토끼(달팽이 프로젝트) / 겨울(1) 5. 무엇이 중요할까(2-1) 7. 이렇게 생각해요(2-1)	
교과 및 성취기준	통합	여러 동물의 겨울나기 모습에 대해 알아보고, 좋아하는 동물을 선정하여 탐구하고 그 결과를 정리할 수 있다.(1)
	국어	설명하는 글에서 설명의 대상이나 화제를 찾을 수 있 다.(2-1)
활동 내용	좋아하는 동물 조사하고 발표하기	

1~2학년군에서 주제 중심의 통합교육이 교육활동으로 들어온
지 몇 년이 지났다. 하지만 아이들의 관심 분야가 주제로 선정됐
는지 항상 의문이 든다. 학기말이 되고 약간의 시간적인 여유도
있어 아이들이 관심 갖는 분야를 활동으로 삼아야겠다는 생각이
들었다.

학년 초에 프로젝트 수업에 대해 미리 이야기를 해 두었다. 아
이들은 이런 저런 활동을 하면서 잊지 않고 프로젝트 수업 주제를
종종 이야기했다. 주로 관심 있는 식물이나 동물 중에서 하는 게
어떠냐는 의견이 나온다. 그러다가 학교에서 자주 보게 되는 '토
끼'(2013년)와 '달팽이'(2014년)로 주제가 정해졌다.

토끼 프로젝트 수업 (2013)

1. 프로젝트 수업 계획하기와 토끼 관찰하기

1학기 진도가 다 끝나가고 있습니다.

▲ 프로젝트 수업- 비 오는 날 토끼 관찰하기   ▲ 토끼 관련 책을 전시하고 틈틈이 읽기도 했습니다.

흔한 말로 입학한 지가 엊그제 같은데 어느새 한 학기를 마무리하고 있습니다.

이번 주부터 토끼를 주제로 프로젝트 수업을 하기로 했기 때문에 토끼를 관찰하러 나갔습니다. 나가기 전에 무엇을 관찰할까 이야기를 나누었지요. 토끼의 모습에서 눈, 코, 입, 귀의 생김새와 움직임 그리고 전체적인 모습을 관찰하기로 했습니다. 토끼의 눈은 어떤 색과 모양인지, 그리고 쌍꺼풀이 있는지, 눈 주위의 모양을 살펴보기로 했습니다. 코의 모양은 어떤지, 또 눈과 코는 동시에 움직이는지 따로 움직이는지 관찰하기로 했습니다. 입도 마찬가지입니다. 모양, 음식을 먹을 때와 먹지 않을 때의 움직임, 입 주위의 특이한 점을 알아보도록 했습니다. 그리고 귀의 모양도 관찰해야겠지요. 귀가 양쪽이 동시에 움직일까 아니면 따로따로 움직일까? 위, 아래로만 움직일까 좌, 우, 위, 아래로 움직일까 등등 이야기를 나누며 관찰할 것이 아주 많다는 것을 알았습니다. 그리고 몸의 색깔도 관찰하기로 했습니다. 특히 토끼가 서있을 때의 모습도 집중 관찰하기로 했습니다.

그런데요, 정작 토끼를 보며 우리 아이들, 교실에서 가지고 나왔던 궁금증은 다 잊어버리고 밥을 잘 먹는지 안 먹는지, 아기 토끼가 어디에 숨었는지(요즘 아기가 태어났거든요) 찾느라 여념이 없습니다. 그래서 이야기를 듣고 있다가 교실에서 가지고 나온 궁금증을 해결해 보자고 했지요. 이런 저런 이야기가 나옵니다.

그러다가 찍!! 토끼가 오줌을 쌌습니다. 그런데요, 저는 이 나이가 되도록 토끼의 오줌이 초록색인 것을 처음 알았습니다. 그래서 제가 더 흥분해서 교실에서 이야기 나누고 나온 것은 제쳐두고 "토끼 오줌이 초록색이다!" 하고 외쳤습니다. 그러자 우리 아이들 "어디요, 어디가요?" 합니다. 그래서 "잘 봐봐! 토끼가 또 쌀지 모르니까, 잘 보자." 하면서 지켜보았습니다. 바로 그 때 다른 토끼가 오줌을 쌌습니다.

"진짜다, 진짜 오줌이 초록색이다."라고 누군가 제 이야기를 뒷받침해 주었습니다. 다른 아이들도 봤다며 거들었습니다. 어떤 아이는 달팽이 이야기를 합니다. "오이를 먹으면 초록색 똥, 당근 먹으면 주황색 똥, 수박 속을 먹으면 흰색 똥"이라구요.

그래서 제가 이건 똥이 아니구 오줌이라고 했습니다. 그리고는 "그럼 토끼 똥을 잘 보자."라고 했더니 "토끼 똥은 거의 검정(갈색)이네요?"라는 대답을 했습니다. 그래서 자연스레 토끼 오줌과 똥에 대해 알아보자는 이야기가 나왔습니다.

사실 오늘은 토끼 겉모습 중심으로 관찰하러 나갔었지요. 그런데 뜻밖에도 오줌과 똥에 대해 알아봐야겠다는 궁금증을 찾아낸 것입니다.

아이들과 함께 하는 프로젝트 수업은 이래서 더 흥미가 있습니다. 아이들과 함께 생각하고, 찾고 해결하는 과정에서 아이들은 서로의 생각을 알아가며 많은 것을 배우지요. 그 과정에서 질문과 대답이 나오기도 하지요.

관찰을 끝내고 교실에 들어오며 속으로 약간의 걱정이 들기 시작했습니다. 관찰한 것을 생각그물로 표현 할 때 오줌과 똥에 지나치게 집착하면 어쩌나 하구요. 그런데 의외로 그것에만 얽매이지 않고 여러 가지 생각을 찾아가는 것을 보며 이 수업이 참 흥미 있고 의미가 있을 것이라는 확신이 생겼습니다.

그래서 토끼 프로젝트 수업을 하며 토끼와 관련된 시, 속담, 노래, 동화를 찾아볼 것입니다. 또 토끼의 먹이와 똥, 토끼의 생태, 종류, 토끼를 기를 때의 주의점 등을 알아보기로 했습니다.

토끼를 그림으로 또는 만화로 그려보기도 하고 토끼에 관한 시나 줄글(이야기글) 쓰기, '토끼와 거북이 이야기 다시 쓰기'도 해 볼 생각입니다. 공부한 것을 기존의 노래에 노랫말을 바꾸어 부를 수도 있구요. 또 서투르지만 바느질을 해서 토끼 인형을 직접 만들기도 할 것입니다. 마지막에는 그 동안의 활동을 전시하여 다 함께 볼 수 있는 시간을 가지면 좋겠습니다.

좋은 생각이 있으시면 댓글로 남겨 주세요. 참고 하겠습니다.

토끼 관찰하기

김희성

토끼 관찰을 했다. 눈은 회색, 그 안에 파랑색의 동그랗고 귀여운 눈동자, 귀는 쫑긋 뾰족하고 길쭉한 귀, 색깔은 갈색 검은 색 하얀 색, 움직임은 깡충깡충 살금살금.

나는 그 토끼들을 보면 이런 생각이 든다. 저걸 모두 합치면 무슨 말일까?

아, 바로 이거 구나! 보송보송 귀요미, 코와 입이 발름발름.

토끼 관찰

권두현

중간 놀이가 끝나고 토끼를 관찰하러갔다. 그런데 처음으로 보게 된 것들이 있었다. 무엇이냐면 코가 벌렁벌렁거리고, 검정색 토끼, 회색 토끼, 갈색 토끼 꼬리 밑에는 모두 다 하얗다. 하얀 토끼는 당연히 하얗고.

그런데 선생님이 토끼 귀 뒤에 핏줄(혈관)이 있다고 했다. 그런데 진짜 있었다. 나는 정말 핏줄이 있는 줄은 몰랐다.

토끼 프로젝트 수업 덕분에 엄마인 저까지 토끼박사가 되어갑니다. 동물도감도 찾아보구요. 인터넷 지식인도 검색하구요, 집에 토끼 관련 책이 있는지 찾구요, 시도 속담도 찾다보니 말이죠.^^ 이래서 프로젝트 수업이 흥미있으면서도 남는 게 많은가 봅니다. 저도 토끼에 대해 새삼 생각해보는 기회가 되네요.

오복남(이민성 엄마)

100% 동감! 아이 숙제가 제 숙제보다 더 흥미롭네요.

김미희(장준하 엄마)

2. 토끼 프로젝트 수업

토끼 프로젝트 수업 진행하고 있는 거 알고 계시죠?

1학년이 자료 준비와 표현하기, 발표하기가 가능할까 걱정도 했지만 완성도 보다는 문제 해결 과정과 자료를 찾아가는 과정이 더 중요하다는 생각이 들어 과감히 시도했습니다.

수업을 이틀째 진행해보고 하길 잘했다는 생각이 들었지요.

첫날부터 지난 주 예고한대로 진행을 했습니다. 아이들과 생각 그물을 통해 궁금한 것을 조사하거나 찾아보도록 했지요. 이 많은 자료와 정보를 선생이라는 제가 찾는 게 무리가 아닐까 걱정도 되었습니다. 그런데 감사하게도 민성이 어머님이 토끼가 인물로 등장하는 동화책을 보내 주셨어요. 그러니까 이틀 째 되는 수요일에는 더 많은 아이들이 토끼와 관련된 책을 가져왔습니다. 이렇게 하여 토끼가 나오는 문학작품이나 동물도감, 정보를 주는 책을 볼 수 있는 기회가 주어졌습니다. 하루에 두 세권씩 읽어주고

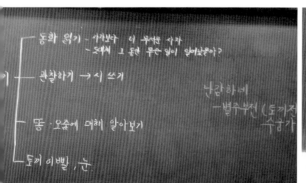

▲ 토끼 프로젝트 수업

▲ 토끼 프로젝트 나만의 인형 만들기

교실 뒤에 책 전시도 해 놓았습니다. 제가 생각해도 아주 뿌듯한 장면이지요.

그리고 아이들이 토끼에 관해 궁금해 하는 것을 내용별로 분류하거나 묶어 조사하고, 그 다음날은 조사한 내용을 바탕으로 발표시간을 갖고 정리를 하고 있습니다. 그러면서 저뿐 아니라 우리 아이들 그리고 부모님들도 이 수업을 마칠 때쯤이면 거의 토끼 박사님이 되어 있으리란 생각이 듭니다.

오늘은 조사한 내용은 '토끼의 오줌은 왜 초록색(노랑)일까?'였습니다. 아이들과 토끼 관찰을 해보니 토끼 오줌이 거의 초록색이었거든요. 그리고 '토끼 똥이 왜 검정 색일까?'였습니다. 아이들이 조사한 자료를 발표하며 저 또한 토끼에 대해 새롭게 알게 되는 것이 많음을 깨달았습니다.

또한 '토끼의 먹이는 무엇이며 똥의 색과 관계가 있을까?'라는 문제도 조사했습니다. 먹이는 우리가 알고 있는대로 여러 가지 채소 종류였습니다. 똥은 먹이와 관계가 있고 1차로 싼 똥을 먹고 다시 영양분을 흡수하여 똥을 이차로 싼다는 것이었습니다. 그래서 더 이상 영양분이 남아있지 않은 2차 똥이 검정색으로 나오는 것이랍니다.

어제는 토끼에 관련된 속담과 노래 시를 알아보았지요. 우리 아이들이 조사한 내용을 발표하기도 하고 또한 제가 조사한 자료를 보여주며 새롭게 알게 된 것이 아주 많았습니다(자세한 내용은 프로젝트 수업을 마치고 자료를 올리겠습니다).

그리고 아이들이 조사해온 내용 중 또 하나는 '토끼 눈은 왜 검정색에 파랑색 테두리인가? 그러면 빨간 눈은 왜 그런 것일까?'였습니다. 아이들이 조사한 내용을 듣고 정리하며 '배움은 끝이 없다'는 말을 실감하는 시간이었습니다. 또한 우리 아이들도 친구들이 조사한 내용을 어쩌면 그렇게 집중하여 잘 듣는지요. 스스로 궁금해 하고 조사하여 발표하는 시간에 진정한 배움이 일어난다는 생각이 들었습니다.

오늘 아이들이 궁금해 한 내용은 '토끼의 이빨은 몇 개일까?'와 '이빨은 태어날 때부터 나올까? 아니면 자라면서 나올까?'와 '토끼 몸은 왜 흙이 묻지 않는 것일까?'였습니다. 저 또한 아이들과 함께 공부하다보니 모르는 것 투성이였습니다. 이참에 좀 더 깊이 있는 것을 알도록 해야겠다는 생각이 듭니다.

> 프로젝트 수업을 하신다고 해서서 1학년인데 가능할까 했는데 집에 와서 나름대로 준비를 많이 하네요. 물론 저까지 덩달아서요. 그런데 아무리 뒤져도 잘 모르겠는 것도 많습니다. ㅠㅠ 토끼가 나오는 동화책은 같이 준비를 하다가 친구들과 함께 보면 더 좋을 것 같아 챙겨 보냈어요^^ 잘 활용되었다니 기분이 좋네요.
>
> 오복남(이민성 엄마)

> 민성 엄마! 고마워요. 덕분에 우리 아이들 좋은 문학 산책하네요.
>
> 김미희(장준하 엄마)

달팽이 프로젝트(2014)

학년 초에 아이들과 1년 살이 이야기를 나누는 시간이 있었습니다. 입학하고 얼마 안 되어 아직 그런 이야기를 나누기에 어리다고 여길 수도 있겠지만요. 우리 아이들과 어떻게 학교생활을 할 예정인지 이야기를 나누고 싶었습니다.

유치원과 학교의 다른 점을 아이들에게 이야기해보도록 하고 그렇다면 우리가 학교에서는 어떻게 해야 하는지, 그리고 선생님은 우리 아이들에게 생활뿐 아니라 학습적인 면에서 어떻게 하면 재미있고 알차게 보낼지 이야기를 했습니다. 그 중에 학기말이면 프로젝트 수업을 했으면 좋겠다는 의견이 있었습니다. 아이들은 이미 유치원이나 어린이 집에서 프로젝트 수업을 해 본 적이 있다며 기대감을 드러냈습니다. 학기말이 되기도 전에 언제부터 프로젝트 수업을 할 것인지, 주제가 무엇인지 종종 묻곤 했답니다.

5월초 비가 오는 날이었지요. 한 녀석이 달팽이를 잡아와서는 기르고 싶다고 했습니다. 그래서 교실에 있던 빈 통으로 집을 만들어 주었습니다. 그것을 본 녀석들이 프로젝트 수업을 달팽이로 하면 좋겠다는 겁니다. 그러자 한 녀석이 "하마 하마 춤 춰라."하며 노래를 부릅니다. 그러자 나머지 녀석들이 따라 부릅니다. '학교'주제에서 배웠던 '달팽이 전래동요'가 생각났던 것입니다. 그러자 다른 친구들도 잊지 않고 있음을 보여주듯 "하마 하마 춤 춰라." 하며 합창을 했습니다. 자연스럽게 프로젝트 주제는 '달팽이'로 정해졌습니다.

달팽이 수업은 7월 학기말에 모든 진도를 마치고 진행하였지만 주제는 5월에 정해진 셈입니다. 본격적인 수업이 진행 될 때까지 아이들은 수시로 달팽이 관련 책을 찾아오고, 비 오는 날이면 달팽이를 잡는다고 나갔습니다.

달팽이 프로젝트 수업을 하기로 한 첫날, 그동안의 관심 덕에 생각그물도 풍성하게 그려지고 비슷한 것끼리 묶고, 하고 싶은 활동도 함께 정했습니다. 아이들과 함께 하기로 한 내용은 다음과 같습니다.

1. 주제 — 달팽이
2. 마인드맵 — 달팽이에 대해 알고 싶은 것, 하고 싶은 활동 마인드 맵으로 구조화 하기(개인, 모둠)
3. 반 전체가 구체적으로 구조화하기 — 2를 바탕으로 분류하고 묶기
4. 주제 관련 책 전시하기 — 분위기 조성을 위해 수업 전에 책 읽어주기, 아이들은 전시된 책을 수시로 읽기
5. 활동 — 만들기(지점토, 클레이, 종이접기), 그리기, 노래, 속담, 전래놀이(바깥놀이 달팽이놀이), 전래동요(「달팽이」), 영화 찾기(「터보」)
6. 달팽이 잡아오기 — 기르며 관찰하기, 글쓰기
7. 달팽이 생태 조사하여 발표하기
8. 마무리 활동 — 신문 만들기, 알게 된 내용 넣어 개사 후 노래 부르기, 연극, 개인별로 문제 만들가- 도전 골든 벨 문제로 활용하기

프로젝트 수업을 할 때마다 하기를 잘했다는 생각이 늘 듭니다. 그것은 아이들의 새로운 면을 볼 수 있기 때문입니다. 교과과정에서 학습 의욕이 없거나 힘겨워 하던 아이들이 프로젝트 수업을 진행 할 때는 적극적으로 나서는 경우가 많습니다. '달팽이'주제 때도 마찬가지였습니다. 특히 눈에 띄는 아이들은 평소 동물에 관심이 많은 남자 아이들입니다. 아이들의 얼굴은 프로젝트 수업을 하는 내내 환하게 빛나고 싱글벙글합니다. 활동이, 배움이 즐겁다는 것이겠지요. 달팽이 프로젝트 활동을 하는 동안 아이들은 각자 책을 찾아오고, 말하지 않았는데도 달팽이 구조 그림도 그려옵니다. 또 가족들에게 달팽이와 관련된 궁금한 점을 묻고 적어오기도 하며 그 결과를 스스로 찾습니다. 아마도 스스로 주제를 찾고 알아 가는 과정 속에서 자신의 존재감을 느끼기도 하고, 함께 하는 기쁨도 누리는 것 같습니다.

▲ 비 오는 날 달팽이를 찾으러 갑니다.

▲ 클레이로 만들기　　▲ 달팽이놀이　　　　　▲ 종이접기 - 알 낳은 달팽이

달팽이 프로젝트

이호준

요즘에는 달팽이 프로젝트를 많이 한다. 달팽이의 구조, 궁금한 것, 먹이 그리고 컴퓨터로 달팽이를 뽑아서 꾸미고 색칠도 하고, 클레이로 만들기도 하고, 이름도 붙여 주었다. 여러 가지로 달팽이를 알아보고 공부하는 게 달팽이 프로젝트다. 나는 이런 프로젝트를 해서 기쁘다.

달팽이 관찰

임세환

오늘은 달팽이 프로젝트를 했다. 나는 달팽이한테 이빨이 만 개씩이나 있는 줄 몰랐다. 그런데 달팽이한테는 등껍질 안에 간이랑 위가 있을 줄은 몰랐다. 그래서 나는 달팽이를 관찰해 보았는데 똥 누는 데가 있었다. 그런데 숨 쉬는 데는 없었다. 나는 숨 쉬는 곳을 찾고 싶었는데…….

영화 - 터보

손지환

오늘 터보 영화를 봤다. 터보는 꿈을 이루기 위해 열심히 노력했다. 이씽카 사람이 이렇게 말했다. "꿈은 다 잘 될 거야. 꿈은 다 이루어 질 거다."라고 말하셨다. 왜 인디500인 줄 알았다. 오백만 바퀴를 돌으라고 한 것이다. 그게 약속이다. 터보는 힘들었지만 약속을 지켰다. 그랬더니 터보가 래이씽카를 이겼다. 나도 꿈을 위해 열심히 노력할 거다.

달팽이 놓아주기

임세환

오늘은 달팽이를 놓아주러 나갔다. 잡아왔던 감자밭과 자연학습원으로 간 거다. 감자밭에서 달팽이를 놓아 줄 때 영화 '터보'가 생각이 났다. 그 때 채성이 달팽이 이름을 '터보'라고 지어 주었다. 지어줄 때 그 달팽이가 터보처럼 빨라서 그런거다.

내 달팽이는 자연 학습원에 놓아줬다. 그런데 내가 놓아 준거는 활발하게 안 움직이고 껍질 속에만 있었다. 왜 그럴까? 그리고 내 달팽이는 이름을 '또지'라고 지어 주었다.

오늘 놓아준 달팽이가 과연 잘 살 수 있을까?

날 짜	7월 25일
주제(단원)	이웃(2) / 5. 느낌이 솔솔(1-1) 6. 알기 쉽게 차례대로(2-1) 9. 느낌을 나타내어요(2-1) 3. 마음을 담아서(2-2)

교과 및 성취기준	통합	학생들이 보거나 경험한 주변의 이웃과 마을 생활을 여러 가지 놀이와 다양한 방식으로 표현한다.
	국어	·동시를 낭송하거나 노래, 짧은 이야기를 들려준다.(1-1) ·일상에서 겪은 일을 동시나 노래로 표현할 수 있다. (2-1, 2-2)

활동 내용	그 동안 배우고 익힌 것을 여러 사람 앞에서 발표할 기회 갖기

즐거운 생활 교과의 목표 중 '여러 가지 놀이와 표현 활동을 통해서 감각을 느끼고, 아름다움을 알며, 즐거움을 누릴 줄 안다'가 있다. 한 학기동안 학급과 방과 후 학교에서 익힌 것을 발표할 기회를 갖는다는 것은 즐거운 생활 교과의 목표와 부합하기도 하고, 표현욕구가 강한 아이들에게 기회를 제공하는 것이 교육적으로 의미가 있는 일이라고 생각했다. 그래서 아이들과 협의 과정을 통해 무엇을 어떻게 할 것인지 정하였다. 그 결과 학급 작은 음악회를 하기로 결정하고 국어과와 연계하여 초대장을 만들고 대본을 쓰고 음악회 프로그램도 아이들의 협의하여 결정하게 되었다.

1. 협의하기 — 학기말에 무엇을 할까?

2. 학급 작은 음악회로 결정

3. 어떤 과정으로 진행할까?

　프로그램 정하기, 초대장 만들기, 포스터 그려서 홍보하기,
　협의하여 사회자 뽑기, 연습하기, 음악회하기

4. 활동하기 ― 음악회 하기 전 글쓰기, 하고 나서 글쓰기

우리 반 작은 음악회

학기나 학년을 마무리할 때마다 여러 가지 생각을 하게 됩니다. 방학이 될 때까지 무엇을 하면 아이들과 교사에게 의미 있는 시간이 될까? 그리고 어떻게 하는 것이 아이들도 나도 성장할 수 있을 것인가? 특히, 이 시기는 교사들은 처리해야 할 일들이 많아 바쁘지만 아이들에게는 가장 한가한 시간이기도 합니다. 그렇다면 이 한가로움을 흔히 하는 영화보기나 책읽기와는 다르게 잘 활용할 방법이 무엇일까 생각하다가 표현 욕구가 강한 아이들 특성을 활용하면 좋겠다는 생각이 들었습니다. 바로 아이들과 협의를 했습니다. 그러자 1학기엔 음악회를 하고 2학기에는 운동과 관련된 것을 하면 좋을 것 같다는 의견이 모아졌습니다. 그래서 학급 작은 음악회를 하기로 결정을 하게 된 것입니다.

원칙은 학교에서 수업 시간이나 방과 후 학교 시간에 익힌 것을 바탕으로 하자고 했습니다. 그래서 나온 것이 수업 시간에 했던 노래, 방과 후 활동시간에 했던 판소리와 오카리나 연주를 넣었답니다. 또 그동안 읽어 주었던 동화를 바탕으로 연극을 기획하였고 직접 대본까지 썼지요. 남자아이들은 1학년 토끼 프로젝트 때 들려주고 배웠던 창작판소리 「난감하네」를 부른다고 했습니다. 또 선생님은 거문고를 하니까 거문고 연주를 하면 좋겠다는 의견을 내더군요. 그러자 재윤이가 유치원 때 가야금을 했다는 이야기를 하여 자연스럽게 거문고와 가야금 연주를 한자리에서 듣고 차이점도 알아보기로 하였습니다. 그리고 사회자가 필요하니 뽑자는 의견이 냈습니다. 그런데 사회를 보고 싶다는 아이들이 여덟 명이나 되는 겁니다. 그래서 사회자의 자질을 보는 나름의 오디션을 해서 투표로 뽑게 되었습니다. 바로 지혜와 희성이 입니다.

음악회를 하며 우리끼리만 할 것인지 누구를 초대를 할 것인지도 정하면 좋겠다고 했습니다. 그러자 남자, 여자로 의견이 엇갈리는 겁니다. 여자아이들은 부모님과 선생님을 초대하자고 하고 남자아이 몇 명은 쑥스럽다며 우리끼리 하자고 하더군요. 그래서 서로 이야기를 나누고 투표로 결정하였습니다. 막상 투표를 하고 보니 초대하자는 의견이 훨씬 많은 겁니다. 그래서 시간과 상황이 되는 부모님은 모시기로 하고 학교에서도 교장, 교감 선생님과 지킴이 선생님, 청소해주시는 아주머니, 그리고 1학년 동생들을 초대하게 되었습니다.

초대장을 만들고, 틈틈이 연습하고 음악회를 준비하는 과정에서 아이들은 함께 만들어가는 기쁨을 맛보며 스스로 할 일을 찾아서 했습니다. 그리고 음악회에서 연주하고 노래를 부르며 긴장은 되지만 그 순간을 재미있고 신나며 즐겁게 보내는 모습에 뿌듯함을 느끼게 되었습니다. 아이들은 다른 사람 앞에서 자신을 표현해야 하는 것에 대해 두려움도 있었겠지만 한 가지 목표를 향해 함께 노력한 시간들을 기억할 거라고 생각합니다. 그리고 음악회를 마치고 나서 뿌듯함과 성취감을 맛보았겠지요. 이런 일련의 과정들을 거치면서 아이들은 더 성장하고 또 기억하며 행복한 학

▲ 작은 음악회-창작판소리「난감하네」　　▲ 선생님과 국악기 연주　　▲ 오카리나 연주하기

교생활을 떠올릴 것이라고 생각합니다. 또 성장하면서 어떤 일을 할 때 큰 자양분이 되겠지요.

학급 작은 음악회를 계획하고 준비하는 과정과 절차를 보면서 아이들은 생각이 다른 친구를 설득하는 방법을 알았을 것이고 어떤 결과가 있기까지 수많은 사람의 노력과 시간이 필요함을 알았을 것입니다. 그리고 조금은 성장한 것 같은 자신의 모습을 발견하였다면 교사로서 더 이상 바랄 것이 없답니다.

떨린다, 떨려

김주헌

후들후들 떨린다, 떨려

작은 음악회에서
나는 판소리 '난감하네'를 해야 한다
너무 길어서 자꾸 틀린다
으아아! 떨린다, 떨려

1학년들이 보러오면 부끄러워서 어떡하지
오싹오싹 떨린다, 떨러

교감 선생님이 오신다
바들바들 떨린다, 떨러
교장 선생님도 오신다
글썽글썽 떨린다, 떨러

으아아!
벌써 작은 음악회를 시작한다

우리 반 작은 음악회

임지혜

우리 반 작은 음악회
성공할 수 있을까?
떨린다 떨러

이 고민덩어리 쓰레기통에 버릴까?
아니면 누구에게 팔아버릴까?
고민 덩어리 음악회

에이,
하고 나니 별거 아니네
코미디 영화를 찍은 것 같네
고민덩어리 해결,
미션 성공!

날 짜	9월 26일
주제(단원)	의자 만들기(창체) / 학교(1) 이웃(2) / 8. 겪은 일을 써요(1-1) 5. 인상 깊었던 일(1-2) 5. 무엇이 중요할까(2-1) 8. 보고 또 보고(2-1)
교과 및 성취기준	통합	• 학교 주변의 장소나 시설물을 살펴보면서 사람들이 어떻게 생활하는지 알 수 있다.(1) • 주변에서 볼 수 있는 여러 일터와 그에 맞는 직업을 알아보고 다양한 직업놀이를 할 수 있다.(2)
	국어	• 자신의 주변에서 일어난 일에 대한 생각을 문장으로 나타낼 수 있다.(1-1) • 인상 깊었던 일이나 겪은 일의 주요 내용과 느낌을 글로 쓸 수 있다.(1-2) • 자신과 주변의 대상에 대하여 소개할 내용을 정하여 글로 쓸 수 있다.(2-1)
활동 내용	학교 운동장에 의자 만들기

동화초등학교는 2013년도에 폐교 대상이었다. 그러다 보니 수년간 학교 교육시설에 투자가 안 되어 운동장에는 앉을 공간도 없이 나무만 우거져 있었다.

'의자 만들기 프로젝트'는 아이들의 필요를 알아챈 교사들의 관심으로 시작되었다. 그것도 단순 목공 체험이 아니라 필요한 것을 직접 만들어 사용하기로 한 것이다. 교사는 교육과정에서 관련 교과를 찾아 전 학년을 6남매로 묶어 전일제로 운영하였다. 아이들은 '6남매끼리 모여 협의하기 - 디자인하기 - 디자인한 것 뽑기 - 구체화하기 - 전문가와 협의하여 더 구체화하기-만들기'과정을 거쳐 의자를 만들었다. 그리고 완성된 의자를 어디에 설치할지도 협의를 통해 결정하였다.

다 함께 의자 만들기

　학교 운동장에 나가면 아이들이 이구동성으로 하던 이야기가
있습니다.

　"의자가 있으면 좋겠어요."

　그런 아이들의 생각을 선생님들도 귀담아 들었지요. 1학기 때
부터 의자를 만들어보자는 의견은 여러 차례 있었답니다. 하지만
누가, 어떻게 할지에 대해 막연할 뿐이었습니다. 전문가가 아니
기에 더 겁을 냈는지 모릅니다. 그러다 교사들끼리 한 번 해보자
는 의견이 모아졌습니다. 단 디자인을 어떻게 할지 그중 어떤 것
을 선택할지, 그리고 만드는 것도 아이들이 중심이 되어야 한다는
데까지 의견이 모아졌습니다. 학교에서 사용할 소품을 자신들이
직접 만들고 목공 체험의 기회를 갖는 것도 중요한 교육 중 하나

▲▶ 의자 만들기

라고 생각했기 때문입니다.

1학년부터 6학년까지 무학년으로 모둠을 구성하고 예비모임을 여러 차례 가졌습니다. 디자인도 해보고 각자 디자인 한 것을 의견을 통해 정했지요. 다행스러운 것은 이런 과정에 고드미 마을에서 체험교실을 열고 계시는 손영익 선생님과 함께할 수 있는 여건이 마련되었다는 것입니다.

우리 아이들 개인 준비물이 망치, 장갑, 앞치마라고 알려주자마자 신이 나서 하나둘 준비물도 챙겨오고 시간이 날 때마다 언제 의자 만들기 하느냐고 묻곤 했습니다.

드디어 나무가 오고 우리를 도와주실 전문가 선생님도 자리를 같이 했습니다. 모둠별로 옹기종기 모여 디자인한 모양을 바닥에 두고 어떻게 나무 배치를 할지 궁리를 했습니다. 하지만 디자인과 실제 해 보는 것에는 차이가 있어 몇몇 모둠은 약간의 디자인 수정을 해야 했지요. 그리고 못질과 사포질을 해야 할 차례입니다. 자꾸 못이 휘는 것을 보니 아이들에게 못질이 힘든가 봅니다. 결국 선생님들이 팔을 걷고 못질을 시작했습니다.

결국 아이들이 해야 할 일은 주로 사포질이었는데요. 우리 1학년 아이들은 기특하게도 땀을 흘리며 열심이더군요. 그날 일기장에는 사포질만 해서 힘들었다는 표현이 대부분이었습니다. 어떤 녀석은 죽을 것 같다고 했더라구요.

그리고 주말을 보내고 마무리 사포질과 페인트칠을 하러 모였습니다. 이제는 앞치마도 척척 두르고 모둠을 찾아 잘도 가더군요. 중간 놀이 시간 전 두 시간 동안 사포질을 하니까, "언제까지 사포질만 할 거냐?"며 따지는 녀석도 있습니다. 사포질을 잘해야 가시에 안 찔리고 페인트가 잘 스며들어 오래 보관된다고 하니까 또 쭈그리고 앉아 사포질을 합니다.

녹색과 갈색 계통의 친환경 페인트를 칠할 때 어찌나 진지하게 정성을 기울이는지요. 색을 칠하며 "멋있어진다. 멋있다."는 말을 칠하는 아이도 지켜보는 아이들도 연신 해 댑니다. 그리고는 차례를 기다리고 있는 모둠원에게 붓을 건네고 다른 모둠 의자가 어떻게 되고 있는지 구경을 다녀오곤 합니다.

자신들이 사용하고 또 나중에 후배들에게도 길이길이 남을 의자를 만들며 우리 아이들, 어떤 생각을 했을까요?

사포질하며 힘들었던 것은 잊고, 페인트 칠하자 멋스럽게 드러나던 나무의자를 기억하겠지요. 그리고 파란 가을 하늘 아래 언니, 오빠, 누나, 형들과 조잘대며 땀방울 흘리던 추억을 찾아보며 행복한 시간을 보내겠지요.

교사에게도 처음에는 무모해보였지만 하나하나 구체화되어 가는 과정을 겪으며 성취감을 맛보며 몸으로 느끼는 소중한 시간이었습니다.

시간 나시면 우리 아이들이 만든 멋들어진 의자 한번 구경 오시기 바랍니다. 따스한 차도 있다면 이 세상 어디에서도 맛보지 못했던 맛이 느껴지실 겁니다.

▲ 의자 만들기 완성 - 우리 손으로 만든 의자에 앉아봅니다.

의자 만들기 1

김서진

　나는 오늘 엄청 힘들게 의자 만들기를 했다. 먼저 사포질을 했다. 사포질은 진짜 힘들다. 쓰러질 것 같다. 아~~ 힘들어 ~ 의자 만들기 할 기분이 없어진다. 휴우~ 하나만 해도 힘들다. 다음은 어떻게 만들지? 나는 보기만 했다. 그래서 재미없었다. 그 다음은 망치질했다. 나는 못했다. 왜냐하면 나는 어려서 위험하다고 하신다. 그리고 못질을 할 때 자꾸만 삐뜨러진다. 그 중에서 성공했다. 못질을 하고 재윤이를 의자에 초대했다. 편하다고 했다. 우리 조는 아직 다 안 만들었다. 그래도 힘들었다.

의자 마무리2

나는 오늘 의자 마무리를 하러 갔다. 너무너무 힘들 것 같다. 가보니까 내말이 맞았다. 아주 아주 힘들다. 사포질 생각만 해도 무섭다. 왜냐하면? 자꾸 자꾸 해야 할 데가 나타난다. 사포질은 힘들다. 그리고 지긋지긋하다. 그래도 열심히 사포질을 했다. 그리고 조금만 놀다가 들어와서 우유 먹고 간식으로 송편도 먹고 맛있었다. 그리고 다시 나가서 수성페인트를 칠해보았다. 나도 칠해보고 난 뒤에 다른 사람도 칠해보고 재미있었다. 사포질보다 페인트가 더 재미있다. 느낀 것도 있었다. 아주 부드럽게 칠해진다. 완전 부드럽다. 의자에 이름도 썼다. 그리고 10분 뒤 밥 먹고 바로 우리 반으로 갔다.

페인트 칠하기

싹--싹-- 발라라
꼼꼼히 발라라

여기저기 발라라
앞면도 발라라
뒷면도 발라라
뒤집어서도 발라라
페인트를 발라라

요기조기 바르고

저기 여기 발라라
의자에다 발라라
대나무색 페인트를 발라라

매일 매일 의자 자랑을 합니다. "엄마, 언제 오면 꼭 한번 앉아 봐
요." 합니다.
자기들이 만들었다고. 학교 다니는 내내 얼마나 뿌듯할까요.

이광선(표재환 엄마)

민성이 딴에는 망치질도 해보고 싶고 대패질도 해보고 싶었던가
봅니다. 사포질만 해서 재미도 없고 지겨웠다고 하네요. 페인트
칠은 재밌었지만요. 그렇게 만들어진 의자, 보러가야겠네요.^^
모두 고생하셨어요.

오복남(이민성 엄마)

날 짜	10월 29일
주제(단원)	음악회 평가회를 위한 다모임(창체) / 학교(1) 나(2) 가을(2) / 5. 인상 깊었던 일(1-2) 6. 알기 쉽게 차례대로(2-1) 9. 느낌을 나누어요(2-1)

교과 및 성취기준	통합	· 다양한 방법으로 친구를 표현하고 친구와 함께 할 수 있는 놀이를 할 수 있다.(1) · 내가 잘하는 것과 좋아하는 것을 생각해 보고, 앞으로 이루고 싶은 꿈을 여러 가지 방법으로 표현 할 수 있다.(2) · 현장학습, 소풍, 운동회, 나들이 등 다양한 가을 행사를 준비하고 적극적으로 참여하며, 소감을 표현할 수 있다.(2)
	국어	· 인상 깊었던 일이나 겪은 일의 주요 내용과 느낌을 글로 쓸 수 있다.(1-2) · 일상에서 겪은 일을 동시나 노래로 표현할 수 있다.(2-1)
활동 내용		별빛 음악회를 하고 나서 전교생이 모여 칭찬해 주기

작은 학교 살리기 차원으로 청주 지역 학부모들이 동화초등학교에 모이기 시작한 것이 2010년부터이다. 별빛 음악회는 처음에는 학부모들 중심으로 시작하였으나 지금은 학교 교육과정의 하나로 정착되었다. 가능하면 교육과정과 관련 없는 내용인 화려한 춤과 노래는 지양하고, 학교 교육활동 중에 배운 것을 무대에 올리는 것이 원칙이다. 소박하지만 진정성 있고 모든 아이들이 몇 차례씩 무대에 오르는 것도 큰 의미가 있다. 또 방과 후 학교 활동 시간에 전교생이 배우는 사물놀이는 여는 무대를, 한국식 오카리나 연주는 마지막 무대를 장식하며 뿌듯함을 느끼게 한다.

별빛 음악회 평가회를 위한 다모임

지난 금요일 별빛 음악회는 멋진 무대였습니다.

우리 아이들이 준비하고 무대에서 보여준 모습이 정말 자랑스럽습니다.

오카리나 캠프 결과물로 1학년이 연주한 「나비야」와 「비행기」를 들으며 아이들의 가능성은 참 무한하다는 생각도 들었습니다. 깜찍하고 귀여운 모습으로 춘 「강남스타일」은 최고의 무대였습니다.

사실 아이들이 「강남스타일」을 하겠다고 했을 때 아이들과 회의를 한 적이 있습니다. 제 생각에는 학교에서 배우지 않은 대중적인 것을 무대에 올린다는 것이 썩 내키지 않았거든요. 또 몇몇 아이들은 다른 노래도 하고 싶다고 하여 의견을 물었지요.

그런데 한 학년당 하나만 할 수 있고 절대적 지지를 받은 「강남스타일」을 했던 것이지요. 연습하며 즐거워하던 아이들 모습, 그리고 어떻게 하자며 서로 의견을 내놓으며 약속을 정하는 모습이 1학년답지 않게 어른스럽고 대견했습니다. 그 결과 역시 멋진 무대를 선보였답니다.

오늘은 다모임 시간에 별빛 음악회 평가회를 위해 칭찬해주기와 생각나누기를 하였습니다. 칭찬해주기를 보며 이번 별빛 음악회를 아이들이 얼마나 만족하고 스스로를 자랑스러워하는지 알 수 있었습니다. 칭찬해주기는 예정보다 훨씬 많은 의견들이 나와서 칭찬해주는 시간으로 다모임 시간을 전부 사용할 정도였습니다.

▲ 동화초등학교의 모든 아이들이 무대에 오르는 별빛 음악회

오카리나 캠프와 함께 병행한 것이 아이들에게는 큰 추억이었고 성취감도 있었나봅니다(홈페이지에 다모임 결과 올림).

물론 1학년을 칭찬하는 의견도 많았구요. 사회자를 칭찬하는 의견도 많았답니다. 어색함으로 입학식을 치른 날이 얼마 안 된 것 같은데, 어느새 당당하게 무대에서 연주하고 춤을 추는 우리 1학년 아이들이 자랑스럽습니다.

별빛 음악회

변재윤

두근두근 설렌다

사람들을 보면

그냥 웃음이 나

우리 차례야
어, 어쩌지?
아무 생각이 안 나
그냥 무대에 올라갔어

음악이 나오고
어!
갑자기 생각난다

휴! 다행이다

별빛 음악회

임지혜

하, 호호, 큭큭, 킥킥, 히히.

여기저기서 웃음꽃이 활짝 피었다. 나도 웃고 싶지만 떨려서
마음이 굳어버린다. 너무 힘들다.

바로 우리 차례다. 무대로 올라간다. 너무 떨린다. 닭이 탕에
들어가기 전 무서움에 떠는 것 같다.

드디어 무사히 끝났다. 마음이 조금 편안해졌을 때 엄마가 말
했다.

"좀 웃지 그랬니?"

'자꾸 시멘트처럼 굳어지는 데 어떡해요.'

별빛 음악회

이동규

독도는 우리 땅 하러
무대에 올라갔을 때
너무 떨렸다

노래에 맞춰 동작을 할 때
내가 틀렸다

그런데
엄마는 나한테
잘 했다고 한다

날 짜	10월 31일
주제(단원)	가을(1) / 5. 인상 깊었던 일(1-2) 6. 이야기꽃을 피워요(1-2) 9. 인형극 공연은 재미있어요(2-2)
교과 및 성취기준	**통합** 추수하는 계절을 맞아 조상과 자연에 감사하는 마음을 가지고, 서로 돕는 생활을 체험하며 가을에 열리는 여러 행사에 질서를 지키며 참여한다.(1)
	국어 ・인상 깊었던 일이나 겪은 일의 주요 내용과 느낌을 글로 쓸 수 있다.(1-2) ・짧은 이야기나 노래를 들려 줄 수 있다.(1-2) ・일이 일어난 차례를 생각하며 말할 수 있다.(2-2)
활동 내용	가을걷이하기와 가을 들판보기

봄에 잎이 늦게 나오는 나무 중 대추나무와 감나무가 있다. 다른 나무에는 잎이 나도 이 두 나무는 죽은 듯이 나뭇가지가 앙상하다. 그러다가 새순이 돋기 시작하면 며칠 사이 반짝이는 잎들이 우리 눈을 사로잡는다.

학교 운동장에 조회대를 중심으로 좌우로 줄을 맞춰 서 있는 감나무는 꽃이 필 때부터 아이들의 관심을 받는다. 꽃이 많이 피어 우수수 꽃을 떨어뜨리기도 하지만 가을이면 열매가 안 보이는 듯하다가 주황빛 자태를 뽐내기 때문이다. 늦은 가을 전교생이 바지랑대로 감을 따 보는 것은 어디에서도 경험하기 어려운 소중한 추억이 될 것이다.

감 따기와 뒷산 나들이

요즈음 학교는 온통 울긋불긋, 눈을 호강시켜줍니다. 아란이 표현을 빌리자면 무지개를 흩어놓은 것 같다고 하더군요. 그 말에 저도 정말 그렇다고 했습니다. 학교 주변도 마찬가지입니다. 은행나무, 감나무, 산수유, 산사춘 어느 것 하나 빼놓을 것이 없습니다. 그 중에서 감나무는 우리 눈을 자꾸 잡아끕니다.

우리 아이들, 감은 언제 따느냐고 묻곤 했습니다. 드디어 오늘 전교생이 모여 감 따기를 했습니다. 중간 놀이 시간, 주머니까지 달린 긴 바지랑대가 우리 아이들을 기다리고 있었습니다. 아이들은 어떻게 하는 것이냐며 서로 먼저 해보겠다고 성화입니다.

이럴 때는 1학년인 게 좋습니다.

동생인 1학년들에게 먼저 기회가 주어졌습니다. 제가 먼저 딸 감을 정하고 아이들과 같이 바지랑대를 잡아당기니 커다란 감(대봉)이 주머니 속에 쏙!!!

그러면 바지랑대를 잡았던 아이는 주머니 속에 있는 감을 꺼내 교실로 갑니다. 그렇게 열네 명이 한 번씩 감을 따본 뒤 교실에 들어와 보니 각자 책상 위에 감이 하나씩 놓여있습니다.

감을 먹으려면 시간이 더 필요하다고 하자 한 녀석이 창가로 가져옵니다. 그러자 다른 녀석들도 감을 하나씩 들고 창가에 나란히 놓아두었습니다. 그렇게 열 네 개의 감이 교실 창가에 가지런히 줄을 맞춰 앉아 있습니다. 우리 아이들이 나란히 앉아 있는 듯 예쁩니다.

▲ 바지랑대로 감 따기

▲ 우리 아이들처럼 감이 줄맞춰 앉아 있습니다.

3, 4교시에는 예정대로 뒷산으로 나들이를 갔습니다. 봄에 보았던 들판과 마을 모습이 가을에는 어떻게 다른지 살펴보기 위해서입니다. 한 손에는 돗자리 들고 개미떼처럼 줄을 맞춰 산을 올랐습니다.

밤송이가 바닥에 흩어져 있고 가끔 떨어진 알밤도 보입니다. 나뭇잎을 밟고 깊어가는 가을을 느끼며 산을 올랐습니다. 잘 정리된 산소 주변에 돗자리를 깔고 마을도 살피고 하늘도 보았습니다.

마을을 살필 때 어떤 녀석은 전학 간 상열이가 살던 곳이 저 동네냐고 묻습니다. 또 어떤 녀석은 "인천에서 잘 지내겠죠?"라며 의젓하게 묻습니다. 잘 지내리라 믿는다고 했지요.

10분 동안 아무 말 안하고 있어보기도 하며 숲에 있는 나무가 바람에 어떻게 흔들리는지 보고 듣기도 했구요, 구름이 어떤 모습인지, 추수 끝난 들판은 어떤지도 보았습니다.

잠시 자유시간이 주어지자 한 녀석이 돗자리를 썰매 삼아 미끄럼을 타기 시작했습니다. 아이들이 하나둘 경사진 곳을 찾아 미끄럼을 탔습니다. 마치 제 어린 시절 비료 포대를 썰매 삼아 타던 놀이를 보는 것 같았습니다.

나들이가 아이들만 신나게 하는 건 아닙니다. 저에게도 잠깐 숨 한 번 고르고 아이들을 바라 볼 수 있는 여유를 주어 좋습니다.

아이들 덕분에 가을을 물씬 느낄 수 있었던 오늘 나들이는 아이들과 함께 더 없이 행복한 시간이었습니다.

가을

김보민

가을 들판에 벼가 노랗게 익었다. 바람이 부니 황금들판이 흔들렸다. 바람이 부니 선생님 머리카락도 엉망이 되었다. 우리 집 뒤에는 감나무에 홍시가 주렁주렁 달려있다. 내 마음에도 맛있는 홍시가 주렁주렁 달려있다.

참새 그림자

박채성

오늘은 받아쓰기 연습시간에 하늘을 쌩쌩 나는 참새를 창문 그림자로 봤다. 꼭 인형극 같았다. 그리고 처음엔 참새가 많이 있었는데 하늘 위로 날았다. 그런데 잠시 후 또 참새 한 마리가 감나무에 앉았다. 그런데 참새는 감을 먹으러 온 걸까? 아니면 조금 쉬고 갈려고 하는 걸까? 참새 인형극은 참 재밌다.

참새 그림자

임세환

참새가 홍시를 먹는다
차례대로 먹는다
하루 세 번씩 그림자도 먹는다

새는 홍시를 먹으면 날아간다

날 짜	11월 5일	
주제(단원)	우리나라(1) / 8. 생각하며 읽어요(1-2)	
교과 및 성취기준	통합	나, 한국인, 우리 문화뿐만 아니라 다른 나라를 바르게 알고 존중하는 태도를 갖는다.(1)
	국어	설명하는 글에서 설명의 대상이나 화제를 찾을 수 있다.(1-2)
활동 내용	수학여행 사전 교육 및 여행 중 규칙정하기	

작은 학교의 장점이라면 여러 가지가 있다. 그중 하나를 꼽으라면 전교생이 함께 떠나는 수학여행이라고 할 수 있다. 버스 두 대에 저학년과 고학년이 나누어 타고, 전교생이 같은 배움의 장소에서 함께 할 수 있다는 점은 특별한 교육 활동이다.

'역사문화기행'은 지역적으로 편중되지 않도록 권역화 하여 진행한다. 서울·경기 지역권, 공주·부여 중심의 백제 문화권, 군산 중심의 전라권, 경주 중심의 신라 문화권, 강원 지역권으로 나누었다. 여행을 떠나기 전 학급별로 조사 활동을 하고 전교생이 다시 모여 떠나는 지역에서 꼭 봐야할 것과 안전 지도를 받는다.

수학여행을 위한 모임

오늘 4교시, 수학여행 안내를 위한 모임이 다목적실에서 있었습니다. 아이들은 전교생이 모이는 것만으로도 즐거워합니다. 그런데 수학여행 안내를 위해 모인다니 어떤 것일까 궁금해하며 더 좋아하더라구요.

담당 선생님께서 일정에 관한 안내와 여행지인 강화도에 관한 프리젠테이션 준비를 하고 계셨습니다.

설명을 들으면서도 우리 1학년은 도통 무엇인지 모르는 표정으로 앉아 있더라구요.

구석기 시대, 고인돌, 고려시대, 초지진, 병인양요……. 이런 말이 나올 때마다 서로의 얼굴을 보며 '뭐지?'하는 표정이었습니다. 그래서 제가 교실에서 다시 한번 쉽게 이야기해주겠다며 달래주었습니다. 어찌 보면 수학여행이라는 것 자체가 1학년에게는 생소하리라 생각합니다. 엄마 아빠와 떨어져서 하루 자고 오는 것도 걱정일테구요.

어린이집이나 유치원에서 하루 캠프를 다녀온 친구들도 있을 테지만 우리 반 아이들은 그런 경험도 거의 없더라구요. 그래서인지 가고 싶기도 하고 엄마가 보고 싶을까봐 걱정이 되기도 하는 듯했습니다.

어떤 녀석은 엄마가 없으면 못 잔다는 녀석도 있고, 또 어떤 녀석은 안고 자는 인형이 있어야 한다고도 했습니다. 그래서 잘 때 꼭 필요한 인형이나 엄마냄새 나는 것은 가져와도 된다고 했습니다.

여행 가기 전에는 걱정도 되겠지만 친구, 선생님과 여행도 하고, 어렵겠지만 역사 공부도 하며 하룻밤 자고 오면 자신이 훨씬 자라있음을 느낄 거라 생각합니다.

우리 아이들이 강화도에서 부모님이 안 계신 밤을 어떻게 보낼지 궁금해집니다.

▲ 수학여행 온 동화초등학교 아이들과 이상님 선생님

수학여행 가는 길

김희성

하늘은 높아만 가고
구름은 학교 뒤로 오르락내리락

엄마 떼어 놓고
장난꾸러기 동생 두고
버스 타고 강화도로
만리길을 버스 타고 수학여행 가네

어디를 가나 보이는 건 낯선 건물들
정든 우리 집 두고 어디를 가나

외딴섬 강화도로 수학여행을 가지
뒤를 돌아보아도 정든 집은 안 보일 뿐
짐 싸고 어디를 가나
수학여행 가지

수학여행

김서진

야~ 드디어 수학여행이다. 짝꿍이랑 버스에 앉고 출발! 쩝쩝!!
이것저것 먹는다. 드디어 서울에 다 왔다. 청계천 먼저가고 다음
은 경복궁이다. 경복궁은 왜 그리 담이 높을까? 궁금하다. 그리
고 다음은 공포의 서대문형무소 까악! 으아! 무서워~ 부끄러운
일은 내가 태극기를 보고 애국가가 생각나서 바로 불렀는데 뒤돌
아보니 ㅋㅋㅋㅎㅎㅎ ㅍㅍㅍ 망했다. 난 망했다. 사람들이 나를
보며 웃고 있었다. 흑흑 선생님 저 뉴스에 나올까요?

수원에서 자고 일어나서 수원화성 꼬마열차! 아, 그런데 시간
이 지났다. 고학년만 타고 저학년은 못 탄단다. 아, 아쉽다. 고학
년은 밥 먹고 아이스크림까지 먹는데, 저학년은 못 먹는다. 그래
도 친구들이랑 선생님과 전교생이 여행하는 게 재미있고 좋다.

날 짜	2월 7일	
주제(단원)	겨울(2)	
교과 및 성취기준	통합	겨울철의 다양한 모습을 이해하면서 겨울철에 즐길 수 있는 놀이에 참여한다.
활동 내용	실내에서 할 수 있는 신체 표현활동하기	

통합 교과인 즐거운 생활 2학년 교과목표 중 '표현활동에 참여하는 과정에서 기초적인 표현 기능을 습득한다.'가 있다. 2년을 아이들과 함께 보내며 그 동안의 활동을 마무리하고자 하는 것을 고민하였다. 그러다가 아이들과 협의 하는 과정에서 1학기 여름 방학 전에는 '학급 작은 음악회'를, 2월 학년을 마무리하면서는 '운동 관련되는 것'을 하자는 의견이 모아졌다. 그래서 하게 된 것이 '사소한 올림픽'이었다. 때마침 동계 올림픽이 열리는 기간이어서 분위기가 안성맞춤이었다.

사소한 올림픽

아이들과 사소한 올림픽을 했습니다. 왜 사소한 올림픽인지 궁금하시죠? 2년 동안 아이들과 했던 활동 중에 사소한 듯 보이지만 함께하면 재미있을 것 같은 것을 종목으로 정했습니다. 그래서 '사소한 올림픽'입니다.

처음 순서로 전래놀이 중 제기차기, 투호놀이를 했답니다. 사실 제기차기는 요즘 아이들이 잘 못하는 것 중 하나입니다. 교과 활동에 전통놀이로 나오기는 하지만 제기차기라는 게 하루 이틀에 되는 것이 아님을 부모님들도 아실 겁니다. 그래서 두 가지 방식으로 했습니다. 전통방식인 발로 차기와 방법을 바꾸어 책 가장자리를 양손으로 잡고 가슴 앞에서 머리 위까지 차기입니다. 차기라기보다 처 올리기가 더 맞는 표현일 것 같습니다. 발로 차기는 대부분 네 번을 넘기지 못했습니다. 책으로 차기는 1학년 때 해 봐서 그런지 정확하게 규칙을 지키면서도 20번 넘게 하는 아이도 있었습니다. 아이들은 예상보다 못하면 아쉬움을 표하고 잘하는 친구에게 '잘 한다'를 합창하며 놀라워했습니다.

그 다음으로 콩 옮기기와 탁구공 옮기기를 했지요. 콩 옮기기도 1학년 때 젓가락 바르게 사용하기를 하며 해보았던 것입니다. 주어진 시간 1분 동안 몇 개를 옮길 수 있는지 보는 것입니다. 이 놀이 하는 것을 보며 우리 아이들 그 사이 참 많이 컸다는 생각이 들었습니다. 속으로는 긴장이 되었겠지만 차분하게 콩을 컵에서 컵으로 옮기더군요. 그리고 탁구공 전달하기는 아이들 속을 가장 끓게 한 게임인 듯합니다. 작은 아이스크림 숟가락으로 모둠 친구들에게 전달하려니 전달하다가 떨어트리기를 반복했습니다. 공을 마지막 친구에게 전달했다 싶을 때 떨어지면 아쉬움에 머리를 쥐어 잡기도 하고 펄펄 뛰기도 했습니다. 그러기를 몇 차례 반복하다가 요령을 터득했는지 끝까지 성공적으로 전달할 수 있었습니다. 그리고 개인전으로 탁구공을 라켓으로 머리 위까지 처 올리기를 했습니다. 저학년의 경우 아직 눈과 손의 협응이 잘 안이뤄지기도 합니다. 그래서 탁구공을 끝까지 보고 손을 움직이며 힘을 조절하여 높이를 가늠해야합니다. 처음에는 어려워하였지만 개인 연습시간을 주고 놀이를 하였더니 곧잘 하게 되었습니다. 그것이 되자 우리 아이들 어느새 책상을 붙여 탁구테이블을 만들었습니다. 네트 대신 두꺼운 종이를 세워 예정에 없던 탁구 대회가 열리게 된 것입니다.

다음으로 신문으로 놀기를 했습니다. 신문 위에 올라서기, 신문 길게 찢기, 신문 뭉쳐 눈싸움하기, 그 중에 신문 뭉쳐 눈싸움 하기는 두 모둠으로 나누어 하는데 생각보다 신문이 멀리까지 던져지지가 않았습니다. 어찌됐든 눈싸움을 하려고 보니 힘을 써야하는데 멀리 나가지 않으니까 던졌던 것이 자기 앞에 떨어지기 일쑤입니다. 그 모습에 서로 깔깔 거리고 웃으면서도 땀을 흘리며 하는 놀이가 되었습니다.

우리 아이들이 가장 흥미 있지만 어이없어 했던 점이 '컬링'입니다. 체육교구 중 조금 무게가 있는 작은 공과 빗자루를 준비했습니다. 작은 원을 몇 개 그리고 일정한 거리에서 공을 굴려 동그라미 안에 넣는 것은 '컬링'과 같습니다. 다르다면 공이 가는 자리를 쓸어주는 도구를 빗자루로 한다는 것이지요. 마침 동계올림픽 경기에서 보았던지라 비슷한 운동을 하는 것에 많은 흥미를 보였습니다. 처음에는 힘 조절을 못해 공이 동그라미에서 한참을 벗어났습니다. 그러다가 방법을 알아서 공 굴리는 속도와 힘을 조절하고, 빗자루로 쓸고 해서 정해진 원안에 잘 넣었습니다. 가장 가운데인 10점이 되는 곳에 안전하게 두는 친구들도 있었고, 공격적으로 하여 10점에 있는 공을 쳐 내기도 했습니다. 결국 자기

공도 원에서 멀어졌지만 말이죠.

　풍선 가지고 놀기는 학년 구분 없이 모두 좋아하는 놀이입니다. 먼저 한 것은 풍선을 불어서 짝과 함께 터트리기입니다. 이것은 가슴으로 안아 터트리기였는데 터지지 않아서 풍선을 깔고 앉기도 하고 눕기도 하며 터트렸습니다. 어떻게든 터트리려고 하다가 웃음보도 터지고 풍선도 그와 함께 터졌습니다. 또 하나는 개인전으로, 정해진 원안에서 풍선을 검지손가락 끝에 두고 5cm를 넘지 않는 범위에서 오래 버티기입니다. 하지만 풍선이 가만히 있을 리가 없습니다. 풍선을 손가락 끝에 두고 이리저리 움직이다 보니 결국은 얼마 못가 풍선과 멀어지고 맙니다. 풍선을 가지고 한 놀이 중 모둠으로 한 놀이는 보자기에 풍선을 두고 보자기를 위아래로 움직이며 정해진 거리를 갔다 오는 것입니다. 이것 역시 1학년 때 해본 놀이입니다. 풍선이 머리 위까지 가도록 움직여야 한다고 했지만 빨리 갔다 오는 게 중요한지 반칙을 일삼았습니다. 그래서 몇 차례 무효가 되기도 했답니다.

　우리 아이들 좋아하는 또 다른 놀이는 먹는 것과 관련 있는 경기입니다. 그것은 바로 과자 빨리 먹고 휘파람 불기입니다. 2학년이지만 휘파람을 못 부는 아이들도 있는지라 며칠 전부터 휘파람 부는 연습을 했답니다. 모둠으로 나눠 한 놀이인데 아이들은 휘파람부는 것보다 과자 먹는 게 중요한 듯합니다. 평소에는 그리도 침이 많이 나오더니 침이 안 나와서 과자가 안 넘겨진다는 아이도 있고, 과자는 넘겼는데 휘파람이 안 불어진다며 투덜대기도 했습니다. 어떤 녀석은 과자를 씹고 넘기지 않고 한쪽으로 몰아

▲ 사소한 올림픽 - 탁구공 쳐보기

▲ 사소한 올림픽 - 교실에서 하는 컬링

▲ 사소한 올림픽 - 신문으로 눈싸움하기

▲ 사소한 올림픽 - 짝과 풍선 터뜨리기

넣고는 휘파람을 시도해 소리가 나기도 했습니다.

놀이 삼아 한 사소한 올림픽에서 아이들은 어떤 모둠이 이겼는지 중요하지 않아 보였습니다. 그동안 교과 시간에 산별적으로 해보았던 활동을 모아 올림픽이라는 형식으로 놀아보는 것 자체가 재미있고 또 했던 놀이를 되돌아보는 계기가 되었습니다. 저에게도 활동을 모아 정리하는 시간이 되어 좋았습니다. 무엇보다 아이들과 함께 하는 놀이가 재미있었고 함께 웃을 수 있었습니다. 또 놀이를 하며 느끼는 것 중 하나는 아이들의 창의적인 놀이 방법입니다. 한 가지 방법으로 시작한 놀이지만 아이들은 또 다른 방법을 제시하며 놀이를 합니다. 즉석 탁구대와 탁구대회는 저도 생각하지 못한 기발한 놀이였습니다.

학년을 마무리하며 아이들의 힘으로 계획하고 친구들과 함께 하는 사소한 올림픽 과정을 보며 아이들이 참 행복해 보였습니다. 행복한 아이들을 보는 교사인 저 또한 행복한 시간이었습니다.

삶과 교육을 바꾸는
맘에드림 출판사 교육 도서

삶과 교육을 바꾸는 맘에드림 출판사 교육 도서

나는 혁신학교에 간다

경태영 지음 / 값 14,000원

공교육을 바꾸겠다는 거대한 희망을 품고 시작된 '혁신학교'. 이 책은 일곱 개 혁신학교의 이야기를 담고 있다. 지금 우리 교육이 변화하는 생생한 현장의 모습과 아이들이 꿈을 키우고 행복하게 공부하는 희망의 터로 새롭게 자리매김하는 학교들을 이 책에서 만날 수 있다.

혁신학교란 무엇인가

김성천 지음 / 값 15,000원

교육공동체가 만들어내는 우리 시대 혁신학교 들여다보기. 혁신학교 전반에 관한 이야기를 다루고 있는 책으로, 공교육 안에서 혁신학교가 생기게 된 역사에서부터 혁신학교의 핵심 가치, 이론적 토대, 원리와 원칙, 성공적인 혁신학교의 모습을 보이고 있는 단위학교의 모습까지 담아냈다.

학부모가 알아야 할 혁신학교의 모든 것

김성천, 오재길 지음 / 값 15,000원

학부모들을 위한 혁신학교 지침서!
'혁신학교에서는 무엇을, 어떻게 가르치고 있는지, 교사·학생·학부모는 어떻게 만나서 대화하고 관계를 맺어 가는지, 어떤 교육 목표를 지향하고 있는지 등 이 책은 대한민국 학부모들의 궁금증에 친절하게 답을 한다.

덕양중학교 혁신학교 도전기

김삼진 외 지음 / 값 14,500원

이 책의 1부는 지난 4년 동안 덕양중학교가 시도한 혁신과 도전, 성장을 사실과 경험에 기반한 스토리텔링 방식의 성장기로 전개하고 있다. 그리고 2부는 지역사회와 협력하여 펼치고 있는 교육 프로그램, 배움의 공동체 수업 등을 현장 사례 중심의 교육적 에세이 형태로 담고 있다.

학교 바꾸기 그 후 12년

권새봄 외 지음 / 값 14,500원

MBC PD 수첩에 방영되어 화제가 되었던 남한산초등학교. 아이들이 모두 행복하고, 얼굴 표정이 밝은 아이들. 학교가는 것을 무엇보다 좋아하고, 방학을 싫어하는 아이들. 수업과 발표를 즐겼던 이 학교를 졸업한 아이들이 그 후 12년의 삶을 세상에 이야기한다.

교사는 수업으로 성장한다

박현숙 지음 / 값 12,000원

그동안 교사는 수업에서 아이들을 만나지 못해왔다. 관계와 만남이 없는 성장의 결손을 낳았다. 그리하여 우리 아이들과 교사들은 모두 참 아프고 외로웠다. 이 책에서는 교사, 학생, 학부모, 지역사회가 공동체로서 서로 관계를 맺을 때에만 배움은 즐거운 활동으로서 모두가 성장하는 삶의 일부가 될 수 있음을 보여준다.

교사와 학부모가 함께 읽는 주제 통합 수업

김정안 외 지음 / 값 15,000원

'서울형 혁신학교'로 지정된 7개 혁신학교들이 지난 1~2년 동안 운영한 주제 중심 통합 교육 과정과 수업 사례를 소개한 책이다. 이 학교들의 교육과정은 전국적으로 이루어지는 혁신학교들의 성과를 반영하였고, 자신의 지역사회의 실제 환경과 경험을 살려 실제 수업에 적용한 것이다.

혁신교육 미래를 말한다

서용선 외 지음 / 값 14,000원

혁신교육은 2009년 이후 공교육 되살리기의 새로운 희망이 되어왔다. 이러한 정책을 입안하고 추진하는 데 기여해왔던 6명의 교사 출신 연구자들이 혁신교육 발전에 필요한 정책 과제들을 모아 하나의 책으로 제시한다. 이 책은 교육철학, 교육과정, 교육행정과 학교 운영(거버넌스) 등에서 주요 이슈들을 정리하고 혁신교육의 성과와 과제가 무엇인가를 보여준다.

삶과 교육을 바꾸는 맘에드림 출판사 교육 도서

수업을 살리는 교육과정

서우철 외 지음 / 값 16,500원

최근 교육과정을 재구성하는 논의가 활발한 가운데, 이 책에서는 개별 교과목과 교과서의 형식에 얽매이지 않고 아이들의 발달을 고려하여 주제를 중심으로 교육과정을 재구성하여 통합적으로 운영하는 방법과 구체적인 실천 사례를 설명하고 있다. 이러한 과정은 같은 학년을 맡고 있는 교사들의 토론과 협력을 통해서 이루어진 것임을 이야기한다.

수업 딜레마

이규철 지음 / 값 14,000원

이 책을 관통하는 키워드는 '사람'이다. 저자의 노하우를 전수하는 것이 아니라, 수업 속에서 딜레마에 맞닥뜨려 고통받고 있는 선생님들의 고민을 담고, 신념을 담고, 그것을 이겨내기 위한 한 분 한 분의 마음을 담고 있다. 이런 고민 속에 이 책을 집어 든 나를 귀하게 여기며 다시 한번 교사로 잘 살아보고 싶은 도전을 하게 한다.

좋은 엄마가 스마트폰을 이긴다

깨끗한미디어를위한교사운동 지음 / 값 13,500원

스마트폰에 대한 아이들의 집착은 대단하다. 스마트폰은 '재미있고 편리하다.' 그러나 스마트폰 때문에 아이들은 시간을 빼앗기고, 건강이 나빠지고, 대화가 사라지며, 공부와 휴식, 수면마저 방해를 받는다. 이 책은 이러한 사례들을 생생하게 소개하고 부모들에게 아이들의 스마트폰 사용에 어떻게 대응해야 하는지 대안을 제시한다.

엄선생의 학급운영 레시피

엄은남 지음 / 값 14,000원

34년 경력의 현직 교사가 쓴 학급운영의 생동감 넘치는 지침서. 초등학교에서 아이들은 문자와 숫자를 익히는 것보다 학교와 교실에서 낯설고 모험적인 사건을 겪으면서 더 많은 것을 배운다. 이 책은 초등학교에서 교과서 지식보다 더 중요한 역할을 하는 학교생활과 학급문화를 만드는 데 담임교사의 역할을 다룬다. 교사와 아이들이 서로 존중하고 신뢰하는 관계를 어떻게 만들어야 하는지 구체적인 경험과 사례로 설명해준다.

진짜 공부

김지수 외 지음 / 값 15,000원

혁신학교가 추구하는 '진짜 공부'와 '진짜 스펙'이 무엇인지 보여주는, 졸업생들의 생동감 넘치는 경험담. 12명의 졸업생들은 학교에서 탐방, 글쓰기, 독서, 발표, 토론, 연구, 동아리, 학생회 활동을 통해 자신들이 생각하지도 못한 진짜 공부를 경험했음을 보여준다. 이 책을 통해 수능시험이 아니라 정말로 청소년 스스로 하고 싶을 즐기면서 성장하는 것이 우리 사회에 필요한 것임을 새삼 느낄 수 있다.

수업 디자인

남경운, 서동석, 이경은 지음 / 값 15,000원

서울형 혁신학교의 대표적인 수업 혁신을 담은 이야기. 아이들이 서로 협력하면서 배우는 수업을 목표로 삼은 저자들은 범교과 수업모임을 통한 공동 수업설계를 대안으로 제시한다. 아이들은 교사의 설명을 통해 배우는 것이 아니라 서로 '옥신각신'하며 함께 문제에 도전할 때 수업에 몰입하고 배우게 된다. 이 책은 이러한 수업을 위해서 교사들이 교과를 넘어 어떻게 협력하고 수업을 연구해야 하는지 잘 보여준다.

아이들이 가진 생각의 힘

데보라 마이어 지음 / 정훈 옮김 / 값 15,000원

미국 공교육 개혁의 전설적 인물 데보라 마이어가 전하는 교육 개혁에 대한 경이롭고도 신선한 제언. 이 책은 학교 혁신의 생생한 기록을 통해 우리가 학교에서 무엇을 왜 가르치고 배워야 하는지에 대한 근원적인 성찰을 담고 있다. 아이들이 지성적으로 생각하는 마음의 습관을 배우는 것이 얼마나 중요하고 그것을 위해 학교가 무엇을 해야 하는지를 일깨워준다.

어! 교육과정 아하! 교육과정 재구성

박현숙 · 이경숙 지음 / 값 16,500원

교육과정 재구성을 고민하는 교사를 위한 현장 지침서. 이 책은 저자들이 학교 현장에서 교육과정 재구성이라는 화두를 고민하고, 실행한 사례들이 담겨져 있다. 책의 내용은 주제 통합 수업, 교과 통합 수업, 범교과 주제 학습, 교과 체험 학습, 프로젝트 수업 등 학교 현장에서 적용해 큰 성과를 본 것들을 세밀하게 소개하면서 교육과정 재구성작업의 노하우를 펼쳐보인다.

삶과 교육을 바꾸는 맘에드림 출판사 교육 도서

행복한 나는 혁신학교 학부모입니다
서울형혁신학교학부모네트워크 지음 / 값 16,000원

이 책은 학부모가 자신의 눈높이에서 일러 주는 아이들의 혁신학교 적응기일 뿐만 아니라, 학부모 역시 학교를 통해 자신의 삶을 고양 시켜 가는 부모 성장기라는 점에서 대한민국의 모든 학부모들에게 건네는 희망 보고서이기도 하다. 혁신학교가 궁금한 모든 학부모들이 이 책을 통해 혁신학교 학부모로서의 체험을 미리 하는 데 부족함이 없을 것이다.

일반고 리모델링 혁신고가 정답이다
김인호, 오안근 지음 / 값 15,000원

교육 환경이 열악한 지역에 있던, 서울의 한 일반계 고등학교가 혁신학교로 4년간 도전과 변화를 겪으면서 쌓은 진로, 진학의 비결을 우리 사회 모든 학생, 학부모, 교사, 시민 등에게 낱낱이 소개해주는 책. 이 책은 무엇보다 '혁신학교는 대학 입시에 도움이 안 된다.'는 세간의 편견을 말끔히 떨어 없앤다. 이 책에서 저자들은 '결과' 중심 교육과정을 '과정' 중심으로 바꾸고, 교내 대회와 동아리 활동, 봉사 활동을 장려함으로써 대학 진학에 놀라운 결과가 어떻게 이루어질 수 있었는지를 보여주고 있다.

우리가 신뢰하는 학교, 어떻게 만들 것인가?
데보라 마이어 지음 / 서용선 옮김 / 값 15,000원

이 책의 저자인 데보라 마이어는 보수와 진보를 막론하고 미국 공교육 개혁 분야에서 가장 신뢰받는 실천가이자 이론가로 평가받는다. 학교 안에서 '신뢰의 붕괴'를 오늘날 공교육이 직면한 가장 큰 도전으로 인식한다. 이 책의 원제 〈In Schools We Trust〉에서 나타나듯, 저자는 신뢰할 수 있는 공교육의 조건이 무엇인지 자신의 경험 속에서 제안하고, 탐색하고, 성찰한다.

교사, 어떻게 살아야 하는가
김성천외 지음 / 값 15,000원

오랫동안 교육현장에서 교육과 연구를 병행해 온 저자 5인이 쓴 '신규 교사를 위한 이 시대의 교사론'. 이 책은 학교 구성원과의 관계맺기부터 학교 현장에서 맞닥뜨리게 되는 여러가지 문제들과 극복 방법, 교육 개혁에 어떻게 주체로 설 수 있는지, 어떤 과정을 통해 개인의 성장을 도모해야 하는지 등 신규 교사의 궁금점에 대해 두루 답하고 있다.

리셋, 교육과정 재구성
서울신은초등학교 교육과정 연구회 모임 지음 / 값 16,000원

서울형 혁신학교인 서울신은초등학교 교사들이 1학년부터 6학년까지 모든 학년의 교육과정을 재구성하고 실천한 경험을 모두 담았다. 이 책에 소개된 혁신학교 4년의 경험은 진정한 학습이란 몸과 마음을 통해 경험함으로써, 생각이나 감정을 다른 사람과 주고받음으로써, 과거 경험을 새로운 지식으로 다시 생각함으로써 실현된다는 점을 잘 보여주고 있다.

독자 여러분의 소중한 원고를 기다립니다

맘에드림 출판사는 독자 여러분의 소중한 원고를 기다리고 있습니다. 원고가 있으신 분은 nurio1@naver.com으로 원고의 간단한 소개와 연락처를 보내주시면 빠른 시간에 검토하여 연락을 드리겠습니다.